Leben oder gelebt werden

Walter Kohl

Leben oder gelebt werden

Schritte auf dem Weg zur Versöhnung

INTEGRAL

Verlagsgruppe Random House FSC-DEU-0100
Das für dieses Buch verwendete FSC®-zertifizierte Papier *EOS*
liefert Salzer, St. Pölten.

Integral Verlag
Integral ist ein Verlag der Verlagsgruppe Random House GmbH.

ISBN 978-3-7787-9204-9

Vierte Auflage 2011
Copyright © 2011 by Integral Verlag, München, in der Verlagsgruppe
Random House GmbH
Alle Rechte sind vorbehalten. Printed in Germany.
Einbandgestaltung: Guter Punkt, München – Andrea Barth
Gesetzt aus der Goudy Oldstyle Std von
EDV-Fotosatz Huber/Verlagsservice G. Pfeifer, Germering
Druck und Bindung: GGP Media GmbH, Pößneck

Inhalt

Papa, ist das Leben schön?	7
Der »Sohn vom Kohl«	14
Sei doch froh, dass die Leute kommen!	42
Ein Preisschild auf meinem Leben	59
Einstecken und austeilen	88
Befehl ist Befehl	98
Im »Land of the Free«	115
Ein unvergessliches Jahr	129
Wanderjahre	142
Medial in Mithaftung genommen	151
Nichts wird hier mehr so sein wie bisher	161
Der Assistent	168
Und nun?	178
Mut zu neuen Wegen	185
Opferland?!	195
Meine Eltern	200
Der Wert der Versöhnung	222
Der Kreis schließt sich	246
Versöhnung mit dem »Sohn vom Kohl«	256

Für Kyung-Sook

»Papa, ist das Leben schön?«

Mitte Juli 2001. Wenige Tage zuvor war meine Mutter verstorben. Wie tot fühlte auch mein eigenes Leben sich an. Der Mensch, der mich bedingungslos geliebt und dem ich zutiefst vertraut hatte, der stets meine große Stütze gebildet hatte, dieser Mensch war nun gegangen. Ganz plötzlich und unerwartet. Es war ein eisiger Schock, der eine tiefe Kluft in meine Seele schlug.

Ihr Tod ließ schlagartig alle Räder meines bisher so beschäftigten Alltags stillstehen. Dinge, die noch wenige Stunden zuvor unglaublich wichtig erschienen, lösten sich in Minuten förmlich in Luft auf. Wohl kaum ein anderes Ereignis zwingt so zum Nachdenken über unser Leben wie der Tod eines geliebten Menschen.

Auch wenn anfänglich Trauer und Schmerz alle meine Gefühle überwältigten, so erkannte ich doch mit der Zeit, dass der Tod meiner Mutter eine wichtige Botschaft auch für mein Leben enthielt. Ihr Scheiden wurde zum Weckruf, mich mit dem eigenen Schicksal endlich in rückhaltloser Ehrlichkeit auseinanderzusetzen und mir keine Lasten aufbürden zu lassen, die ich letztlich nicht tragen kann – und darf. Er war auch eine Aufforderung, nicht weiter die Rolle eines Opfers einzunehmen, sondern meine Zukunft in die eigenen Hände zu nehmen: zu leben, statt gelebt zu werden.

Damals, im Sommer jenes traurigen Jahres, war ich allerdings noch nicht in der Lage, diese Botschaft in ihrer vollen Tragweite zu erkennen. Zum Schock des blitzartig eintretenden Verlustes kamen eine Reihe persönlicher Schwierigkeiten, die mich zunehmend drückten. Ich hatte sie mir selbst zuzuschreiben, denn sie waren die Folge meiner Fehlentscheidungen in der Vergangenheit. Privat steckte ich in der Sackgasse, und beruflich war meine Entwicklung zum Stillstand gekommen. Ich war 38 Jahre alt, theoretisch auf der Höhe meiner Möglichkeiten, praktisch aber stand ich mit dem Rücken zur Wand. Ich fühlte mich niedergedrückt und ausgepumpt, hoffnungslos verstrickt in ein scheinbar unentwirrbares Netz von Kräften außerhalb meiner Kontrolle. Ich war tief verunsichert in meinem Denken und Fühlen, mein Dasein reduziert auf ein passives Funktionieren nach außen hin und ein mechanisches Reagieren im Innern. Ich lebte gleichsam neben mir selbst.

Und ich fühlte mich allein, ganz allein. Sogar in der Gegenwart jener Menschen, die ich liebte, fühlte ich mich allein. Nachdem meine Mutter gegangen war, hatte ich dieses bodenlose Gefühl des Alleinseins kennengelernt. Eine Empfindung, vor der man zunächst steht wie vor einer unbegreiflichen Tatsache. Dieses Alleinsein ist mehr als Einsamkeit, es geht noch weit tiefer. Denn selbst in der Einsamkeit ist Verbundenheit mit anderen Menschen, wenigstens in Gedanken und Gefühlen, vorhanden, gibt es noch einen Halt. Dieses tiefste, vollständige Alleinsein aber ist halt- und trostlos. Es ist wie der Sturz in ein bodenloses schwarzes Loch. Eine Erfahrung, die kein Außen kennt, denn man haust ausschließlich in seinem Innern, und da ist nur eines: Leere.

Es sollte geraume Zeit dauern, bis dieses bleierne, alle Lebendigkeit erstickende Grundgefühl weichen würde. Ich musste einen langen, beschwerlichen Weg der inneren Erneuerung gehen. Sein Ausgangspunkt lag dort, wo meine wichtigsten Schicksalsfäden geknüpft wurden: im engsten Familienkreis.

Es gehörte für mich zur täglichen Routine, unseren Sohn zum Kindergarten zu fahren. Danach bestieg ich gewöhnlich die Regionalbahn, um zur Arbeit nach Frankfurt zu gelangen. Dieser Tagesbeginn war wie ein Rest von heiler Welt für mich, nachdem der Tod meiner Mutter auch noch zu einem nationalen Medienereignis geworden war, das erbarmungslos über unsere Familie hereinbrach. Auch an einem Kind von fünf Jahren ging all das nicht spurlos vorbei. Dennoch war es in der Lage, sich weiterhin unbefangen seinem Alltag zu widmen. Die Gemeinschaft mit meinem Sohn tat mir gut. Sie schenkte mir Leichtigkeit und Liebe.

Doch dieser Morgen war anders. Schon sehr früh hatte sich die Atmosphäre mit schwüler Sommerhitze aufgeladen. Eine stickige Stille lastete auf allem, wie vor einem kräftigen Gewitter. Das Gemüt zweier sich nahestehender Menschen in jener Situation erweist sich vielleicht als besonders empfänglich für atmosphärische Stimmungen, jedenfalls verharrten wir heute, ganz anders als sonst, gemeinsam in stummer und angespannter Nachdenklichkeit.

Wir hatten etwa die Hälfte der Strecke zurückgelegt, da geschah es. Aus dem Nichts ereilte mich seine Frage, wie ein Schlag in den Nacken:

»Papa, ist das Leben schön?«

Ich glaube nicht, dass dahinter eine lange Überlegung steckte. Es platzte aus ihm heraus, einfach so. Dennoch offenbarte die Frage ein feines Gespür für die Situation. Mit dem unverbildeten Sensorium eines Kindes, das die Probleme der Erwachsenen noch nicht zu seinen eigenen gemacht hat, aber sehr wohl schon um sie weiß, hatte mein Sohn den Nagel auf den Kopf getroffen. Er empfand klar und deutlich, dass vieles um ihn herum nicht in Ordnung war, dass es Streit gegeben hatte, dass Unsicherheit und Spannungen das Leben unserer Familie beherrschten. Und er fasste die gesamte Lage – wie es wohl nur ein fünfjähriges Kind vermag – aus seiner ureigenen Sicht in einer verblüffend präzisen Frage zusammen. Einer Frage, die für mich als seinem Vater mit der unausgesprochenen Bitte um eine ebenso präzise Antwort verbunden war. Doch damit erwischte er mich nicht nur auf dem falschen Fuß, nein, diese Frage zog mir förmlich den Boden unter den Füßen weg.

Es gibt im Leben Momente, die so viel Energie in sich bergen, dass man ihre Kraft und Bedeutung nicht sogleich erfassen und in sich aufnehmen kann. Wenn wir diese Momente annehmen, dann können sie zu echten Wendepunkten auf unserem Lebensweg werden. Als die Frage meines Sohnes wie in großen Lettern geprägt im Raume stand, wusste etwas tief in mir, dass es kein »Weiter so!« mehr geben, dass ich mich nun nicht mehr mehr vor mir selbst verstecken konnte ... Nach dieser Frage konnte ich nicht länger vor mir selbst weglaufen, konnte ich nicht länger mit geschlossenen Augen durchs Leben gehen. Durch sie wurde ich endlich zur Ehrlichkeit mir selbst gegenüber gezwungen. Ich konnte einfach nicht mehr länger ausweichen, diese Frage zwang mich dazu, mir endlich Klarheit über mein Leben zu verschaffen.

In jenem Moment jedoch, konfrontiert mit einer scheinbar simplen Frage, deren Ungeheuerlichkeit ich nur dumpf, aber fast physisch empfand, fühlte ich mich völlig überfordert. Ich gab meinem Sohn eine Antwort, deren Unüberlegtheit und Oberflächlichkeit geradezu erschreckend war und für die ich mich sogleich schämte. Ich muss gestehen, ich weiß nicht einmal mehr, was genau ich gesagt habe. Es war mein letzter verzweifelter Versuch, dem Spiegel auszuweichen, in den ich nun doch würde blicken müssen.

Sein skeptischer Blick zeigte unmissverständlich, dass mein Sohn mir nicht so recht glaubte. Zwischen uns beiden stand ein betroffenes, fast peinliches Schweigen, eine Beklemmung, geboren aus Verunsicherung, Sprachlosigkeit und Überforderung. Doch hier war nichts mehr zu reparieren, nicht jetzt jedenfalls. Mein kleiner Junge hatte mich geprüft – und ich war durchgefallen. Er hatte mich dermaßen aus den Angeln gehoben, dass ich am ganzen Körper zitterte. Ich musste anhalten. Tränen liefen mir übers Gesicht. Wir saßen eine kurze Weile einfach so da, wortlos.

Kindlicher Pragmatismus ist ein wirksames Hausmittel zur Linderung wenigstens der Symptome, wenn nicht der Ursachen elterlicher Verzweiflung. Nach kurzer Zeit schon wurde er ungeduldig.

»Bitte fahr mich jetzt zum Kindergarten.«

Dort lieferte ich ihn dann auch wenige Minuten später ab. Er stieg aus dem Auto, verabschiedete sich mit einer Umarmung, die etwas fester war und ein wenig länger dauerte als gewöhnlich, und lief zu seinen Freunden, wahrscheinlich heilfroh darüber, seinen Vater in dieser wenig ersprießlichen Stimmung hinter sich lassen zu dürfen. Ich hatte die Fassung immer noch nicht ganz wiedergewonnen. Meine Gedanken spielten verrückt, mein Puls raste, und kalter Schweiß stand mir auf der Stirn. Schon musste ich erneut anhalten, fürchtend, den Anforderungen des starken Berufsverkehrs nicht gewachsen zu sein. Da saß ich nun, den Wagen in einem Feldweg geparkt. Ich war so aufgewühlt, als ob eine Lawine tief in meinem Innersten losgetreten worden wäre. Länger als eine halbe Stunde verweilte ich so, und in meinem Kopf hämmerte es immer wieder und wieder:

Papa, ist das Leben schön?

Im tiefsten Innern wusste ich, dass sich gerade etwas für mich sehr Wichtiges und zugleich Wertvolles zugetragen hatte. Mein Sohn hatte mich etwas ebenso Einfaches wie Bedeutsames gefragt, wie ein unbestechlicher Richter den Augenzeugen eines Geschehens befragt, das für alle Beteiligten von allergrößtem Belang ist. Ich hatte mir selbst unwiderlegbar vor Augen geführt, dass ich mich selbst betrog. Dass ich mich vor der eigenen Verantwortung für mein Leben drückte, dass ich zu einer Hülle ohne Inhalt geworden war, dass die Fremdsteuerung von mir Besitz ergriffen hatte.

Die Ereignisse der vergangenen Wochen hatten meinen alten Überzeugungen den Boden entzogen. Binnen weniger Minuten zwischen halb acht und halb neun Uhr morgens an jenem brütend heißen Julitag 2001 war alles anders geworden. Mit einem Mal und unwiderruflich war klar:

Dieses Leben, dein Leben, das ist ganz bestimmt nicht schön. Es ist eine Farce! Du bist ein Abziehbild der Vorstellungen und Erwartungen anderer Menschen. Du bist alles andere als dein eigener Herr.

In dieser Stunde begannen meine faulen Kompromisse, meine mantrahaften, bis zur Perfektion eingeübten Entschuldigungen vor mir selbst zu zerbrechen. Ich wusste zwar noch nicht, was ich tun sollte, was ich ändern müsste. Aber eines wusste ich: Ich durfte und würde nicht mehr so weitermachen wie bisher. Ich fühlte mit allen Fasern meines Wesens, dass eine mächtige Kraft an mir zu ziehen und zu stoßen begonnen hatte. Eine Kraft, die mich in eine neue Richtung drängte, auf ein Ziel hin, das mir noch gänzlich unbekannt war, wie die Wellen den Schwimmer hinaus aufs Meer ziehen, so sehr er sich auch dagegen stemmen mag. Die Sicht war trüb, meine Zukunft in Nebel gehüllt. Ich wusste nicht, wohin das Leben mich führen würde, aber ich spürte, dass ich lernen musste, mich der Strömung anzuvertrauen.

Der »Sohn vom Kohl«

Jeder Mensch hat eine Familie. Ein banaler Satz? Nicht für mich. Nicht, wenn man den Namen Kohl trägt und der eigene Vater einmal für 16 Jahre der mächtigste Mann im Lande war. Mein Vater hat das Kunststück fertiggebracht, für mich ein ferner, kaum greifbarer Vater gewesen zu sein, und mir gleichwohl kräftig seinen Stempel aufzudrücken. Roland Koch hat einmal sinngemäß bemerkt, dass Politik zweimal stattfindet: erstens tagsüber, wenn regiert wird, und zweitens abends und am Wochenende, wenn die Partei zu ihrem Recht kommen will. Im Maschinenraum der Politik ist es immer heiß und hektisch, es heißt immer »Volle Kraft voraus!«, wenn man an der Spitze bleiben will. Deshalb hat ein Spitzenpolitiker sehr wenig Ruhe, er muss fortwährend der Gestalter, die Integrationsfigur für seine Partei sein, er treibt den Ball. Ein Spitzenpolitiker, der dieses spezielle Momentum verliert, ist zum Scheitern verurteilt.

Mein Vater hatte dieses Momentum in hohem Maße. Nicht nur für ein paar Jahre, sondern während seiner gesamten mehr als vierzigjährigen aktiven politischen Laufbahn. Es ist unvermeidbar, dass ein solcher Lebensstil auch das Familienleben eines Politikers prägt. Ich übertreibe nicht, wenn ich sage, dass die öffentliche Tätigkeit meines Vaters bis in die letzten Bereiche des Privatlebens der Familie Kohl spürbar war.

Peter, mein Bruder, und ich sahen Vater oft wochenlang nur für wenige Stunden. Und wenn er da war, gab es unzählige

Ablenkungen und »dringende Dinge«, die uns in die Warteschleife seiner Aufmerksamkeit schickten. Dauernd klingelte das Telefon, immer wieder fanden Termine mit Politikern, Journalisten und Diplomaten bei uns zu Hause statt, permanent drang die Politik in die letzten Ritzen unseres täglichen Lebens ein.

Während des jährlichen Familienurlaubs in St. Gilgen am Wolfgangsee habe ich spaßeshalber einmal Buch über Vaters Termine geführt. Ich kam auf mehr als 35 fest eingeplante Termine, die jeweils mehr als eine Stunde dauerten, binnen vier Wochen. Es besuchten ihn dort Regierungschefs, EU-Verantwortliche, deutsche Parteipolitiker, österreichische Landeshauptleute und, sehr regelmäßig, auch der Ortsbürgermeister. Schließlich gab es auch rund um den See wichtige Dinge. Mit dem Bonner Büro Telefonkontakt herzustellen und zu halten, war ein tägliches Ritual, das sich üblicherweise über mehrere Stunden erstreckte. Hinzu kamen diverse Hintergrundgespräche mit Journalisten sowie die obligaten Sommerinterviews mit den angehängten Fototerminen, bei denen auch wir Kinder benötigt wurden. Das war der St. Gilgener Normalbetrieb, von Krisensituationen nicht zu sprechen. Für Helmut Kohl ein ganz normaler Familienurlaub.

Der »Sohn vom Kohl« – wie oft habe ich diese Bezeichnung gehört? Und wie oft habe ich sie wohl nicht gehört, wenn sie hinter meinem Rücken gebraucht wurde? Im Lauf der Jahre habe ich all ihre Bedeutungsnuancen im Geiste durchdekliniert, immer wieder. Dass es nicht selten offene Feindseligkeit ausdrückte, begriff ich schon als Kind. Um zu verstehen, dass

Neid und Verachtung sich nicht gegenseitig ausschließen, sondern im Gefühl ein und desselben Menschen in trauter Nachbarschaft existieren können, brauchte ich etwas länger. Tuschelnde Neugier wirkte stets verunsichernd auf mich. Ja, ich erfuhr auch durchaus aufrichtig gemeinte Mitleidsbekundungen. Allerdings fragte ich mich immer wieder, warum nur wenige dieser Wohlmeinenden begriffen, dass mir ihre Art, Verständnis zu zeigen, eher peinlich war.

All das hat mir sehr zu schaffen gemacht. Ich wollte immer nur mein eigenes Leben führen, und vermochte es doch oft nicht. Es schien, als ob das Schicksal selbst mir den Kampf angesagt hätte, indem es mich in den Schatten eines großen Mannes, der mein Vater ist, gestellt hatte. Ich habe reagiert wie einer, der sich angegriffen und bis ins Mark getroffen fühlt. Lange gab es für mich nur zwei Möglichkeiten, um dieser schier unüberwindlichen Herausforderung zu begegnen: Kampf oder Flucht.

Erst mit der Zeit entdeckte ich einen dritten Weg. Heute kann ich sehr gut damit leben, den Namen Kohl zu tragen – und gleichzeitig ich selbst zu sein. Vielleicht hätte ein anderer an meiner Stelle es früher geschafft. Ich brauchte dazu Hilfe: Schicksalsschläge, die mich erst aus der Bahn warfen und dann auf neuen Kurs brachten, sowie persönliche Erfolge, die ich mir vorher nicht zugetraut hätte und die mir zeigten, dass auch ein Mensch wie ich wertvolle Talente hat. Auch hat es mir geholfen, als mein Vater sich schließlich aus dem politischen Geschäft zurückzog, einfach weil seither auch in mein Dasein mehr Ruhe eingezogen ist, selbst wenn ein öffentliches Interesse an unserer Familie nach wie vor spürbar bleibt. Offenbar brauche ich ein Mindestmaß an Ruhe und Frieden, um zu mir selbst zu finden, um mich zu er-finden.

Das Entscheidende aber war, dass ich etwas entdeckte, das mein Leben von Grund auf heilte und erneuerte. Es war das kostbarste Fundstück auf einem langen und gewundenen Weg und führte mich schließlich zu mir selbst: Versöhnung. Ich weiß, es klingt ausgesprochen gefühlsbetont, vielleicht sogar ein wenig kitschig in manchen Ohren, aber für mich steckt darin die Chance, mit dem Unabänderlichen seinen Frieden zu machen und den eigenen Weg zu gehen.

Versöhnung ist nicht nur die Kraft, die Menschen zueinander führt, sondern auch die Kraft, die einen Menschen zu sich selbst bringt.

Lange war Versöhnung für mich etwas, das vornehmlich in die Politik gehörte. Etwas, das mein eigener Vater mit anderen Größen wie Gorbatschow und Mitterrand praktizierte. Ganz weit oben, ganz weit weg. Ich durfte meinen Vater begleiten, als er über den Gräbern von Verdun Mitterrands Hand ergriff. Eine große Geste der Versöhnung zwischen Völkern. Aber Versöhnung als Mittel zur Gestaltung meines eigenen Lebens? Nein, darauf wäre ich nicht gekommen.

Lange ging ich einen anderen Weg. Ich haderte mit meiner Situation, kämpfte gegen Windmühlenflügel und wehrte mich mit dem Mut der Verzweiflung gegen mein – ungeliebtes – Schicksal. Ich wurde ernst und ernster. Ich verlernte, mich von Herzen zu freuen. Mit der Zeit versteinerte ich innerlich. Der Verlust an Lebensfreude war vielleicht der größte Schaden, den ich mir selbst zufügte. Dabei begriff ich vor allem eines nicht: Ich wurde nicht zum Opfer gemacht, sondern ich nahm die Opferrolle an.

Endlich begriff ich, dass jede wirkliche Wandlung immer im eigenen Innern beginnen muss. Das war der Moment, in dem ich den Wert der Versöhnung für mein Leben erkannte. Dass sie nicht nur im zwischenmenschlichen Bereich von Bedeutung ist, wenn Menschen miteinander im Streit liegen, sondern mindestens ebenso sehr im Innerpsychischen, nämlich für den einzelnen Menschen, der mit sich selbst im Streit liegt. Versöhnung hilft, heilt und wandelt von innen her. Indem ich dieses Buch schreibe, halte ich mir selbst den Spiegel vor. Indem ich meine Geschichte erzähle, schaue ich mir mein bisheriges Leben genau an. Und es wird mir selbst klarer, welche Kraft es bewirkte, dass ich endlich leben kann, ohne gelebt zu werden.

Mein Geburtsjahr ist 1963. Meine Eltern lebten damals noch in einem schlichten Einfamilienhaus in Ludwigshafen-Gartenstadt, erst im Herbst 1971 zogen wir nach Oggersheim um. In der Gartenstadt war alles beschaulich und überschaubar. Meine kleine Welt umfasste das Haus, den dazugehörigen Garten, das unbebaute Nachbargrundstück sowie, wenn von Mutter einmal ausdrücklich erlaubt, ein Stückchen der anliegenden, ausgesprochen ruhigen Straße. Hannelore Kohl war eine in jeder Beziehung fürsorgliche Mutter, die ihre beiden Buben stets im Auge behielt. Mein Bruder Peter wurde 1965 geboren.

Wir wuchsen auf in einer Art kindlicher Enklave in der Welt der Eltern, einer Welt, die zur selben Zeit immer größer wurde. 1963 war mein Vater Fraktionsvorsitzender der CDU im rheinland-pfälzischen Landtag geworden, im Jahr 1966 wurde er ihr Landesvorsitzender. Mit seiner Karriere ging es Stück für Stück bergauf.

In einer kleinen Wohnung unterm Dach lebte unsere Großmutter mütterlicherseits. Sie war mit unserer Mutter in den

Wirren des Krieges unter abenteuerlichen Umständen nach Ludwigshafen gekommen. Es war eine Herzenssache für meine Mutter, sie unter unserem Dach den Lebensabend verbringen zu lassen, da sie als Witwe sonst allein gewesen wäre. Zu meinen engsten Bezugs»personen« gehörte auch Igo, unser deutscher Langhaarschäferhund, ein imposantes Tier mit einer unverbrüchlichen Liebe zu uns Kindern. Was ich erst allmählich begriff, war die eigentliche Funktion des wohl wichtigsten Spielkameraden meiner frühen Kindheit: Igo war ein ausgebildeter Polizeihund und die allererste Sicherheitsmaßnahme, die für uns ergriffen wurde.

Es war dies also eine nicht nur räumlich sehr überschaubare Welt, sondern auch personell. Es waren kaum ein Dutzend Menschen, die sie bevölkerten. Spielkameraden fand ich in der Nachbarschaft. Besucher gab es sicher viele, doch ich kann mich kaum daran erinnern. Die allerwichtigste Person im Familienkosmos stellte Mutter dar. Sie war die unumstrittene Herrscherin über mein junges Leben. Ihr Wort war Gesetz. Danach kam mein Bruder. Wir spielten gern und viel miteinander. Auch wenn wir uns dabei immer wieder stritten, so waren wir letztlich doch ein Herz und eine Seele, ein Verhältnis, das wir uns bis auf den heutigen Tag erhalten haben.

Einen Gast gab es jedoch in unserem Hause. Es schien mir zumindest so. Ich meine meinen Vater. Er hatte so viel zu tun, dass er kaum bei uns zu Hause sein konnte. Und wenn, vergrub er sich nach den Mahlzeiten meist in seinem kleinen Arbeitszimmer. Es war selten, dass er sich mit uns beschäftigte. Doch das störte mich eigentlich gar nicht. Ich kannte es nicht anders, und es erschien mir völlig normal, dass ein Vater draußen, in der großen weiten Welt, dafür zu sorgen hatte, dass seine Familie zu Hause ruhig und in Frieden leben konnte. Schließlich sah auch mein bester Freund, der Junge von gegenüber, seinen Vater fast nie. Der war Fernfahrer und kam genauso selten nach Hause wie der meine.

Da war allerdings ein Unterschied, und zwar ein gewaltiger: Sein Vater fuhr immer im Lkw vor, was mir sehr imponierte. Der war nicht nur riesig groß, sondern er hatte auch einen sehr lauten Motor. Wenn sein Vater vorfuhr, brachte er das majestätische Vehikel immer mit einem durchdringenden Zischen der Bremsen zum Halten. Als Zeichen, dass er jetzt da war, ließ er die tiefe, sonore Hupe ertönen. Mein Vater dagegen kam immer irgendwie auf leisen Sohlen nach Hause, den Kopf voller Gedanken. Damit konnte ich wenig anfangen, und ich fand zudem, dass das schwarze Auto, das er benutzte, längst nicht so imposant war wie der bunt bemalte Laster des Nachbarn. Wie gut, dass sein Vater uns Jungen gelegentlich ins Fahrerhaus seines formidablen Gefährts steigen und sogar hupen ließ! Mein Freund platzte fast vor Stolz auf seinen Vater, und ich war froh, auch ein wenig von dessen Glanz und Größe profitieren zu dürfen.

Ein gewisses Problem stellte es für mich dar, dass ich eigentlich gar nicht wusste, was mein Vater so tat, wenn er nicht zu Hause war. Der Vater meines Freundes übte eine Tätigkeit aus, die ich verstehen konnte. Er war Fernfahrer, brachte Güter von einer Stadt zur anderen, ein wichtiger Mann mit einer klaren Aufgabe also, sogar aus der Sicht eines vier- oder fünfjährigen Jungen. Doch was machte mein eigener Vater eigentlich? Zwar erlebte ich es immer wieder, dass Erwachsene über ihn sprachen, sogar wenn er nicht zu Hause war. Aus dem, was sie sagten, gewann ich den Eindruck, dass es wichtige Dinge sein mussten, die er tat. Man zeigte mir sein Bild in der Zeitung. Aber da ich nicht wirklich verstand, worum es dabei ging, zweifelte ich daran, dass es genauso wichtig sein konnte wie einen großen Laster zu fahren und viele Dinge in andere Städte zu bringen, welche die Menschen dort brauchten.

Dennoch hatte ich, wie schon gesagt, überhaupt nicht das Gefühl, es könnte irgendwann zum Problem für mich werden, was mein Vater beruflich machte. Auch mein anderer Freund aus dem Haus hinter unserem Garten hatte einen Vater, der meistens abwesend war. Er wusste ebenfalls nicht so recht, was dieser beruflich tat, eigentlich nur, dass er für ein großes Ludwigshafener Unternehmen in Mittelamerika weilte. So schien uns allen eines völlig klar und absolut normal zu sein: Väter sind meistens weg, sie machen irgendwas, das die Familie ernährt, und die Mütter bestimmen mit ihren Geboten und Verboten, aber auch mit ihrer Liebe und ihrer Fürsorge unser kindliches Leben. Mit einem Wort: Unsere Kinderwelt war wohlbehütet, sie hatte ihre feste, allseits akzeptierte Ordnung und bot alle Möglichkeiten, die wir zur Entfaltung unseres Spiel- und Bewegungsdranges brauchten. Begrenzt auf eine Fläche von etwa 150 mal 50 Meter, war sie wie ein kleiner Stern für sich. Sie war wunderschön, sie war geschützt und sicher. Alles in dieser Welt war berechenbar und von einer intensiven Heimeligkeit. Ich hatte nicht die leiseste Ahnung davon, was mich jenseits ihrer engen Grenzen erwartete.

Im Sommer 1969 wurde ich in die erste Klasse der Grundschule in Ludwigshafen-Gartenstadt eingeschult. Wenige Monate zuvor war Helmut Kohl zum Ministerpräsidenten von

Rheinland-Pfalz gewählt worden. Zwei Ereignisse, die in keinerlei Zusammenhang miteinander standen, außer für mich selbst. Es fühlte sich an, als wenn eine Tür ruckartig aufgerissen würde und ein kalter, ein sehr kalter Wind mir urplötzlich um die Ohren pfiff.

Ich erinnere mich, dass es an meinem ersten Schultag morgens heftig regnete. Meine große Schultüte war schon etwas aufgeweicht, als Mutter und ich das Schulgebäude betraten; mein Vater hatte keine Zeit an diesem Morgen. Es folgte, was jeder kennt: Begrüßung der »ABC-Schützen«, wie es damals nach alter Väter Sitte noch hieß, durch den Rektor, dann die Verabschiedung der Eltern und schließlich die Übergabe von uns Kindern an die Lehrerin. Bald klingelte es zur ersten Pause. Nun sollte ich etwas kennenlernen, was nur mir und meinem Bruder beschieden ist: ein Leben als »Sohn vom Kohl«.

Der Schulhof war voller Kinder. Ich kannte keinen Einzigen, während sich alle anderen zu kennen schienen. Es gab sehr wohl Gleichaltrige aus unserer Straße in meiner Klasse, doch sie kamen aus den »Blocks«, wie es bei uns zu Hause hieß. Diese standen nur ein paar hundert Meter weit weg, doch es war eine mir unbekannte Zone, die eine dunkle Faszination auf mich ausübte. Nie hätte ich mich entgegen dem strengen Verbot unserer Mutter dorthin gewagt. Eine Folgsamkeit mit gewissen Konsequenzen, denn meine beiden Freunde waren als Jüngere nicht mit mir eingeschult worden, und mein jüngerer Bruder sollte erst in zwei Jahren folgen. Ich war allein. Die Kinder aus den »Blocks« dagegen traten als geschlossene Gruppe auf, und es sollte mir sogleich klar werden, was das für mich bedeutete.

Schon in der ersten Pause ging es los. Als Erstes spürte ich die neugierigen, herausfordernden Blicke auf mir liegen. Ein seltsames Gefühl, das sich im Lauf der Jahre zu einem festen Bestandteil meiner Empfindungswelt entwickeln sollte. Jeder verspürt hin und wieder den Drang, sich umzusehen, weil er sich beobachtet fühlt. Anschließend geht er wieder zur Tagesordnung über. Für mich aber wurde dieses unangenehme Gefühl ab jetzt zum ständigen Begleiter. Später nannte ich das den »Zooeffekt«: mit distanzierter Neugier wie ein exotisches Tier beäugt und aus der Position gefühlter Überlegenheit heraus mit launig-ätzenden bis beleidigenden Kommentaren bedacht zu werden.

Mein erster Schultag geriet zu etwas, das man wohl ein Schlüsselerlebnis nennt. Die abfälligen Bemerkungen Sechsjähriger über einen Politiker sind naturgemäß nur ein Abklatsch der Reden ihrer Eltern. Doch das war eine Tatsache, die nicht innerhalb meines eigenen kindlichen Bewusstseinshorizontes verankert war. Ich war zutiefst verletzt, weil wildfremde Menschen, Kinder wie ich selbst noch, mich und meine Familie schmähten. Ich war total verwirrt, weil ich nicht verstand, warum. Angegriffen zu werden für etwas, das vollständig außerhalb meines eigenen Verantwortungsbereichs lag – das widersprach in allen Punkten meinem Gerechtigkeitsgefühl. Zum ersten Mal stieg in mir etwas auf, das man wohl »heiligen Zorn« nennt, eine Regung, die man selbst als uneingeschränkt gerechtfertigt empfindet, die einen aber letzten Endes nur innerlich lähmt und zu maximaler äußerer Aggression treiben kann. Dieser »heilige Zorn« wurde mit den Jahren zunehmend zum Gestalter meines Lebens. Dies zu erkennen war allerdings ein weit fortgeschrittener Teil der Lektion. Es sollte Jahrzehnte dauern, bis ich es verstand, und noch länger, bis ich die Energie des Zorns in Gelassenheit umwandeln konnte.

Damals, in jener Situation auf dem Schulhof, verstand ich nur eines: dass ich die Ehre meines Vaters und unserer Familie verteidigen, dass ich mich selbst meiner Haut erwehren musste. Es kam zum Gerangel. Sie hänselten mich weiter und trieben ihre Späße mit mir. Ich begann geplant zu handeln, denn eines war klar: Gegen die ganze Gruppe hatte ich keine Chance. Also konzentrierte ich mich auf einen, der aus dem Hintergrund die anderen antrieb, ohne sich selbst körperlich einzumischen. Ich befreite mich und ging auf ihn los. Er war clever und reaktionsschnell und schlug einen Haken. Damit ließ er mich ins Leere laufen. Ich rutschte auf dem regennassen Schulhof aus und stürzte. Um mein Elend vollzumachen, fiel ich der Länge nach in eine große, tiefe und dreckige Pfütze. Allüberall höhnisches Gelächter. So endete die erste Pause mit mir als begossenem Pudel, zum Gespött meiner Klassenkameraden.

Der Lektion nächster Teil. Ein triefendes Häufchen Elend, saß ich nun in der Klasse. Meine Gegner trugen Unschuldsmienen zur Schau. Die Lehrerin hatte sich schnell ein Urteil gebildet. Hier galt es ein Exempel zu statuieren, und dass es gleich am ersten Schultag geschehen musste, schien ihr nur recht. Wegen Raufens und schlechten Betragens setzte es die ersten Hiebe für mich. Mit der Stahlkante eines langen Lineals, gezielt auf die Fingerkuppen. Eine Maßnahme, die, wie auch meine Mitschüler bald erfahren würden, zum pädagogischen Standardrepertoire unserer Lehrerin zählte. Schlimmer noch als die körperliche Pein aber erschien mir die seelische. Irgendein Teil von mir erahnte sofort, dass hier etwas geschehen war, was länger anhalten und weit tiefer reichen würde als schmerzende Fingerkuppen.

Der vorläufig letzte Teil meiner Lektion. Daheim angekommen, fiel meine Mutter ob meines zerzausten, schmutzigen

Äußeren aus allen Wolken. Das hatte sie nicht erwartet! Es muss für sie ein wahrhafter Schock gewesen sein, dass ihr ältester Sohn schon an seinem ersten Schultag auffällig wurde. Sonst wäre sie mir gewiss nicht mit einer Härte begegnet, die mich bestürzte. Ich war es einfach nicht gewöhnt, dass sie kein Wort von dem hören wollte, was ich vorzubringen hätte. Auch war mir die ganze Sache hochpeinlich, ich wusste ja, dass ich alles andere als einen guten Eindruck hinterlassen hatte. Aber ich fühlte mich nicht als alleinig Schuldiger, und schließlich hatte ich nicht nur mich selbst verteidigen wollen, sondern auch die Ehre unserer gesamten Familie! So hatte ich das kindlich reine Gefühl, für uns alle mein Bestes gegeben zu haben, jedenfalls der Absicht nach.

Doch für meine Sicht der Dinge konnte ich damals nicht auf die Unterstützung meiner sonst so verständnisvollen Mutter rechnen. All meine Erklärungsversuche wurden nicht verstanden, im Gegenteil, sie schienen ihre Verärgerung nur noch zu steigern. Nun bekam ich erst recht ein schlechtes Gewissen, weil ich erkannte, dass ich den Menschen, den ich am meisten liebte, tief enttäuscht hatte. Und wieder klopfte ein ganz neues Gefühl an meine Tür: eine eigentümliche Mischung aus Trauer, Wut und Verwirrung. Ich war unglücklich. Nicht nur, weil mir selbst innere und äußere Schmerzen zugefügt worden waren. Sondern auch, weil ich offenkundig versagt und damit jemanden, der mir sehr nahe stand, unglücklich gemacht hatte. Ohne es auch nur ansatzweise verstehen zu können, hatte ich gleich an meinem ersten Schultag eine neue Wertordnung kennengelernt, die von nun an mein Leben bestimmen würde. Hier wurde mit ganz anderem Maß gemessen, als ich es bisher gewohnt war: Ich wurde nicht danach beurteilt, was ich *war*, sondern was man mir *zuschrieb*.

Viele Jahre später erst wurde mir klar, dass die Dynamik dieses Tages meine persönliche Problematik wie mit einem Brennglas konzentrierte und einem ersten hitzigen Konflikt zutrieb.

An meinem ersten Schultag wurde eine Weiche für mein Leben gestellt. Der Weg, der für mich bestimmt war, hat mich an die Grenzen meiner psychischen Möglichkeiten getrieben. Aber um diese Grenzen letztlich zu überwinden, musste ich zur Selbstbestimmung finden. Dieser erste Schultag folgte einem unsichtbaren Drehbuch, er lieferte den Plot eines Stückes, zu dem sich der Vorhang auf unterschiedlichsten Bühnen hob. Meine eigene Rolle darin hat etwas Kurioses: Nebenrolle und Hauptrolle zugleich. Auch wenn ich ein ganz gewöhnliches Leben führe, mit einem ausgesprochen unspektakulären Alltag, bin ich doch für viele meiner Mitmenschen Normalmensch und Exot zugleich. Nicht das, was ich selbst tat, sondern das, was eine andere Person zu tun oder zu lassen beliebte, wurde nun für so gut wie jede meiner Begegnungen mit anderen Menschen ausschlaggebend. Das erschien mir zunächst rätselhaft, später grotesk und, in seiner schicksalhaften Unvermeidlichkeit, geradezu verhängnisvoll.

Damals, als sechsjähriges Kind, fühlte ich mich nur tief verletzt, aufs Äußerste herabgewürdigt, schwer getroffen. Die erste Ursache dafür lag vollständig außerhalb meines eigenen Aktionsradius, so viel verstand ich sofort. Sehr bald war mir klar, dass die Angriffe nicht mir, sondern einer Person galten, die mir mit am nächsten stand. Aber ich verstand nicht, warum manche Menschen ihre offenkundige Abneigung gegen ihn auf mich übertrugen. Mein Vater war für mich selbst nur mein Vater und kein Politiker, ging das nicht in den Kopf dieser Menschen hinein? Von Anfang an wehrte ich mich gegen diese absurde Übertragung, dagegen, in Mithaftung genommen zu werden. Ich begann mit dem Schicksal zu hadern, schon sehr früh im Leben. Ich fühlte mich als Opfer, auch dann noch, wenn ich selbst den ersten Stein hob.

Ja, irgendwann begann ich selbst zuzuschlagen. Ich sah es stets als ein Zurückschlagen und nahm mich vor meinem eigenen Gewissen in Schutz, wenn ich, statt einfach aus dem Felde zu gehen, den Kampf annahm. Hatte ich nicht genügend Gründe dafür? Ich sah mich alleingelassen mit einer Situation, die ich als widernatürlich empfand, die mich aber immer wieder einholte. Da ich keinen anderen Weg kannte und mir niemand wirklich zuhören wollte, wenn ich darüber zu reden versuchte, begann ich Gewalt mit Gewalt zu vergelten. Ich wurde zum Kämpfer, zum inneren Krieger. Schon damals, an meinem ersten Schultag, hatte ich mich auf diesen Weg begeben. Ohne die leiseste Ahnung davon, dass ich somit begann, an einer Spirale unbewussten psychischen Missbrauchs selbst auch noch mitzudrehen.

Eine Frage steht am Anfang aller Fragen, die über das Lebensnotwendige, das Alltägliche, die über die »Frage des Tages« hinausweisen.

Wer bin ich?

Dies ist für mich keine rein philosophische Frage. Dies wurde für mich zu einer lebenswichtigen, ja, ich muss gestehen, in einer bestimmten Situation sogar zu einer über-lebenswichtigen Frage. Doch davon später.

Auf der Bühne meiner Existenz spielte sich fortan ein kleines Drama ab. Während jeder weiteren Etappe meiner persönlichen Entwicklung – ob als Schüler, als Soldat, als Student oder als Berufstätiger –, immer wieder fand sich eine unsichtbare Regieanweisung, die mein Leben so steuerte, dass mich die Frage aller Fragen mit roboterhafter Präzision immer wieder einholte:

Wer bin ich?

Bisweilen kippte das Drama ins Melodram ab. Dann spielte ich vor mir selbst und anderen den »Sohn vom Kohl« ganz bewusst, mit einer ans Zynische grenzenden, selbstzerstörerischen Lust. Nur wer ständig angestarrt wird, mit Blicken wie Röntgenstrahlen, wer neugierig angefasst wird wie ein fremdartiges Geschöpf, der kann nachvollziehen, was das bedeutet. Mit aller Macht versuchte ich mir zu vergegenwärtigen, dass nicht ich selbst, sondern eigentlich mein Vater gemeint war. Es gelang selten, und wenn, dann war es nur ein schwacher Trost. Unter dem Strich lief es auf ein und dasselbe hinaus: Walter Kohl, den gibt es hier jetzt gar nicht. Wer immer ihn verschämt beäugt, wer immer ihn offen herausfordert, der meint eigentlich den »Sohn vom Kohl«.

Die Erfahrung infiltrierte alle Bereiche meines Lebens, bis in den hintersten Winkel. Sobald ich neue Bekanntschaften machte, sobald ich in ein anderes Umfeld wechselte, musste ich mit dem Thema stets wieder ganz von vorn anfangen. Ich begann automatisch, mein Leben danach auszurichten, kooperierte mit dem unsichtbaren Regisseur. Ich unterwarf mich seinem Diktat, folgte dabei doch nur meinen Gefühlen der Ohnmacht, der Einsamkeit und der Überforderung. Immer wieder gab es Schein-Wendepunkte, vermeintliche und wirkliche Chancen –, die ich erst nutzen konnte, als ich meinen inneren Frieden gefunden hatte. Doch der Reihe nach.

Das Jahr 1969 war, wie bereits erwähnt, ein bedeutsames Jahr in der Karriere meines Vaters. Ich war mit dabei, als er im

Mainzer Landtag als Ministerpräsident von Rheinland-Pfalz eingeführt wurde. Was ein Ministerpräsident war, konnte ich als knapp Sechsjähriger nicht ermessen. Das pompöse Ereignis rauschte an mir vorbei, die Folgen des Amtsantritts allerdings wurden sofort spürbar.

Vater war nun ständig in den Schlagzeilen. Ich wusste noch immer nicht, was er eigentlich tat, aber eines wurde mir doch sehr bald klar: Politik war etwas, das die Menschen stark beschäftigte, sehr stark sogar. Und: Meine eigene Befindlichkeit war für mich spürbar mit der Tätigkeit meines Vaters als Politiker verbunden. Ich begriff, dass Politik in das Leben der Menschen eingreift, aber dass dies nicht immer alle gut finden. Was mein kindliches Gemüt nicht begreifen konnte oder wollte, war, warum andere Kinder auf die Idee kamen, mich für das, was mein Vater tat, verantwortlich zu halten. Ich wusste ja nichts davon, dass dies eine von ideologischen Gegensätzen geprägte Zeit war. Ich wusste nichts von den zwei feindlichen Lagern, die sich damals gegenüberstanden, wusste nichts davon, dass die politischen Auseinandersetzungen oft sogar in ein und derselben Familie tiefe Gräben aufrissen. Wie sollte ich da erst verstehen, warum diese Kinder mich als eine Art lebendigen *Punchingball* zu sehen schienen? Sie agierten ja selbst nur unbewusst die Aggressionen ihrer Eltern aus.

Unsere Familie war wie eine nach außen abgeschottete Burg, aber sobald wir Kinder oder Mutter nach draußen gingen, war für uns dicke Luft. Politik mochte sich für ein sechsjähriges Kind weit jenseits seines Erlebens und Verstehens abspielen, doch wenn man Walter Kohl hieß, holte sie einen immer wieder ein.

Rückblickend finde ich in meiner Erinnerung Anzeichen dafür, dass auch meine Eltern sich an die neue Lage gewöhnen mussten. In unseren eigenen vier Wänden wurde eine Klimaveränderung fühlbar. Bisher hatten meine Eltern ihr Privatleben recht erfolgreich gegen informationshungrige Journalisten zu verteidigen gewusst. Es war nicht von der Hand zu weisen, dass sie in dieser Beziehung nun auf ziemlich verlorenem Posten zu stehen begannen. Sicherlich kann man die heutige Mediengesellschaft nicht mit den Verhältnissen in den Sechziger- und Siebzigerjahren vergleichen, doch das Interesse der Öffentlichkeit am Privatleben der Familie Kohl war schon seinerzeit sehr groß. Ich kann nicht sagen, dass dies bei meinen Eltern uneingeschränkt auf Gegenliebe stieß. Sie versuchten, stets ganz normale bürgerliche Menschen, denen jedwedes Schickimicki-Gehabe zuwider war, zu bleiben. Das zunehmende mediale Interesse an ihrem Privatleben entwickelte sich für sie allerdings mit der Zeit immer mehr zum Stressfaktor.

Es war offensichtlich, dass unsere Mutter nun zunehmend für offizielle und repräsentative Aufgaben im Umkreis der Tätigkeit ihres Mannes verpflichtet wurde. Als Familienmanagerin verwaltete sie die Nahtstelle von Privatsphäre und Öffentlichkeit, eine Aufgabe, die immer anspruchsvoller wurde. Es mag eine naive Vorstellung unserer Eltern gewesen sein, dass Peter und ich ein Leben wie andere Kinder führen sollten, aber sie meinten es ganz ernst damit. Wir sollten unsere Erfahrungen machen und unsere schulischen Leistungen erbringen wie alle anderen Kinder auch. Es erschien beiden erzieherisch wertvoll, dass wir keinerlei Privilegien in Schule und Alltag genossen. Das war sicher gut gemeint. Es entsprach nur nicht der gesellschaftlichen Realität, in der wir lebten, denn es enthielt einen unlösbaren Widerspruch: Wir sollten als Gleiche unter Gleichen leben, doch dort draußen wurden wir nicht als Gleiche akzeptiert.

Einerseits war die erzieherische Strategie meiner Eltern erfolgreich, jedenfalls aus ihrer Sicht, denn wir gaben nie Anlass zu negativen Medienberichten über irgendwelche »Extratouren«. Andererseits, aus unserer Kindersicht, scheiterte sie auf der ganzen Linie, indem uns eine Sonderbehandlung in Form einer Stigmatisierung durch unsere Umwelt verabreicht wurde. Dieses Stigma haben meine Eltern nie so recht wahrhaben wollen, und wenn es einmal thematisiert zu werden drohte, schoben sie das Problem lieber beiseite. Notfalls wurde einem offenen Gespräch mit der typisch elterlichen Apologetik eines »Wir meinen es doch nur gut« der Riegel vorgeschoben. Noch in meiner Grundschulzeit muss es gewesen sein, als mein Vater mir gegenüber zum ersten Mal einen Satz sagte, der in seiner sprachlichen Schlichtheit und inhaltlichen Wucht wohl als typischer Helmut-Kohl-Satz gelten darf:

»Du musst stehen!«

Der innere Widerhall dieses Satzes entfaltete seine Wirkung über viele Jahre. Zunächst traf er mich tief, weil er ausdrückte, dass ich in meiner speziellen Lage von meinem eigenen Vater keine Hilfe im Sinne von »beistehen« oder »unter die Arme greifen« zu erwarten hatte. Er war die offensichtliche Ursache dessen, was ich als mein Hauptproblem ansah, aber ich hatte damit zu leben, dass er mich nie in irgendeiner Form »heraushauen« würde, wie ein kleiner Bub es sich von seinem Papa, zumal wenn er so mächtig ist, wie der meine es war, instinktiv erhofft.

Du musst stehen – und zwar ganz für dich allein, so die implizite Botschaft.

Du musst stehen, das ist so ein Satz, mit dem ein Elternteil seine pädagogischen Maximen dem eigenen Nachwuchs in unmissverständlicher Weise mitteilt. Ein Satz, der so tief ins

Gemüt sinkt, dass er dort seine verborgene Wirkung entfaltet, auch wenn der heranwachsende Mensch ihn längst vergessen zu haben scheint. Ein Satz, der einem wieder einfällt, wenn man im Nachhinein merkt, dass er gerade das eigene Verhalten unbewusst gelenkt hat. Mit der Zeit begriff ich, dass diese Maxime sich einerseits als Segen, andererseits als Fluch auf meine persönliche Entwicklung auswirkte.

Meine Eltern waren zutiefst davon überzeugt, dass jeder ihrer Söhne seines eigenen Glückes Schmied sein solle. Dass angesichts ihrer eigenen, außergewöhnlichen gesellschaftlichen Rolle damit die familiäre, uneinlösbare Utopie verbunden war, wir könnten ein normales Leben führen und ganz selbstverständlich *unseren eigenen Weg gehen*, verstanden sie nie.

Ende der Sechzigerjahre radikalisierten sich Teile der zerfallenden APO und begannen, aus dem Untergrund heraus Attentate zu verüben. Der deutsche Linksterrorismus entstand. Wenn die Terroristen auch nicht ein einziges ihrer proklamierten politischen Ziele erreichten, so schafften sie es doch, dass sich die Lebensbedingungen von führenden Repräsentanten von Staat und Wirtschaft drastisch und unumkehrbar veränderten. Für sie und ihre Angehörigen wurde erstmals ein ständiger bewaffneter Personenschutz eingeführt. »Sicherheit« war bald auch in unserer Familie ein Thema, das ganz oben auf der Tagesordnung stand. Für mich, ein Kind im Grundschulalter, das sich gern im Freien bewegte, bedeutete diese Entwicklung einen fühlbaren Einschnitt.

Die erste markante Änderung verfolgte ich mit einer Mischung aus Staunen und Entsetzen. Direkt neben unserem Zuhause in der Tiroler Straße befand sich ein unbebautes Grundstück. Gerade weil es verwildert und unwegsam war, bot es Peter und mir ideale Möglichkeiten zum Spielen. Eines Tages rückten Arbeiter mit Maschinen an und rodeten es. Von nun an stand dort ein weißer Wohnwagen mit einer großen Antenne. Tag und Nacht stiegen fremde Männer ein und aus. Wie aus dem Nichts erschienen sie auch immer wieder auf unserem eigenen Grundstück. Sie forschten überall herum und kannten bald schon all unsere sorgfältig geheim gehaltenen Kinderverstecke. Überall waren jetzt Männer, die uns zu beobachten schienen, sich sonst aber nicht um uns kümmerten und offenbar auch nicht mit uns reden wollten. Es gab keine Rückzugsmöglichkeiten mehr, alles wurde überwacht und kontrolliert.

Doch damit nicht genug. Auch in der Schule, ich ging jetzt in die zweite Klasse, wurde die Klimaveränderung spürbar. Erst waren da die stummen, ernsten Blicke meiner Lehrer. Es setzte sich fort, indem sie mich mit Beschwichtigungen wie »Es wird schon nichts passieren« und »Du brauchst dir aber keine Sorgen zu machen« bedachten.

Sorgen machen – weshalb?

So fragte ich mich. Nicht nur aufseiten meiner Lehrer gab es viel Getuschel, aber keine offene Aussprache. Man redete drum herum, wie es auch verklemmte Erwachsene gegenüber pubertierenden Kindern in Sachen Sexualität tun. Dem Thema war jedoch insofern nicht mehr auszuweichen, als dass etwas getan werden musste. So wurden »Maßnahmen ergriffen«, wie man es nannte, polizeiliche Maßnahmen nämlich. Für mich bedeutete das: Überwachung beim Spielen daheim und Polizeischutz auf dem Schulweg.

Meine Mutter versuchte mir nach bestem Vermögen zu erklären, was Terrorismus ist und warum unsere Familie davon bedroht wurde. Für ein siebenjähriges Kind war da nicht viel zu begreifen, außer dass dieser Terrorismus Folgen für sein eigenes Leben hatte, die mit Händen zu greifen waren. Die allgemeine Anspannung spürte ich deutlich, obwohl von allen Seiten Beschwichtigungen ausgereicht wurden. Allmählich begann ich einen Widerspruch zu erahnen, der in den Aussagen der Erwachsenen, auch meiner Eltern, lag. Ich fühlte, dass mir nicht die volle Wahrheit gesagt wurde.

Offenbar kaufte ich es ihnen aber doch ab, dass die Lage gar nicht so schlimm sei. Oder hatte ich alles missverstanden? Vielleicht wollte ich auch nur herausfinden, ob alles wirklich ernst gemeint war. Jedenfalls machte ich mir eines Tages einen Spaß daraus, meinem Beschützer zu entwischen. Das Terrain kannte ich vorzüglich, im Gegensatz zu ihm. In der Mauer des St. Marienkrankenhauses, das auf dem Weg zur Grundschule lag, gab es eine enge Spalte. Da gelangte ein Kind leicht hindurch, ein erwachsener Mann nicht. Nachdem ich ein paar Tage ganz brav mitgegangen war, dabei aber die Lage gepeilt hatte, raste ich plötzlich los. Schwupps, schon war ich durch die Spalte hindurch! So schnell ich konnte rannte ich durch den Schwesterngarten. Dabei stellte ich mir voll diebischen Vergnügens das verdutzte Gesicht meines Aufpassers vor. Schon erreichte ich an der anderen Seite des Gartens eine niedrige Mauer, die leicht zu überwinden war. In dem angrenzenden kleinen Park, direkt neben dem Schulgelände, befand ich mich schon in unmittelbarer Nähe meines Klassenzimmers. Geschafft!

Polizei abgehängt und trotzdem rechtzeitig in der Schule, wenn das nichts ist ...

Natürlich währte die Freude nicht lange. Schon am Mittag desselben Tages brach das Donnerwetter meiner Mutter über mich herein. Ich spürte ihre Betroffenheit, verstand auf einmal, dass sie sich tatsächlich schwere Sorgen um mich machte. Plötzlich bekam ich ein ganz neues Gefühl für die Gefahr. Wenn meine Mutter so voller Furcht war, dann musste es ja wirklich gefährlich für uns sein, so meine kindliche Analyse. Mein Übermut hatte Folgen: Von nun an wurden mir gleich mehrere Beamte mitgegeben. Und ich musste stets vorneweg laufen, sodass sie mich auch ja im Auge behielten. Vorn lief Walter, und wenige Meter hinter ihm zwei, manchmal sogar drei erwachsene Männer – eine Eskorte dieses Kalibers fiel auf wie ein Trupp Marsmännchen. »Abhauen« war nun nicht mehr. Innerhalb weniger Tage wusste die ganze Nachbarschaft davon, und fast jede Gardine hinter jedem Fenster, an dem wir vorbeiparadierten, geriet in Bewegung. Wenn ich meinen Schritt beschleunigte, taten meine Beschützer es auch. Wenn ich ihn verschleppte, dann sie ebenfalls. Blieb ich stehen, hielten auch sie an. Das glich wohl weit mehr einem grotesken Tanz als einer diskreten Begleitung. Ich empfand dabei ein so intensives Gefühl von Peinlichkeit, wie ich es noch nie zuvor erlebt hatte.

Am Schultor wurde ich aus der Bewachung entlassen. Meine dortige Ankunft geriet nun regelmäßig zum Spektakel, zumindest für bestimmte Mitschüler. Sie begrüßten mich sogleich mit Hänseleien, manche gefielen sich darin, auszutesten, ob die abziehenden Polizisten wohl umkehren würden, wenn sie mir Fausthiebe auf die Oberarme versetzten oder mich mit dem Ellbogen in die Rippen knufften. Fast jeden Morgen erwartete man mich mit dieser Art des Willkommens. Es war wie ein Spießrutenlaufen, bis ich mein Klassenzimmer erreicht hatte. Übrigens kehrten die Polizisten nie um. Und wenn sie umgekehrt wären – ich hätte sie wahrscheinlich nur angefahren, dass sie sich endlich verziehen sollen.

Es war das erste Mal, dass mir eine tief greifende innere Widersprüchlichkeit der Lebenswelt meiner Kindheit buchstäblich unter die Haut ging: Gegenüber einer Gefahr, die für mein kindliches Gemüt in ungreifbarer Ferne lag, wurde ich mit massivem Aufwand abgeschirmt. Mit der Gefahr jedoch, die mich tagtäglich, sogar körperlich fühlbar, umgab, wurde ich alleingelassen. Vor der Gewalt der Terroristen war ich beschützt, der Gewalt meiner Mitschüler aber schutzlos ausgeliefert. Ich hatte keine Angst, entführt zu werden, was ich vielmehr fürchten lernte, war die Qual, die mir die spezielle Behandlung meiner Person bereitete. Nicht der Terrorismus erschien mir somit als mein ärgster Feind, sondern der Schutz davor, mit dem ich zwangsbeglückt wurde. Der Terror meiner Situation war es, wie mit einem Kainsmal auf der Stirn herumzulaufen.

Irgendwann hatte ich die Nase gestrichen voll. Ich weigerte mich, weiter in die Schule zu gehen. Ich weinte und flehte meine Mutter an, die Polizei wieder wegzuschicken. Ich dachte, dies stünde in ihrer Macht, weil ich glaubte, dass sie selbst die Polizei zu unserem Schutz gerufen hatte. Doch sie blieb hart. Auch ich schaltete auf stur. Da versprach sie mir, die Bewachung werde nur bis zu den Osterferien andauern. Das waren nur noch wenige Wochen. Ich lenkte ein und hielt bis dahin durch. Umso größer war mein Entsetzen, als pünktlich zum ersten Schultag nach den Ferien der Personenschutz wieder vor der Tür stand, um mich zur Schule zu begleiten! Ich kann mich noch sehr lebhaft an die heftigen Auseinandersetzungen mit meiner Mutter erinnern, die darauf folgten. Der Vertrauensbruch tat mir sehr weh, ihre Glaubwürdigkeit war in meinen Augen infrage gestellt, für eine Weile sogar schwer beschädigt. Auch meine Mutter vergaß die Angelegenheit nicht. Fast dreißig Jahre später sprach sie das Thema erneut an, und zwar von sich aus. Sie gestand mir, dass sie sich damals total überfordert gefühlt hatte und fast verzweifelt wäre. Sie hatte große Angst um mich und stand vor dem Dilemma, dass ich entweder entführt oder gar getötet würde, oder dass sie es zuließ, mich seelisch zu verletzen. Deshalb griff sie zur Notlüge.

Das Phänomen des Terrorismus überraschte damals ein ganzes Land. Der gesamte Sicherheitsapparat wurde auf dem falschen Fuß erwischt. Die Polizei war völlig ungeübt in ihren Reaktionsweisen, etwas Vergleichbares zu den heutigen SEKs gab es noch gar nicht. Erst nach dem polizeilichen Debakel beim Attentat auf die israelische Olympiamannschaft 1972 wurden diese neuen Strukturen aufgebaut. Auch die Politiker waren tief verunsichert. Sie und ihre Familien gehörten zu den Menschen, die sich in allererster Linie im Visier der RAF befanden und in unmittelbarer Todesgefahr schwebten. Für sie gab es keinerlei kompetente Beratung, keine psychologische Unterstützung, nichts. Ich nehme es meiner Mutter ab, dass ihre Notlüge sie damals sehr schmerzte. Sie sah keinen anderen Weg, als Zeit zu gewinnen und zu hoffen, dass es besser würde. Damals herrschte die Meinung vor, dass bewaffneter Personenschutz nur ein zeitlich begrenztes Phänomen sein würde.

Als Kind in diesem Alter kam ich nie auf den Gedanken, das Thema Terrorismus mit meinem Vater zu besprechen. Erstens war es mir nicht möglich, seine Tätigkeit gedanklich in den Zusammenhang mit der Bedrohung unserer Familie zu stellen. Warum sollte man ihn bedrohen? Er machte doch nur seine Arbeit, wie jeder andere auch. Zweitens stand er für vertrauliche Gespräche, wie sie sich wohl jedes Kind mit seinem

Vater wünscht, leider nicht zur Verfügung. Er hatte schlicht keine Zeit, seine Prioritäten lagen woanders. Auch an den Wochenenden war er häufig nicht zu Hause, und wenn, dann hing er oft endlos am Telefon fest, oder er beugte stundenlang den Kopf über seine Papiere. Ihn dabei zu stören, war undenkbar für uns Söhne. Kam Besuch, wurden wir kurz vorgestellt und dann meist zum Spielen weggeschickt. Vater und Mutter sprachen viel miteinander, aber fast immer über Dinge, die ich nicht verstand. Mit uns dagegen sprach er weniger.

Mit einem Wort: Selbst wenn er zu Hause weilte, war Vater für uns Kinder, solange wir noch klein waren, nur begrenzt erreichbar. Dass ein Vater seinem Sohn »die Welt erklärt«, dass er seine neugierigen Fragen beantwortet, dass er mit ihm spielt, dass er – wie es die heutige Pädagogik nennt – »Qualitätszeit« mit ihm verbringt: All das hatte in unserer Familie keine Priorität.

Wahrscheinlich war ich kein wirklich folgsames Kind. Das Problem in den Augen meiner Eltern und Lehrer bestand vermutlich weniger darin, dass ich mich nicht zu benehmen wusste. Es war eher die Frage, ob ich es wollte. Ich konnte aufbrausend und wild sein und testete meine Grenzen gern aus, ohne mögliche Gefahren zu bedenken, in die ich mich möglicherweise begab. Ich konnte mich auch leidenschaftlich gegen eine mir auferlegte Begrenzung auflehnen, aber ich meine sagen zu dürfen, dass dies meist geschah, wenn diese mein Gerechtigkeitsempfinden verletzte. Unsere Erziehung lag so gut wie vollständig in der Hand unserer Mutter. Ihr Umgang mit uns war, wie man heute wohl urteilen würde, ausgesprochen streng. Es war aber sehr wohl fühlbar, dass es ihr nicht darum ging, unseren Alltag aus Prinzip mit einer Fülle von Regeln, Geboten und Verboten zu überziehen. Dass dies sein musste, war schiere Notwendigkeit, angesichts der beschriebenen Umstände. Dennoch lebte in Mutters Regelwerk, für uns sehr wohl erkennbar, eine Art höherer Sinn. Deshalb war es ihr auch wichtig, dass wir Kinder verstanden, warum sie uns etwas verordnete, auch wenn wir es vielleicht nicht einsahen, dass es wirklich sein musste. Wenn wir nicht zum Spielen raus durften, lieferte sie uns stets eine Begründung für das Verbot. Diese stellte uns zwar nicht immer zufrieden, aber sie entzog sich nie einer ernsthaften Diskussion – bis zu einem gewissen Punkt, an dem Schluss war. Dann hatten wir uns in unser Zimmer zu trollen.

So war ich es gewohnt, immer nach dem »Warum« zu fragen und zumindest eine Antwort zu erhalten, wenn natürlich auch nicht immer eine befriedigende. Und da ich selbst von unserer Mutter zur absoluten Offenheit und Ehrlichkeit erzogen wurde, erwartete ich auch Offenheit und Ehrlichkeit mir gegenüber. Genau da lag aber der Hase im Pfeffer, was den innerfamiliären Umgang mit der urplötzlich über uns hereinbrechenden Terrorismusgefahr anging. Hier wurde laviert, statt informiert, und es wurde erwartet, dass man sich ohne Diskussionen fügte. Da meine Mutter die Notwendigkeit des Personenschutzes mir gegenüber vertrat und als unumgängliche Maßnahme durchsetzte, folgerte ich in meiner kindlichen Naivität, dass sie dafür auch verantwortlich war. Ich begann zu rebellieren, und zwar ihr gegenüber, ganz persönlich. Dabei verlagerte ich die Auseinandersetzung ungerechterweise auch auf Gebiete, die mit dem eigentlichen Problem gar nichts zu tun hatten. So lernte ich zum ersten Mal, wie Verschweigen und Verdrängen das Klima zwischen zwei Menschen, die sich innig lieben, trüben und sogar vergiften kann.

Es entbehrt nicht einer gewissen Ironie, dass derjenige, der mir noch am ehesten die Hintergründe jener drastischen Veränderungen unserer Lebensumstände hätte erklären können, davon gänzlich entlastet wurde. Es war allein unsere Mutter, die uns gegenüber den Kopf dafür hinhielt! Erst Jahre später stand mir klar vor Augen, dass es mein Vater gewesen war, der in Ausübung seiner politischen Ämter auch unsere Familie in die Liga der Topgefährdeten befördert hatte.

Es gab da noch etwas, das meinen Vater mir gegenüber in eine Rolle brachte, aus der er sich wohl nie selbst hätte befreien können, auch wenn er es gewollt hätte. Die Umwandlung meines Vaterbildes musste ich allein bewerkstelligen, und das schaffte ich erst viel später. Mit ihm beschäftigte ich mich zum damaligen Zeitpunkt gedanklich nur, wenn sein Kommen unter ganz besonderen Auspizien bevorstand. Ich meine seine Funktion als Vorsitzender des hohen Familiengerichts. Wie jede Frau, auf der die volle Verantwortung für die Kinder, zwei rechte Racker zumal, ruht, gelangte auch unsere Mutter bisweilen an die Grenzen ihrer Belastbarkeit. Und dann griff sie auch schon mal zu einer Drohung, die in ihrer ultimativen Art zwar unmittelbare Wirksamkeit verspricht, aber den Respekt der Kinder der Mutter gegenüber jedoch tendenziell untergräbt:

»Warte nur, bis der Papa nach Hause kommt. Dann kannst du was erleben!«

Ja, und wenn er dann kam, in der Regel mit einem Verzug von mehreren Tagen, was die Anspannung vor dem Gerichtstag nur erhöhte, wurde kurzer Prozess gemacht. Immer wieder musste ich zum Rapport antreten, es war ein festes Ritual. Ganz gleich, was ich ausgefressen hatte, der erste Tagesordnungspunkt war unweigerlich der aktuelle schulische Leistungsnachweis. Da gab es eine einfache Skala. Ich nannte es die »Ampel«. Einser und Zweier waren grün, Dreier waren gelb, ab Note Vier abwärts war es Rot. Mein häuslicher schulischer Richter war strenger als meine Lehrer! Für jede Rot-Stufe gab es ein differenziertes Szenario erzieherischer Maßnahmen (es musste Gott sei Dank nicht oft in Kraft gesetzt werden). Der zweite Tagesordnungspunkt war mein aktuelles Betragen, und ich muss gestehen, hier gab es häufiger Anlass zum Eingreifen väterlicherseits – wenn auch meistens nur als die Delegierung einer »Maßnahme« an die eigentliche Erziehungsperson. Allerdings standen für besonders schwere Fälle von Grenzüberschreitung die beiden großen gelben Hausschuhe des Patriarchen stets parat. Die »Versohlung« war manchmal durchaus wörtlich zu nehmen und ausschließlich seiner Hand vorbehalten. Danach aber war die Sache sofort ausgestanden. Es wurde wie immer zu Abend gegessen und, wenn Vaters Zeitbudget es erlaubte, eine Einladung zum gemeinsamen Fernsehen ausgesprochen, als sei nichts geschehen.

Sei doch froh, dass die Leute kommen!

Unser neues Haus in Ludwigshafen-Oggersheim war von einem gepflegten Garten umgeben und hatte sogar einen kleinen Pool. Nun bekam ich auch ein eigenes Zimmer. Es war groß, hell und bot mir ein Stück anheimelnder Privatheit, was ich sehr zu schätzen wusste. All das bildete zunächst ein spürbares Gegengewicht zu den Veränderungen, denen unsere Lebensumstände nun mehr und mehr unterworfen werden sollten.

Aufgrund des Umzugs im Herbst 1971 wechselte ich die Schule, und diesmal war mir das Glück hold. Meine neue Lehrerin verstand mit der richtigen Mischung aus Autorität und Güte souverän mit meiner besonderen Lage umzugehen. Sie bewies ein feines pädagogisches Gespür, indem sie mich weder bevorzugte oder schonte, noch mich, wie manche Lehrer, mit demonstrativer Härte behandelte. Sie nahm mich auch nicht beiseite, um mich zu belehren, wie ich mich am besten zu verhalten hätte. Im Gegenteil, sie besprach alles immer ganz offen vor der Klasse, wenn es Probleme gab, ganz egal, wen es betraf. In meinen Augen war sie eine geniale Pädagogin, die es auch schaffte, bei meinen Mitschülern die Bereitschaft zu wecken, mich als einen der ihren zu akzeptieren.

Das allein war eine enorme emotionale Erleichterung. Aber noch etwas geschah jetzt mit mir, etwas sehr Wichtiges sogar, auch wenn es mir damals natürlich nicht klar war. Diese Lehrerin war nicht nur eine ordnende Hand in meinem noch jungen Leben. Sie hat mir darüber hinaus auch eine grundlegende Erfahrung ermöglicht, ohne die ich heute, als Selbstständiger in der von der gegenwärtigen Wirtschaftskrise besonders heftig durchgeschüttelten Automobilbranche, geradezu aufgeschmissen wäre: Ich erfuhr, dass Lernen Spaß machen kann und welche Befriedigung es verschafft, immer wieder etwas Neues hinzuzulernen. Die Fähigkeit zu lebenslangem Lernen zu erwerben, ist eine Forderung, die in Sonntagsreden gern besonders betont wird. Doch wie lernt man es, das Lernen – und wie praktiziert man es ein Leben lang? Ich darf sagen, dass ich das Glück hatte, an eine Lehrerin zu geraten, die mir diese Tür öffnete. Viel hätte nicht mehr gefehlt, und alle Lust am Lernen wäre bei mir dadurch erstickt worden, dass schon mein Schulweg zu einer Ochsentour gemacht wurde. Als Schüler bewegte ich mich, und auch darin mag, wer will, eine Ironie des Schicksals sehen, auf ähnlich schmalem Grat wie ein Kind aus prekären sozialen Verhältnissen. Wer nicht hineinpasst in das soziale System Schule, wer dort wieder und wieder aneckt, aus welchen Gründen auch immer, der wird irgendwann auch das Lernen eher als Zumutung erleben denn als Einladung, die eigene Zukunft zu gestalten.

Gewisse Spuren hatten meine Erfahrungen auf der vorigen Schule gleichwohl hinterlassen. Ich dachte mit Unbehagen an zahlreiche Erlebnisse des Ausgegrenzt-Werdens zurück. Auch wenn Lehrerin und Mitschüler es mir jetzt erleichterten, Kontakte zu knüpfen, ließ ich doch Vorsicht walten. Ich war misstrauisch geworden, und auch deshalb tat ich mich schwer damit, in einen neuen Freundeskreis aufgenommen zu werden.

Doch da gab es etwas, was meine Leidenschaft weckte und mich der Gemeinschaft Gleichgesinnter förmlich in die Arme trieb: Fußball. Alle Kinder in meiner Nachbarschaft spielten damals Fußball, sei es auf der Straße, auf dem Bolzplatz oder wo sonst immer sich eine Freifläche anbot. Fußball stillte meinen Bewegungsdrang, und er eröffnete mir einen Weg, unter Gleichaltrigen zu sein, mich auch mit ihnen zu messen, ohne Vorbedingungen, die zu erfüllen ich ohnehin keine Chance hatte. Gegen einen Ball zu treten und ihn so zu bearbeiten, dass er macht, was man will, scheint den Drang zu dämpfen, andere Menschen so zu bearbeiten, dass sie dem eigenen Wunschbild entsprechen.

Natürlich war ich, wie fast jeder Pfälzer Bub, ein glühender Anhänger des 1. FC Kaiserslautern, und mein heimlicher Traum war es, irgendwann als FCK-Profi ins Stadion auf dem Betzenberg einzulaufen. Meine technischen Fertigkeiten mögen eher begrenzt gewesen sein, doch ich machte dies durch körperlichen Einsatz wett. Damit verschaffte ich mir einigen Respekt in unserer Straßenfußballer-Szene. Also wollte ich irgendwann auch der Jugendabteilung des örtlichen Fußballklubs beitreten, dessen Vereinsgelände sich bei den Baggerweihern hinter der Marbacher Straße befand, keine 500 Meter von zu Hause entfernt.

Mutter konnte überhaupt nichts mit Fußball anfangen. Sie war von meinem Vorhaben nicht gerade begeistert, hatte aber auch keine Gegenargumente und ließ mich einfach machen. Einfach verbieten, ganz ohne triftigen Grund, wollte sie es mir jedenfalls nicht. Vater wurde in die Entscheidung nicht mit einbezogen, er kümmerte sich um diese Dinge nicht.

So nahm ich all meinen Mut zusammen und meine Fußballerkarriere ganz in die eigene Hand. Von den anderen Straßenkickern wusste ich, dass man sich beim Wirt der Vereinskneipe für die Jugendmannschaften anmelden musste. Also nichts wie hin und rein in die gute Stube! Es war früher Abend, der Laden schon gerappelt voll. Ein buntes Treiben empfing mich. Kinder im Fußballdress waren gerade angetreten, ich erkannte gleich einige, mit denen ich nachmittags schon öfter gekickt hatte. Offenbar stand ein Jugendspiel unmittelbar bevor, denn ein Schiedsrichter in schwarzem Dress blätterte in einer Mappe mit Spielerpässen. Er rief die Namen der Kinder einen nach dem anderen auf, und jedes Mal hob das betreffende Kind die Hand, wie in der Schule, und rief klar und vernehmlich »Hier!«

Wie aufregend! Ich blickte mich um. Hinter der Theke stand der Mann, den ich sogleich als meinen Ansprechpartner erkannte, denn er zapfte das Bier. Keiner schien mich bisher zu beachten. Schon stand ich vor ihm und trug mit deutlicher Stimme mein Anliegen vor.

»Ich spiele gern Fußball und möchte in Ihren Verein eintreten.«

Der Mann hinterm Tresen schaute mich freundlich an.

»Dann musst du einen Moment warten, bis ich hier fertig gezapft habe. Ich hole dir gleich ein Antragsformular. Das müssen deine Eltern ausfüllen und unterschreiben. Dann bringst du es mir zurück, und wir nehmen dich auf.«

Doch es kam gar nicht so weit. Wenige Sekunden später erscholl eine laute Stimme, die alles andere übertönte. Sie kam vom hinteren Teil des Gastraumes her, wo unter einer dichten Wolke aus Tabaksdunst der Stammtisch hockte.

»Das gibt's doch nicht. Der Bankert vom Kohl!«

Schlagartig änderte sich das Klima im Raum. Der Schiri hielt in der Verlesung der Spielernamen inne. Der Trainer, bisher am Tisch direkt neben mir mit dem Ausfüllen des Spielberichtsbogens beschäftigt, legte den Kugelschreiber weg. Binnen weniger Sekunden verebbte unter den Kindern sogar das nervöse Klackern der Stollen auf dem Linoleumboden. Und alle Blicke richteten sich auf mich.

Mir fiel das Herz in die Hose. Ganz tief innen drin wusste ich bereits, was jetzt kommen würde.

Der Wirt und Vereinsfunktionär schaute mir irritiert ins Gesicht. Dann beugte er sich zu mir vor und fragte mich mit gedehnter Stimme:

»Stimmt das …?«

Ich stand eingeschüchtert da und nickte stumm. Wollte nur noch den Rückzug antreten und wandte mich zur Tür. Weit kam ich aber nicht. Einer vom Stammtisch war aufgestanden und schnitt mir den Weg ab. Mir wurde heiß und kalt.

»Du Drecksbankert!«

Blanker Hass schlug mir entgegen. Der Mann hielt eine Bierflasche in der Hand. Er nahm sie beim Hals und schlug sie mit voller Wucht an der Kante des Tresens ab, sodass das Bier nur so spritzte.

»Drecksbankert!«, brüllte er wieder und wieder und näherte sich mir. Ich stand nur da, erstarrt und stumm, und niemand half mir. Als er mir mit dem Glaszacken direkt vor dem Gesicht herumfuchtelte, platzte bei mir der innere Knoten. Die Bedrohung muss mir so viel Adrenalin in die Adern gepumpt haben, dass ich von einer Sekunde auf die andere das einzig Richtige tat: abzuhauen, wie ein geölter Blitz. Höhnisches Gelächter hallte mir nach bis auf die Straße. Ich rannte, so schnell ich konnte, den ganzen Weg bis nach Hause.

Ausgepumpt und atemlos, noch voller Entsetzen, berichtete ich meiner Mutter. Sie hörte mir zu, blickte mich nachdenklich an und strich mir beruhigend über die Haare. Ihre Schlussfolgerung aber machte mich perplex.

»Siehst du, Fußball ist eben doch nicht das Richtige für dich.«

Ja, meine Mutter schien sogar ganz zufrieden mit dem Resultat dieses für mich ebenso fürchterlichen wie beschämenden Erlebnisses! Und mein Vater? Am Wochenende darauf wollte ich ihm die Geschichte erzählen, auch weil ich endlich eine Erklärung von ihm haben wollte, warum die Leute mich seinetwegen so hassten. Die gab er mir auch. Allerdings wartete er gar nicht ab, bis ich zu Ende erzählt hatte, und er blickte auch nicht wirklich von seiner Wochenpost auf, die er gerade durchsah, sondern beschied mich folgendermaßen:

»Ach, die Leut' sind halt noch sauer wegen der Umgehungsstraße, mach dir nix draus.«

Mund abputzen und weitermachen, als wäre nichts geschehen – eine Devise, von der er selbst immer wieder profitierte. Den Hintergrund seiner Bemerkung bildete ein lokalpolitischer Streit über den Verlauf der neuen Umgehungsstraße. Vater hatte den Zorn des Klubs erregt, weil er seinerzeit eine Trasse befürwortete, die das Vereinsgelände beschnitten hätte. Obwohl längst eine andere Straßenführung realisiert worden war, vergaß man ihm das nicht so schnell. Mit auszubaden hatte ich es, wieder einmal. Die Begebenheit im Vereinsheim wirkte noch lange in mir nach. Scheu und vorsichtig unbekannten Menschen gegenüber war ich bereits gewesen, nun wich ich neuen Begegnungen lieber gleich aus, statt es darauf ankommen zu lassen. Ich hatte einen weiteren Schritt in Richtung Opferland getan, hin zu jenem inneren Ort, wo es nichts zu geben scheint als die Rolle des Verlierers und Versagers. Immer wieder zog ich es vor, mich neuen Bekanntschaften zu verweigern, aus Furcht, doch nur wieder enttäuscht zu werden. Es schien ja niemand an mir selbst, an Walter, interessiert zu sein – ich war und blieb der »Sohn vom Kohl«.

Doch Not macht erfinderisch. Und wieder lernte ich etwas Neues, wobei mein immer noch kindliches Gemüt mir einen beträchtlichen Dienst leistete: Wenn schon kein Freund für mich da war, keine Gesellschaft Gleichgesinnter, die ich genießen konnte, dann wollte ich mir wenigstens selbst ein Freund sein! Diese an sich einfache Idee erwies sich als unerwartet fruchtbar. Sie erhellte meinen oft so glanzlosen Alltag spürbar und nachhaltig. Ganz allein unternahm ich jetzt Streifzüge durch die Weiherlandschaft und die Wälder, die sich hinter unserem Haus kilometerweit erstreckten. Ich verbrachte meine Nachmittage in Feld und Wald und entdeckte in gewisser Weise eine neue Welt. Es war nicht zuletzt auch die Welt der Fantasie. Ich überließ meiner Vorstellungskraft die Zügel und gewann einem selbst erfundenen Rollenspiel großen Reiz ab. Bei meinen Ausflügen imaginierte ich mich als Entdeckungsreisender, der einen fremden Kontinent erforschte. Sich von der Natur berühren zu lassen, tat ein Übriges. So fand ich doch immer wieder in meine Mitte zurück.

Es war eine relativ kurze Phase, ein einziger Sommer wohl nur, aber eine Erfahrung mit Folgen, die einen festen Stein in meine seelischen Fundamente legte. Viel später noch kehrte ich in kritischen Momenten immer wieder in die Natur zurück. Stets war es so, als ob ein innerer Schalter umgelegt würde, und ich vermochte in den Ruhe- und Entspannungsmodus einzutreten. Natur heilt. Immer wieder habe ich diese Erfahrung glücklicherweise nutzen können.

➤✦

Nun lösten die politischen Aktivitäten meines Vaters gewiss nicht nur Ablehnung in der Bevölkerung aus, im Gegenteil, viele Menschen unterstützen seine Politik vehement. Die zahlreichen Wahlen, die er gewann, bezeugen es eindrucksvoll. Er ist und bleibt ein bedeutender Mann mit einer großen politischen Lebensleistung. Indem ich die Rede auf die große Beliebtheit meines Vaters »bei den Menschen«, wie er zu sagen pflegt, bringe, möchte ich den Blick auch auf eines lenken: Nicht nur die Ablehnung, der Ärger und, ja, auch der Hass, sondern prinzipiell *alle* intensiven Gefühle, die wildfremde Menschen einem charismatischen Menschen entgegenbringen, haben Folgen für sein Kind. Unbestreitbar ist ja, dass meinem Vater immer wieder von vielen Menschen ehrlichste Hochachtung, gar eine Verehrung, die manchmal ans Kultische grenzte, bezeigt wurde. Doch auch diese positive Übersteigerung konnte für mich zur Bürde werden.

Das Diffizile in unserem Verhältnis zueinander wurzelte in letzter Konsequenz nicht im Persönlichen, sondern im Systemischen, wobei zu einem ganz gewöhnlichen Generationenkonflikt eben noch die problematische Würze eines Familienlebens im Scheinwerferlicht der Öffentlichkeit kam. Dass Helmut als Vater und Walter als Sohn ein und dieselbe Begebenheit unter Umständen völlig konträr erlebten, lag nicht an ihnen selbst, sondern in der Natur der Sache. Nirgendwo sonst wurde das so deutlich wie in Situationen, da die psychische Belastung des Sohnes von den positiven Gefühlen ausging, welche die Menschen dem Vater entgegenbrachten.

Immer wieder gingen Vater, Peter und ich am Sonntagmorgen gemeinsam in die Kirche, entweder bei uns daheim in Ludwigshafen, in Mannheim oder in den Speyerer Dom. Mutter war Protestantin, sie schloss sich uns nicht an, blieb zu Hause und bereitete das Mittagessen vor. Ich besuchte den Gottesdienst eigentlich gern, doch danach begann etwas, das für uns Brüder einer regelrechten Tortur gleichkam. Wir konnten ja nicht einfach so nach Hause gehen, wie andere Kirchgänger. Draußen hob regelmäßig ein großes Hallo an. Der Ministerpräsident von Rheinland-Pfalz und CDU-Parteivorsitzende war hier, ein Politiker zum Anfassen. Längst nicht alle, die seinen Kontakt suchten, waren Schaulustige, die sich mit einem Autogramm oder einem Händeschütteln begnügten. Nicht wenige trugen ihm ihre persönlichen Anliegen vor. Diese Momente waren eine Keimzelle seiner Popularität. Aus gutem Grund, denn er hatte die Gabe, jedem das Gefühl zu vermitteln, wenigstens für kurze Zeit seine ungeteilte Aufmerksamkeit zu genießen. Und er hielt Versprechen, wie all die Dankesbriefe der Leute bewiesen, die immer wieder bei uns zu Hause eintrafen, weil er ihnen auf die eine oder andere Weise Hilfe zuteil werden ließ.

Natürlich brachte das Bad in der Menge ihm selbst auch eine Schnellaufladung seines politischen Egos, es war eine dankbar angenommene Möglichkeit, die heißersehnte Anerkennung und Bewunderung seiner treuesten Anhänger zu spüren. Es stiftete Sinn in seinem Leben und schenkte Freuden, die der politische Alltag ihm nicht immer zu geben vermochte. So manche Kratzer und Wunden, die er unter der Woche in Bonn oder Mainz erlitten hatte, wurden bei ihm durch dieses nachgottesdienstliche, geradezu rituelle Geschehen geheilt oder wenigstens doch gelindert. Es war wie Balsam für seine Seele.

Und wir Kinder? Für uns beide, zwei Brüder von zehn, elf Jahren, war es das nachgerade Gegenteil. Es war eine Prüfung. Aus der besinnlichen Stille des Gottesdienstes wurden wir in den Lärm und die drangvolle Enge eines politischen Happenings katapultiert. Wildfremde Menschen umringten uns, uns wurde die Wange gestreichelt, in die Oberarme geknufft und auf die Schulter gehauen. Wir fühlten uns abgeklopft wie Vieh auf dem Markt. Und dann die ewig-gleichen Kommentare: aufmunternd, bewundernd oder auch neidvoll gemeint. Es gab zwei Standardthemen – ob wir unseren Vater nicht auch toll fänden und wie es denn so sei, als Sohn eines derart bedeutenden Mannes. Ja, ich hasste es, und im tiefsten Innern fühlte ich mich bestohlen, denn diese Leute raubten ein weiteres Stück von jener äußerst knapp bemessenen Zeit, die Vater uns Kindern widmete. Aber meine Gefühle hätten eh niemanden interessiert. Also schwieg ich lieber und machte das, was ein wohlerzogenes Kind in der Öffentlichkeit seinen Eltern zuliebe zu machen hat, nämlich gute Miene zum bösen Spiel. Mit der Zeit entwickelte ich eine immer tiefere Abneigung gegen unsere gemeinsamen Kirchgänge, nicht wegen des Gottesdienstes, sondern wegen dieses Nachspiels.

Ich ließ nichts unversucht, Vater meine Frustration zu verdeutlichen. Aber stets blieb es beim Versuch. Seine Antworten waren je nach Gemütslage mal ruhig oder erregt, aber immer bestimmt, glashart und final:

»Sei doch froh, dass die Leute kommen! Es wäre schlimm, wenn sie nicht da wären.«

Die Logik dahinter – dass meine eigene Existenz unauflöslich mit seinen politischen Erfolgen und Misserfolgen verbunden sein sollte – vermochte ich intellektuell noch nicht vollständig zu erfassen. Emotional jedoch kochte es in mir.

Einmal nahm ich auf der Rückfahrt nach Oggersheim all meinen Mut zusammen und wagte es zu sagen, dass andere Kinder so etwas nicht mitmachen müssten und dass ich es auch nicht einsehen würde. Doch damit war nur der sonntägliche Familienfrieden ernsthaft gestört. Im Ergebnis blieb alles, wie es war – bis der ständig sich erweiternde Terminkalender eines Spitzenpolitikers auch dieser gemeinsamen familiären Aktivität zunehmend ein Ende setzte.

Im Sommer 1973 wechselte ich auf das Carl-Bosch-Gymnasium in Ludwigshafen. Ich hatte aus meinen Erfahrungen gelernt und war nun besser in der Lage, manchem von vornherein aus dem Weg zu gehen. Der Preis dafür war allerdings, dass ich nie in Vollkontakt mit der Gemeinschaft kam, sondern gleichsam im Zustand einer sozialen Halbisolation verharrte, in dem echte gegenseitige Zuneigung kaum wachsen konnte. Es schien zum Normalzustand zu werden, dass ich in der Gemeinschaft der Schulkinder immer ein Fremdkörper sein, dass ich nie voll und ganz als einer der ihren akzeptiert werden würde. Das erfüllte mich zunehmend mit dem Gefühl dumpfer Resignation und Einsamkeit.

Es war sonnenklar, dass ein ganz wesentlicher Punkt im Erziehungskonzept meiner Eltern darin bestand, mir keinerlei Extrawurst als Politikerkind zu braten. Meine Eltern betrachteten sich selbst im Grunde als ganz normale Leute, und es war ihnen ein echtes Anliegen, ihren Sohn möglichst »normal« aufwachsen zu lassen. Dabei mag durchaus auch der Gedanke an einen Imagegewinn eine Rolle gespielt haben. Die bürgerliche Nachkriegsgeneration Westdeutschlands entwickelte sich zu einer »nivellierten Mittelstandsgesellschaft«, wie es der bekannte Soziologe Schelsky nannte. »Wohlstand für alle« war die vom erfolgreichen Wirtschaftsminister und späteren Bundeskanzler Ludwig Erhard ausgegebene Losung, und die Teilhabe breiter Schichten am sogenannten Wirtschaftswunder schien tatsächlich auf eine dauerhafte Einebnung der sozialen Unterschiede hinauszulaufen. Von der politischen Elite, insbesondere in einer Volkspartei, wurde erwartet, dass sich die Parteiführer diesem Selbstverständnis sowohl in ihrem privaten als auch in ihrem öffentlichen Auftreten anpassten. Deshalb waren Extratouren im Privatleben, insbesondere wenn sie medienwirksam auszuschlachten gewesen wären, unbedingt zu vermeiden. Dabei entsprachen die persönlichen Vorlieben meiner Eltern bei der Ausgestaltung ihrer ureigenen Lebenswelt durchaus denen eines, wenn ich so sagen darf, durchschnittlichen bürgerlichen Ehepaars. Nur kamen sie sehr selten dazu, ihren persönlichen Neigungen nachzugehen oder gar besondere Interessen zu kultivieren. Das galt, wie am Beispiel Fußball in meinem Fall erkennbar geworden sein wird, oft auch für uns Kinder. Wir waren allesamt, um es auf den Punkt zu bringen, einem überhaupt nicht normalen äußeren Druck ausgesetzt: medialer Neugier, verbalen und auch körperlichen Übergriffen, politischen Intrigen, zeitweise sogar akuter Gefahr für Leib und Leben.

Unser »Anderssein« konnte schlicht und ergreifend nicht komplett unter den Teppich gekehrt werden. Aber genau das war es, was unsere Eltern mit ihrer Art von Erziehung versuchten. Von außen her betrachtet mag es als respektabel, ja, geradezu als vorbildlich erschienen sein, dass sie uns in keiner Weise schonten. Jedoch gestaltete sich unser Alltag dadurch als Parforceritt über einen Parcours, auf dem es vor Doppeloxern und Wassergräben nur so wimmelte. Lauter anspruchsvolle Hindernisse, an denen man sich immer wieder die Knochen anschlug und wo man sich unversehens im Dreck liegend wiederfinden konnte. Buchstäblich.

Ich erinnere mich an eine Begebenheit als Schüler der achten Klasse. Ich gehörte nicht mehr zu den Kleinen, aber auch noch nicht zu den Großen. Ein Wachstumsschub, der mich körperlich ins Format der väterlichen Familienlinie katapultieren sollte, stand mir mit meinen 13 Jahren noch bevor. Das waren die rein äußerlichen Voraussetzungen, unter denen sich jenes Ereignis zutragen konnte, das ich rückblickend wohl unter meine ganz speziellen »Initiationserlebnisse in ein Leben außerhalb der statistischen Normalverteilung« einordnen darf.

In der Pause muss ich mal. Gerade habe ich mein Geschäft verrichtet und will mir die Hände waschen. Da betreten Oberstufenschüler den Lokus. Ich bin allein, sie sind zu viert. Blicken sich an, wie in stillschweigendem Einverständnis. Der Größte baut sich vor mir auf, mit verschränkten Armen. Einer bleibt an der Tür, zwei weitere treten neben mich.

»Hey, das ist doch der Kohl«, sagt der vor mir mit gespieltem Erstaunen.

»Mein Vater sagt, dass dein Alter eine ganz miese Sau ist. Voll das Arschloch.«

Er schaut mich herausfordernd an. Ich senke meinen Blick schweigend zu Boden. Mir ist klar, dass ich keine Chance habe, falls sie einen Übergriff starten. Ich stehe mit dem Rücken zum Urinal, einer flachen, langen Rinne an der Wand. Der Weg zum Eingang ist mir versperrt, die Oberstufler stehen direkt vor mir. Ich kann nur hoffen, dass sie sich mit Beleidigungen begnügen. Doch die Hoffnung trügt, sie haben sich offenbar mehr vorgenommen.

»Hey, sag mal, ist dein Alter ein Arschloch? Bist du auch ein Arschloch?«

Ich sage immer noch nichts.

»Na, wenn du nichts zu sagen hast, bist du wohl auch ein Arschloch. Und weißt du, was man mit Arschlöchern macht?«

Sie warten keine Antwort mehr ab, sondern schreiten zur Tat. Die beiden neben mir greifen mir in die Arme, sodass ich mich nicht wehren kann. Der vor mir holt aus und verpasst mir mit dem Handrücken eine schmerzhafte Backpfeife. Und noch eine. Die anderen beiden wollen auf ihren Teil vom Spaß nicht verzichten und schlagen mich in die Nieren, auf den Kopf, in den Bauch. Ich beziehe eine saftige Tracht Prügel, mir wird schwarz vor Augen. Als ich die Augen wieder öffne, liege ich mit dem Kopf im Urinal. Mir brummt der Schädel, ich ertaste eine Beule am Hinterkopf, ich muss wohl damit auf die Fliesen aufgeschlagen sein. Meine Peiniger sind weg.

Ich rapple mich auf und reinige mich, so gut es geht, am Waschbecken.

Trotz der Schmerzen am ganzen Körper arbeitet mein Hirn fieberhaft an einem Problem: Soll ich den Vorfall melden oder nicht? Würde man mir überhaupt glauben? Schließlich waren sie zu viert, ich dagegen habe keinen einzigen Zeugen. Und selbst wenn man mir glaubte, wohin würde das führen? Wenn sie bestraft würden, könnten sie mit dem Finger auf mich weisen und es überall hinausposaunen:

»Da kann man mal sehen – dem Sohn vom Kohl, dem glaubt man alles, und uns glaubt man nichts, obwohl wir zu viert sind!«

Alles, nur nicht das!

Und jetzt? Es klingelt, die Pause ist zu Ende, der Gang leert sich. Ich bin unschlüssig, das Herz schlägt mir bis zum Hals,

Tränen steigen mir in die Augen. Nein, ich kann und will jetzt nicht in die Klasse. Also laufe ich die Treppe hinunter in den Hof. In der letzten Ecke, dort, wo die Laufbahn für den Sportunterricht endet, wo Bäume und Büsche stehen, verstecke ich mich. Ich sitze nur da und heule Rotz und Wasser. Geräuschlos.

Keiner soll mich hier finden. Keiner soll mich so sehen.

Ich weiß, ehrlich gesagt, nicht mehr, mit welcher Entschuldigung ich mein verspätetes Auftauchen in der Klasse begründete. Ich weiß nur noch, dass es mir gelang, den wahren Grund dafür zu verbergen. Woran ich mich allerdings sehr genau erinnern kann, ist die Situation, die mich zu Hause erwartete.

Es war kurz vor der Bundestagswahl 1976. Helmut Kohl trat erstmals als Kanzlerkandidat der CDU/CSU an. Unser Haus war zu einer Art Wahlkampfzentrale umfunktioniert, damit Vater sieben Tage in der Woche einsatzbereit sein konnte. Nicht nur in seinem Büro, auch in unserem Wohnzimmer und auf dem Flur summte und brummte es nur so vor hektischer Betriebsamkeit. Die absurde Analogie zum Aufruhr in meinem schmerzenden Schädel zwang mir im Augenblick, da ich die Schwelle übertrat, eine ernüchternde Erkenntnis auf.

Hier ist jetzt keiner für dich da.

Wortlos, möglichst unauffällig, ging ich in mein Zimmer im Obergeschoss. Tür zu. Gardinen vor. Möglichst nichts mehr sehen und hören. Nur noch Brummen im Kopf.

Aber nein, da gab es einen Menschen, der mitbekommen hatte, dass ich da bin. Meine Mutter kam ins Zimmer, schaute mich fragend an.

»Ist dir schlecht?«

»Nur etwas Kopfschmerzen.«

»Hast du keinen Hunger?«
»Doch, ich komme schon.«
Wahlkampf ist einfach mit das Schlimmste, was es gibt.

Der einzige Mensch, dem ich mich in meiner eklatanten Erbärmlichkeit öffnen mochte, war mein Bruder. Er war in der gleichen Situation, er verstand mich. Er hörte stets zu, ohne sofort Ratschläge geben zu wollen, er sympathisierte bedingungslos mit mir. Das fühlte sich gut an. Mit Mutter hingegen habe ich nie über das Ereignis sprechen können. Der Grund dafür war nicht etwa, dass sie nicht zur Verfügung gestanden hätte, denn bald hätte ich sicher die Gelegenheit gehabt, sie beiseite zu nehmen. Sie entzog sich nie, wenn wir ihr etwas anvertrauen wollten. Der eigentliche Grund war, dass ich mich schämte. Ich schämte mich zutiefst für das, was geschehen war, obwohl ich nichts dafür konnte. Die erlittene Verwundung vernarbte, doch die bohrenden Fragen blieben.
Bin ich schlecht, dass mir so etwas immer wieder passiert?
Bin ich so unwichtig, dass niemand mich so nimmt, wie ich bin?
Werde ich für immer wehrlos bleiben?
Fragen, die sich in eine kindliche Psyche fressen wie ätzende Säure. Die entweder zur Implosion oder zur Explosion der Kräfte führen, die dort wirken und die irgendwann nicht mehr zu halten sein werden. In der damaligen Lebensphase führte mein Weg eher in Richtung Explosion. Meine Pubertät begann, und das einsetzende körperliche Wachstum erlaubte es mir, mir immer weniger bieten lassen zu müssen. Eine Zeit lang nach dem beschriebenen Ereignis habe ich in der Schule stets nur die Toilette direkt gegenüber dem Lehrerzimmer auf-

gesucht. Dann aber fand ich in einem Jugendbuch die Illustration eines »Morgensterns« – einer mittelalterlichen Waffe, mit der sich ein Ritter seine Gegner vom Leibe hielt. Heimlich baute ich sie mit einfachsten Mitteln nach. Benutzt habe ich sie nie, aber es war doch ein beruhigendes Gefühl, immer einen handlichen Knüppel im Ranzen mit sich zu führen, in dessen verdickte Spitze scharfe Nägel eingeschlagen waren.

Ein Preisschild auf meinem Leben

So sehr ich mich über die mit dem neuen Zuhause verbundenen Verbesserungen meiner persönlichen Lebenssituation gefreut hatte, so sehr betrübte es mich anschließend, dass die politische Großwetterlage es zunehmend erschwerte, sie auch wirklich zu genießen. In den 1970er-Jahren wurde die Bundesrepublik zum Schauplatz einer neuartigen Form politischer Gewalt: Die Terroristen setzten bei ihren Anschlägen konsequent auf die Macht der Massenmedien, um den fehlenden Rückhalt in der Bevölkerung durch die Publikumswirksamkeit ihrer Aktionen wettzumachen. Das ließ aus ihrer Sicht auch die engsten Angehörigen der politischen Entscheidungsträger zu »interessanten Zielen« werden, zumal Erpressung eine der Waffen war, mit denen die RAF ihre Forderungen durchzusetzen trachtete. Wie nicht anders zu erwarten, wurde unsere gesamte Familie in die höchste Gefährdungsstufe eingeordnet und ein immer enger geknüpftes Sicherheitsnetz um uns herum aufgebaut.

Der Wohnwagen mit der Antenne war mit nach Oggersheim verpflanzt worden, schon am Tag unseres Einzugs stand er wiederum auf einem unbebauten Nachbargrundstück, ein Déjà-Vu, das mir ein seltsames Gefühl bescherte. Das schlichte Gefährt entsprach jedoch schon nicht mehr den Vorstellungen der Sicherheitsbehörden, die nun mit deutscher Gründlichkeit ans Werk gingen. Es dauerte nicht lange, und vor unserem Haus, zur Straße hin, wurde ein Holzhäuschen errichtet, von dem aus jetzt die zu unserem Schutz abgestellten polizeilichen Einsatzkräfte befehligt wurden. Aber auch das reichte irgendwann nicht mehr. Die Endstufe des Ausbaus bildete ein massives, zweistöckiges Gebäude mit schussfesten Scheiben. Es war rund um die Uhr besetzt. Dort befanden sich die Überwachungsmonitore für die zahlreichen Kameras, die rund um unser Wohnhaus installiert wurden, sowie das Kommunikationszentrum für den Funk der Einsatzkräfte. Diese Leitstelle fungierte im Polizeijargon als »Sonderwache Marbacher Straße«. Sie steht, nebenbei erwähnt, noch immer: in ihrer heutigen Funktionslosigkeit ein befremdliches Stück Geschichte aus einer traurigen Zeit.

Wer oder was auch immer sich unserem Haus näherte, durchschritt mehrere Ringe eines Sicherheitskordons, der um uns herum gelegt wurde, wie die Schalen einer Zwiebel. Ganz außen, in über einem Kilometer Entfernung, verlief die erste Verteidigungslinie, denn aus unmittelbarer Nähe der bereits erwähnten Umgehungsstraße hätten Scharfschützen freies Schussfeld auf unser Grundstück gehabt. Auf jener Straße wurde mit hoher Taktfrequenz Streife gefahren. Der nächste Ring wurde einige Hundert Meter weiter innen etabliert, entlang der Weimarer Straße und der an die Marbacher Straße angrenzenden Wege. Dort liefen Doppelstreifen mit Maschinenpistolen, und es waren permanent Streifenwagen postiert, in Krisenzeiten konnten es durchaus mehr als ein halbes Dutzend sein. Je näher man unserem Haus kam, umso enger wurde das Sicherheitsnetz. Unmittelbar um uns herum wurde alles aufgefahren, was die Sicherheitstechnik der damaligen Zeit zu bieten hatte: Videokameras, Bewegungsmelder, Infrarotgeräte. Unsere gesamte Post wurde in einer speziellen bombensicheren Kammer untersucht, von der Stromrechnung bis zum Weihnachtspaket. Die Terroristen mochten clever und zu allem entschlossen sein, aber der Staat lernte schnell dazu, und gründlich war er sowieso. Als Kind wurde ich zum Zeugen einer regelrechten sicherheitstechnischen Aufrüstung in meinem unmittelbaren Umfeld.

Mutter hatte 1971 das Haus so geplant, dass es uns eine gemütliche Heimat bieten konnte. Nun musste es zu einer Art Wohnfestung umgerüstet werden. Zur Gartenseite hin wurde eine über fünf Meter hohe Mauer errichtet. Doch dies war immer noch nicht hoch genug, um uns gegen einen Schusswaffenangriff mit Zielfernrohr von dem etwa 200 Meter entfernten Weihergelände oder einem Raketenangriff vom rund 800 Meter entfernten Autobahndamm abzusichern – also wurden auf der Mauerkrone nochmals etwa drei Meter hohe Panzerglasscheiben eingelassen. Mutter war unglücklich über diese Maßnahmen, die den Charakter und das Lebensgefühl unseres Zuhauses nachhaltig veränderten. Das Gefühl der Machtlosigkeit alldem gegenüber ließ sie manchmal zum Galgenhumor Zuflucht nehmen. Ihre beiden Lieblingswitze waren:

»Jetzt habe ich keine Angst mehr vor Einbrechern.«

»Vielleicht bekommen wir ja mehr Geld, wenn wir das Haus mal verkaufen, so eine Hochsicherheitsbude hat ja nicht jeder.«

Nur am Rande erwähnt sei, dass selbstverständlich auch das Innere des Hauses in die Maßnahmen mit einbezogen wurde, etwa durch Installation einer Alarmklingel und eines speziellen Telefons, das Teil des polizeilichen Telekommunikationsnetzes war. Man mag rückblickend manches durchaus als Auswuchs typisch deutscher Gründlichkeit ansehen, wie etwa das Wachbuch, in dem nicht nur alle Besucher, sondern auch das Kommen und Gehen von uns Bewohnern lückenlos dokumentiert wurden.

Doch das war ja immer noch nicht alles. Es gab da auch etwas, das, selbst wenn es seinen Schrecken längst verloren hat, bei mir sogar heute noch eine Spur von Traurigkeit aufkommen lässt, sobald ich daran denke. Eines Tages eröffnete mir Mutter, dass nun auch das Fenster meines Zimmers schusssicher gemacht werden müsse. Das verunsicherte und verängstigte mich zutiefst. Wenn selbst im innersten Bezirk des Privaten Lebensgefahr herrscht, wenn auch der allerletzte Rückzugsraum nicht mehr als unverletzlich gelten kann, ist dies eine wirklich verstörende Erfahrung für ein Kind. So erlebte ich es. Und ich machte mir Gedanken, die ich wiederum in mir selbst verschloss, weil ich sie mit niemandem zu teilen wagte, nicht einmal mit meinem Bruder. Wenn ich nicht einschlafen konnte oder nachts aufwachte, war ich mit diesen Gedanken allein. Ich fragte mich und stellte mir vor, dass der unweit gelegene Weiher, an dem ich doch immer so gern gespielt hatte, jetzt zum heimlichen Tummelplatz von Terroristen würde, die dort im Schutze der Dunkelheit umherschlichen, auf eine Lücke im Sicherheitssystem lauernd. Diese Vorstellung raubte mir den Schlaf. Morgens war ich dann entsprechend müde und unkonzentriert.

Sich unter solchen Bedingungen Freiräume zu erhalten, sie sich bisweilen förmlich zu erschleichen, kann fast zur Obsession werden, zumal wenn man sich an der Schwelle zwischen Kindheit und Jugendalter befindet und die eigenen Grenzen nur zu gern austestet. Wenn dann das Streben nach Autonomie auch noch die Allianz mit einem immer noch vorhandenen kindlichen Spieltrieb eingeht, konnte es einen kessen

Knirps wie mich in unbeobachteten Momenten nach risikoreichen Experimenten gelüsten. Vielleicht umso mehr, als dass die schrittweise Übernahme von Verantwortung für sich selbst umgekehrt proportional dazu erfolgt, in welchem Maß Erwachsene ihn gängeln und überwachen? Ich habe als Antwort auf diese Frage keine eigene Theorie anzubieten, sondern ein persönliches Erlebnis. Es zeigt auch, dass der Polizeistaat *en miniature*, zu dem unsere persönliche Lebenswelt schrittweise ausgebaut wurde, in seinen Anfangsstufen auch durchaus operettenhafte Züge aufwies.

Ab einem Alter von sieben Jahren bin ich, wie bereits erzählt, von der Polizei zur Schule gebracht worden. Die lebenden Schutzschilde, als welche die regulären Polizeibeamten, die mich zu Fuß in die Grundschule begleiteten, im Ernstfall wohl hätten fungieren müssen, wurden durch ein zunehmend professionelleres Arrangement ersetzt. Auch dieses war jedoch alles andere als »narrensicher«, und das im wortwörtlichen Sinn, wie folgende Episode zu beweisen scheint.

In Oggersheim wurde ich jeden Morgen von zwei Sicherheitsbeamten mit einem Zivilfahrzeug abgeholt. Allerdings handelte es sich um einen BMW der 5er-Reihe in leuchtend violetter Farbe, ein Gefährt, das eher in einem gewissen Milieu, wo Auffälligkeit zum Programm gehört, zu erwarten gewesen wäre. Mehrere große Dachantennen signalisierten unmissverständlich, dass diese automobile Spezialität jedoch ein Polizeifahrzeug war. Meine beiden breitschultrigen Beschützer legten in der Regel eine gepflegte Langeweile an den Tag. Ich selbst langweilte mich in ihrer Gegenwart dagegen nie. Zunächst war ich vollauf damit beschäftigt, intensive Gefühle der Beschämung zu erleben. Ich fühlte mich wieder einmal bis auf die Knochen blamiert. Umso größeres Vergnügen bereitete mir ein Streich, den ich den beiden spielte. Ich gebe zu, dass das, was ich da hinter ihrem Rücken trieb, mich mit solcher Befriedigung erfüllte, dass die Fahrzeit wie im Fluge verging und mich sogar das Genierliche unseres Auftritts vorübergehend vergessen ließ.

Neben mir, in einer speziellen Halterung an der hinteren Seitentür, war eine Maschinenpistole befestigt. Nachdem ich mich davon überzeugt hatte, dass ich unbeobachtet war, griff ich zu. Nicht nur einmal, nein, viele Male. Ich kann von mir behaupten, dass ich mir im Alter von zwölf Jahren selbst beibrachte, wie man eine Heckler & Koch MP5/9 mm zerlegt und wieder zusammensetzt. Ohne dass auf einen halben Meter Distanz irgendetwas davon bemerkt wurde! Nun gut, irgendwann flog ich dann doch auf. Immerhin überzeugte mich die Reaktion meiner beiden Begleiter, dass sie binnen Sekundenbruchteilen in einen Betriebszustand zu wechseln vermochten, den man von seinen Leibwächtern wohl als normal erwarten würde: den der vollen, ungeteilten Aufmerksamkeit. Jetzt hatten wir drei also ein Geheimnis – und wurden nebenbei noch ganz gute Freunde.

Nach dem Mittagessen und den Hausaufgaben waren Peter und ich mehr oder weniger eingesperrt. Spielen konnten wir irgendwann praktisch nur noch im Haus, im Garten und auf dem Nachbargrundstück, wo der nächste Polizist nie weiter als 15 bis 20 Meter entfernt war. Abends gab es Fernsehen, und dann hieß es »Ab ins Bett!«. Jahrelang ging das so, in unserem »Sicherheitscamp mit öffentlichem Schulanschluss«, wie wir es in einer Mischung aus Galgenhumor und Depression nannten.

Es war unübersehbar, dass auch unsere Mutter stark unter unserer Einbunkerung litt, und ihr muss klar geworden sein, dass dieser Zustand auf Dauer nicht haltbar sein würde. Es musste etwas geschehen, und es geschah auch etwas, völlig überraschend für uns Kinder. Jedenfalls stand eines Tages plötzlich ein Lastwagen vor dem Haus, voll gepackt mit alten Brettern, Türen, Bohlen, Platten und gebrauchten Büromöbeln. Mutter schien gar nicht überrascht, sie lotste den Fahrer auf das leere Nachbargrundstück, und wie auf ein geheimes Kommando hin halfen alle anwesenden Polizisten, abzuladen. Dieses Sammelsurium alter Sachen war ein wahrer Schatz für uns Kinder, er stammte aus dem Sperrmüll, der beim damaligen Umbau des Polizeipräsidiums Ludwigshafen anfiel. Peter und ich waren baff, wir wussten nicht, wie uns geschah. Mutter erklärte mit vielwissendem Lächeln, dass dies das Material für unseren künftigen Abenteuerspielplatz sei.

Wir waren selig. Wie von Geisterhand geschaffen, lagen im Nu auch Hämmer und Nägel, Fuchsschwanz und Bügelsäge, Spaten und Schaufeln für uns bereit. Jetzt konnten wir loslegen! Schnell einigten wir uns darauf, dass wir einen Turm bauen würden.

Schon nach ein paar Tagen hatten miteinander vernagelte Pfosten, Bretter und Latten eine solche Höhe erreicht, dass das ganze gewagte Bauwerk uns womöglich bald auf die Köpfe gefallen wäre. So ergab sich endlich eine Gelegenheit für die allgegenwärtige Polizei, ihren Wert für den Schutz unserer jungen Leben unter Beweis zu stellen. Im letzten Moment wurden wir von den Männern aus der Einsturzzone des fragilen Konstrukts verbannt. Mit Amtsmiene erklärten die diensthabenden Beamten unseren Bau zum unvertretbaren Sicherheitsrisiko. Für uns ein Drama, wir waren zutiefst entsetzt. Würde jetzt schon wieder alles verboten werden?

Doch da ergriff einer der Beamten, ein freundlicher, schon etwas älterer Herr, die Initiative. Herr Schneider war zunächst nur darum bemüht, Schlimmeres zu verhüten, indem er sein Bestes gab, uns in verständlichen Worten in die Gesetze von Schwerkraft und Statik einzuweihen. Wir aber interessierten uns nicht für theoretische Erklärungen, sondern gingen ohne Zögern sofort wieder daran, weitere praktische Erfahrung zu sammeln. Ob aus Fürsorglichkeit oder weil er selbst Feuer gefangen hatte – jedenfalls ließ Herr Schneider uns damit nicht allein, sondern er überzeugte uns davon, dass wir einen technischen Berater bräuchten. Als gelernter Schreiner erwies er sich in dieser Funktion als die optimale Besetzung, zumal er neben seiner Fachkompetenz auch über erhebliches pädagogisches Geschick verfügte. Wir gingen auf sein Angebot ein und begannen seinen Anweisungen zu folgen. Unsere Baustelle erhielt neuen Schwung und galt nun auch als »amtlich sicher«. Ja, es fanden sogar immer mehr Beamte Gründe für einen Besuch unseres Turmbaus. Hier aber waren *wir* die Chefs – und nur *wir* erteilten hier die Genehmigung zum Mitmachen. Wie haben wir das genossen! Ob es sonst wohl noch Kinder gab, die von sich sagen können, dass ihre besten Spielkameraden Polizisten waren?

Unser eigener Vater spielte so gut wie nie mit uns, außer wenn es von Pressefotografen für eine Homestory gewünscht wurde. Er hatte ja keine Zeit. Dafür konnten wir nun über einen großen Teil der Dienstzeit von Herrn Schneider verfügen – und das war wie ein Geschenk des Himmels für uns. Ich bin dankbar dafür, durch ihn die äußerst befriedigende Erfahrung handwerklicher Betätigung gemacht zu haben. Wo und wie hätte das sonst geschehen können, als angeleitet durch einen unserer Leibwächter? Durch ihn erlernten wir die Herstellung und Bearbeitung eines Werkstücks aus Holz: das Ansetzen der Hölzer, um Nut und Feder zu schaffen und damit haltbare Verbindungen zu ermöglichen. Darüber hinaus erklärte er uns, wie man stabile Konstruktionen schafft, etwa warum eine leichte Fachwerkkonstruktion belastbarer ist als eine massive Stapelbauweise. Wir gruben die Eckpfosten tief ein, klopften die Erde mit Stampfern fest, die wir selbst gezimmert hatten. Wir verstrebten die Trägerbalken und errichteten Stockwerk auf Stockwerk. Schließlich besaß unser Turm nicht weniger als vier Etagen und überragte sogar unser Wohnhaus. Auf dem First befestigten wir unsere Fahne – ein bunter Lumpen zwar nur, aber wie herrlich flatterte er im Wind!

Nach langer Zeit waren wir wieder einmal so richtig glücklich und stolz. Was aber das Schönste war: Unsere Aktivitäten übten eine geradezu magnetische Anziehungskraft auf andere Kinder aus. So bekamen wir endlich auch gleichaltrige Spielkameraden. Ihre Eltern, die sie eigentlich nicht mit uns spielen lassen wollten, hatten vor der Magie unseres Turmes kapituliert.

1972 war die erste Generation der RAF hinter Gitter gekommen. Wer geglaubt hatte, das Kapitel Linksterrorismus sei damit geschlossen, sah sich schwer enttäuscht. Eine zweite Generation von Untergrundkämpfern war herangewachsen, und sie agierte mindestens so entschlossen und gewissenlos wie ihre Vorbilder. Als das RAF-Mitglied Holger Meins 1974 in der Haft an den Folgen eines Hungerstreiks verstarb, kam es zu einer Serie neuer Anschläge. Die Sicherheitslage machte es uns nun vollends unmöglich, im Freien zu spielen. Sobald ich nur vor die Tür trat, begleitete mich die Bewachung wie mein eigener Schatten. Die Nervosität und Anspannung der Sicherheitsleute war mit Händen zu greifen. Mit Erschrecken stellte ich fest, dass sie sich nicht nur um unser Leben sorgten, sondern auch um ihr eigenes. Ich bekam nämlich mit, was hinter den oft überraschenden Personalwechseln im Schultransport für mich steckte: nichts als nackte Angst. Sie schoben sich diesen Dienst gegenseitig zu, weil sie ihn für besonders gefährlich hielten. Ich wusste es aus ihren Gesprächen untereinander, die ich gezielt belauschte, um mir ein halbwegs realistisches Bild meiner eigenen Lage zu machen. Meine Eltern verweigerten ja nach wie vor eine offene und ehrliche Aussprache über die tatsächliche Bedrohungslage. Niemand sprach Klartext mit mir, keiner sagte mir die volle Wahrheit. Wenn davon geredet wurde, dann immer nur, um die Verhältnisse zu verniedlichen und vage Aussagen zu treffen, etwa dass »alles« bald vorüber sei und dass die Terroristen »bald« ihre verdienten Gefängnisstrafen antreten würden. Ich aber wusste es besser, zumindest konnte ich es mir zusammenreimen. Darunter litt ich unsäglich, und wahrscheinlich ist mir aus eben diesem Grund jedes Spiel mit Halbwahrheiten zutiefst zuwider, bis heute.

Doch eines Tages kam die Wahrheit auf den Tisch wie eine unappetitliche Speise, die keiner bestellt hatte, die aber trotzdem geschluckt werden musste. Es war im Sommer 1976, mein Vater führte erstmals Wahlkampf als Kanzlerkandidat der CDU/CSU: ein Anlass für die Sicherheitsbehörden, um von einer weiteren Verschärfung der Bedrohungslage auch für seine Familie auszugehen. Ein Grund wohl auch, um mit seinem mittlerweile dreizehnjährigen ältesten Sohn erstmals eingehend das Risiko zu erörtern. Dies geschah in gleich mehreren, innerhalb weniger Tage aufeinander folgenden Gesprächen.

Das erste fand bei schönstem Sommerwetter auf unserer Terrasse statt. Es ist rätselhaft, nach welchem Mechanismus das kindliche Gemüt ganz bestimmte Details aus einem einschneidenden Erlebnis selektiert, um sie wie auf einem fotografischen Film im Gedächtnis zu speichern. So kann ich mich an gewichtige Sätze, die dort gesprochen wurden, noch ebenso lebhaft erinnern wie an nebensächliche Einzelheiten, die eben nur einem Kind auffallen. Drei Männer erwarteten mich. Sie stellten sich mir lediglich mit ihren Namen vor, nicht aber mit den Funktionen, die sie bekleideten. Dennoch registrierte ich genügend äußere Anzeichen, um zu begreifen, dass es sich um hochkarätige Besucher handelte. Wäre meine Mutter nicht ebenfalls anwesend gewesen, so wäre ich vor Respekt wohl am liebsten im Erdboden versunken. Sie setzte sich direkt neben mich, und es gab mir ein relatives Gefühl von Sicherheit, dass wir beide damit unseren Gästen, die auf der anderen Seite des Tisches Platz genommen hatten, gleichsam als Einheit gegenübertraten.

Alle drei Herren waren in Zivil, aber Mutter hatte mir vorher gesagt, dass es sich um hohe Polizeiführer handelte. Wie immer agierte Mutter als perfekte Gastgeberin. Sie reichte Kaffee und Kuchen und hielt souverän die lebhafte Plauderei in Gang, welche am Anfang eines netten, aber doch irgendwie unverbindlichen Besuchs unter Nachbarn zu stehen hat. Dabei war die Spannung fast mit Händen zu greifen. So kam mir das alles doch etwas gekünstelt vor, ich wusste nicht so recht, was jetzt geschehen würde. Ich wusste allerdings, dass ich nicht weggehen durfte, da Mutter mich strikt ermahnt hatte, mit diesen Männern zu sprechen.

Nach einer Weile entstand ein betreten-erwartungsvolles Schweigen. Ich fühlte mich unauffällig, aber sehr aufmerksam gemustert. Einer der Männer eröffnete den ernsten Teil des Gesprächs. In fast väterlichem Ton erklärte er mir, dass ich nun schon erwachsen genug sei, damit man offen und ehrlich mit mir reden könne. Ich hatte das Gefühl, er meinte es gut, aber irgendwie wirkte er doch etwas hilflos. Schon während er mich offensichtlich zu beruhigen suchte, fühlte ich jedoch bereits die forschenden, ja durchdringenden Blicke der beiden anderen Männer auf mir ruhen. Sie schienen nur darauf zu warten, dass ihr Kollege eine kleine Kunstpause einlegen würde, um selbst das Wort zu ergreifen. So kam es denn auch. Einer von ihnen lenkte die Aufmerksamkeit auf sich, indem er sich demonstrativ zurücklehnte, eine ausladende Armbewegung machte und einen fernen Punkt im Raum zu fixieren schien. Schon setzte er zu einem schneidigen Statement an. Unter dem Tisch ergriff Mutter meine schweißnasse Hand.

Schon nach wenigen Sätzen wurde mir klar, dass dieser Mann im Grunde nicht mit mir sprechen, sondern mich belehren wollte. Ich wisse ja, dass die Terroristen unseren Staat zerstören wollten, und sei alt genug, um zu verstehen, dass man diesen Gewalttätern nicht nachgeben dürfe. Dass jedes Nachgeben nur zu weiteren Gewalttaten führen würde. Und so weiter und so fort.

Mutter hatte sehr wohl bemerkt, dass ich bereits abgeschaltet hatte. Sie drückte meine Hand noch einmal ganz fest – und ließ sie dann los, wie um mir mitzuteilen, dass ich jetzt in irgendeiner Form »stehen« müsste.

Doch was soll ich tun? Muss ich etwas sagen, wenn dieser Mann fertig geredet hat?

Irgendwann war der Mann fertig. Er blickte mich an, als hätte er mich in diesem Moment überhaupt erst bemerkt. Mir stockte der Atem, ich hatte einen Kloß im Hals. Unmöglich, jetzt irgendetwas herauszubringen.

»Walter, Junge, du brauchst keine Angst zu haben. Wir sind doch hier, um dir zu helfen.«

Da war sie wieder, die väterliche Stimme des Polizisten, der das Gespräch eröffnet hatte. Er fuhr fort:

»Ich habe gesehen, ihr habt mit den Brettern einen feinen Turm gebaut, du und Peter.«

Ich musterte ihn verstohlen, was sollte das denn nun heißen? Er lächelte mich an. Nun folgten ein paar Minuten Gespräch über unseren Turm. Ich taute ein bisschen auf. Dann entstand erneut eine Pause. Bisher hatte der dritte Mann im grauen Anzug noch gar nichts gesagt. Doch das sollte sich jetzt ändern. Mir wurde klar, dass es seine Aufgabe war, mir jetzt jene Dinge zu erklären, um die es hier an diesem Tisch eigentlich ging. Während die anderen, auch meine Mutter, im Grunde nur herumdrucksten, sprach er in ruhigem und geschäftsmäßigem Ton zu mir, nicht gütig, aber auch nicht streng. Das war genau die richtige Methode, um mich in den Zustand höchster Aufmerksamkeit zu versetzen. Und um mir kühl und sachlich ein paar Dinge beizubringen, die sich tief, sehr tief in meine Gefühlswelt eingruben.

Ich hatte natürlich längst realisiert, dass ich als Sohn Helmut Kohls in Gefahr schwebte. Ich hatte mir jedoch eigentlich nie Gedanken darüber gemacht, was genau mit mir passieren könnte.

Würden die Terroristen dich erschießen? Entführen und in ein dunkles Verlies einsperren? Quälen und foltern?

Mit solchen Fragen alleingelassen zu werden, war eines meiner größten Probleme. Die Gefahr erschien mir wie ein tiefer Abgrund in einem undurchdringlichen Nebel. Da man seinen Rand nicht sehen konnte, wusste man nicht, welcher Schritt der Schritt ins Leere sein würde. Ich hatte die Angst irgendwo tief in meinem Innern eingesperrt, hinter einer dicken Mauer, an der alle Gedanken abprallten. Ich hatte die konkrete Gestalt der Gefahr, die für mich ganz persönlich gültige Form einer möglichen Katastrophe, konsequent verdrängt. Ich wollte und durfte mich nicht damit beschäftigen, damit wenigstens in meinem Innern eine halbwegs heile Welt fortbestehen konnte. Doch nun war der Moment gekommen, da ich dem Terror der Situation ins Auge sehen musste.

Dieser Mann ist gekommen, um mir dir zu sprechen. Er ist extra für dich gekommen. Hör ihm genau zu.

Seltsam. Für einen kurzen Moment verspürte ich so etwas wie Dankbarkeit. Endlich befasste sich jemand konkret mit meinen wirklichen Problemen! Doch was der Mann mir zu sagen hatte, war niederschmetternd, demütigend und verheerend für mich. Und es war überhaupt kein Trost, dass er sich für mich ganz allein Zeit genommen hatte. Seine Stimme schien von ganz weit her an mein Ohr zu dringen. Dennoch verstand ich gut, sehr gut. Im Grunde hatte ich es schon längst geahnt. Nun aber erfuhr ich es aus berufenem Munde, und noch ein paar Dinge mehr, die gemein wehtaten.

Zunächst machte er mir klar, dass ein möglicher Anschlag nicht meinem eigenen Leben gelten würde, jedenfalls nicht direkt und sofort. Viel wahrscheinlicher sei, dass ich zur Zielperson einer Entführung würde, damit die Terroristen ein Druckmittel gegen die Regierung in die Hand bekämen. Es entstand eine Pause.

Der »Sohn vom Kohl« – eine Geisel, um die Regierung zu erpressen. Und was wird die Polizei machen? Ihn retten?

Als Nächstes bekam ich in etwas schlichteren Worten nochmals zu hören, was vorher schon der soldatisch wirkende Mann gesagt hatte. Dass der Staat sich nicht erpressen lassen könne. Dass unter Umständen auch harte Entscheidungen getroffen werden müssten. Dass niemand sich dabei wohlfühle, aber es müsse dann nach klaren, verbindlichen Regeln vorgegangen werden. Regeln, die mit meinen Eltern auch bereits abgesprochen seien. Diese Regeln sollte ich kennen und verstehen.
Mutter, wo ist jetzt deine Hand?
Nun also die Regeln. Ich verstand, dass es um ein Geschäft ging. Um einen Tausch. Eine Summe Geldes gegen mein Leben. Ich verstand auch, dass dies eine Art Vergünstigung war, die man mir, weil ich noch ein Kind war, zugestehen würde. Obwohl man wüsste, dass die Terroristen dies dem Staat als Schwäche auslegen würden.
Haben das meine Eltern für mich rausgeholt? Dann könnte ich also sicher sein, dass man mich freikaufen würde?
Allerdings ... da sei noch etwas. Zu den Regeln gehöre auch, dass man den Terroristen natürlich nicht jede beliebige finanzielle Forderung erfüllen könne. Das müsste ich, das müsste meine ganze Familie verstehen. Erneute Pause.
Mein Hals ist auf einmal ganz steif. Ich will jetzt meiner Mutter ins Gesicht schauen, kann aber den Kopf nicht wenden.
Der Mann atmete einmal tief durch, bevor er die Katze aus dem Sack ließ.
»Der Höchstbetrag ist ...« – und jetzt schaute er meine Mutter an – »so bis maximal fünf Millionen Mark.«
Ein Preisschild auf meinem Leben!

An den Rest des Gesprächs kann ich mich beim besten Willen nicht mehr erinnern. Nun war der Tarif verkündet, eine finanzielle Höchstgrenze gezogen, jenseits derer ich im Falle einer Entführung im Interesse der Bundesrepublik Deutschland zu sterben hatte. Alles andere interessierte mich nicht mehr wirklich. Ich fühlte mich als Ware in einem politischen Kampf, mit dem ich nichts zu tun hatte. Und es ging ja eigentlich auch gar nicht um mich, es ging wieder einmal nur um den »Sohn vom Kohl«. Was aber das Schlimmste war: Zwischen meine Eltern und mich war ein schrecklicher Verdacht getreten. Scheinbar war die genaue Summe, gegen die ich im schlimmsten Fall ausgetauscht werden konnte, auch meiner Mutter nicht bekannt gewesen, aber in ihren Grundzügen waren die »Regeln«, die mir verkündet worden waren, offensichtlich vorher auch mit ihr abgesprochen gewesen. Mit meinem Vater sowieso, daran bestand für mich kein Zweifel.

Meinen Eltern ist es wichtiger, dem Staat zu dienen, als mich auszutauschen. Ich bin nicht wichtig, ich bin ersetzbar. Mein Verlust ist kein Verlust.

Das war für mich die Kernbotschaft dieses Gesprächs. Ich habe lange gebraucht, um mit diesem Gefühl und dem damit verbundenen Zorn meinen inneren Frieden zu schließen.

Es sollte nicht das einzige Gespräch nach diesem Muster bleiben. Da gab es ja noch jede Menge Ausführungsbestimmungen zu den allgemeinen Regeln. Es folgte sogar eine Art Training für mich, wie ich mich im Entführungsfall zu verhalten hätte. Natürlich alles zu meinem eigenen Wohle.

Mein natürlicher Gesprächspartner, um die »praktischen Aspekte« einer möglichen Entführung durchzudiskutieren, war Mutter. Wir sprachen darüber in einer Weise, wie es zwei Menschen tun, die tief in der Falle sitzen. Wir spielten den Ernstfall immer und immer wieder gedanklich durch, in allen nur erdenklichen Variationen. Eines ihrer Anliegen war, dass ich in die Lebenszeichen, welche mich die Geiselnehmer dann wohl senden lassen würden, verschlüsselte Botschaften einbaute. Dazu verabredeten wir eine ganze Reihe von Codewörtern. Wenn ich zum Beispiel meinen Lieblingslehrer grüßen ließ, sollte das heißen »Es geht mir gut.« Der Name eines Ortes am Wolfgangsee dagegen verschlüsselte die Botschaft »Ich weiß, wo ich bin.« Und so weiter und so weiter.

Im Prinzip verliefen unsere Gespräche in einer ruhigen und sachlichen Atmosphäre. Doch es gab da eine unüberwindliche Grenze. Sobald ich mich mit ihr über den kritischsten Punkt aussprechen wollte, nämlich ihre und Vaters Haltung zu meinem eigenen Leben – oder besser: Überleben – im Falle einer Entführung, wich sie aus. Jeder Versuch meinerseits, diesbezügliche Fragen zu stellen oder ihr meine Gefühle zu offenbaren, scheiterte. Nicht dass sie mich schroff abgewiesen hätte. Im Gegenteil, sie stellte sich jedem Gespräch in dem erkennbaren Bemühen, mir gerecht zu werden und in meiner Not beizustehen. Doch über dieses heikelste Thema von allen vermochte sie nicht offen zu sprechen. Sie konnte einfach nicht mehr.

Es passte zu ihr, dass sie die Ursache für unsere Nöte in allererster Linie bei sich selbst suchte. Ja, sie erhob auch Anklage gegen ihren Mann, der seine Familie durch seinen politischen Ehrgeiz erst in diese Lage gebracht habe. Der nie da sei, wenn man ihn wirklich einmal brauche. Und sie schimpfte über die Unfähigkeit der Polizei, auf die Politik, die den Schlamassel nicht in den Griff bekomme. Aber darunter lag noch etwas anderes: Sie erhob Anklage gegen sich selbst. Sie haderte schwer mit sich, weil sie »es überhaupt hatte so weit kommen lassen«. Ich verstand nicht recht, was sie damit meinte. Sie war doch eher ein Opfer, genauso wie ich? Was ich aber am allerwenigsten verstand: Sie schämte sich. Sie schämte sich förmlich in Grund und Boden. Warum nur? Es verwirrte mich.

Unsere Gespräche begannen einem bestimmten Muster zu folgen. Ich brachte ein »Sicherheitsproblem« zur Sprache oder wollte über meine Gefühle sprechen. Nachdem sie es sich angehört hatte und wir ein paar Worte gewechselt hatten, wurde das Gespräch wie unter einem inneren Zwang von meiner Person weg- und auf die Probleme meiner Mutter hingelenkt. Immer tiefer wurde ihre Mutlosigkeit, immer heftiger wurden ihre Selbstvorwürfe.

Für mich wurde das zunehmend zur Qual. Nicht nur deshalb, weil ich bei meiner wichtigsten Bezugsperson immer weniger Rat und Trost finden konnte, sondern darüber hinaus, weil ich deutlich erkannte, dass diese Diskussionen auch meiner Mutter nicht nutzten. Sie bauten sie nicht auf, im Gegenteil, sie zogen sie noch weiter herunter. Ich wartete darauf, dass sie unser gemeinsames Problem Vater gegenüber zur Sprache bringen würde. Doch am Wochenende, wenn er nach Hause kam, schwieg sie eisern. Sie brachte ihm gegenüber unsere Anliegen einfach nicht auf den Punkt. Offenbar fehlte ihr dazu der Mut. Vater schien unangreifbar, Mutter hatte keine Kraft – so kam es mir damals vor.

Heute sehe ich es doch etwas anders. Meine Eltern gehören zu einer Generation, die hauptsächlich durch die Erfahrung des Krieges und das Chaos der unmittelbaren Nachkriegszeit geprägt wurde. Meine Mutter litt zeit ihres Lebens darunter, dass es ihr versagt blieb zu studieren. Als bettelarme Flüchtlingsfamilie hatten sie nach 1945 alles verloren. Nach dem Abitur musste etwas gefunden werden, womit man schnell den Lebensunterhalt verdienen konnte. Also brach Mutter ihre Ausbildung auf der Sprachenschule ab, um eine Anstellung bei der BASF anzutreten. Später erfolgten die Heirat und die Geburt der Kinder. Meine Mutter stellte sich, wie viele Frauen ihrer Generation, komplett in den Dienst von Mann und Familie. Sie hatte zu dienen, das war ihr Selbstverständnis.

Ihr ganzes aktives Leben lang beschäftigten meine Eltern sich mit irgendeiner Form konstruktiven Aufbaus. Erst der Aufbau und dann die Erhaltung dessen, was man aufgebaut hatte – das *war* ihr Leben. Sobald die Gefahr aufblitzte, etwas, das man unter persönlichen Opfern errichtet und befestigt hatte, könnte eingerissen werden, schaltete meine Mutter auf Verdrängung. So verzweifelt sie jetzt auch war, es gab da eine rote Linie, die auf keinen Fall überschritten werden durfte. Sie hätte nie und nimmer ihren Mann herausgefordert, ernsthaft über die Richtung nachzudenken, die er seinem Leben gab. Ihn gar zu bewegen, beruflich kürzerzutreten, zum Wohle seiner Familie. Für ihr Empfinden hätte sie damit alles infrage gestellt, was sie und ihr Mann sich vorgenommen, dem sie alles andere untergeordnet und was sie gemeinsam erreicht hatten. Mein Verstand war noch nicht in der Lage, das zu erfassen, gefühlsmäßig aber begriff ich sehr wohl, dass wir alle uns diesem Programm der Eheleute Helmut und Hannelore Kohl zu unterwerfen hatten.

Und warum schämte sie sich? Auch dies ist mir klarer geworden, sobald ich begann, selbst nicht mehr mit meinem Schicksal zu hadern, sondern mich damit auszusöhnen. Ich brauchte nicht nur die zeitliche Distanz, sondern ich musste auch noch eine ganze Menge eigenen seelischen Abraum beiseiteschaffen, um für mich selbst aufzudecken, worin der ureigene Beitrag meiner Mutter dazu bestand, dass sich die emotionale Situation zu Hause so zuspitzte.

Es war ihre eigene innere Bereitschaft, sich zum Opfer machen zu lassen. Paradox am Status des Opfers in einem Beziehungssystem ist, dass der Betreffende sich einerseits als wehrloses Objekt äußerer Kräfte begreift, dass er andererseits aber unbewusst davon ausgeht, dass er an der Entfesselung dieser Kräfte Mitschuld trägt. So entsteht jenes widersprüchliche Verhalten, das mich an meiner eigenen Mutter damals so sehr in Verwirrung stürzte. Einerseits schimpfte, haderte und zeterte sie mit der Außenwelt und entließ sich damit aus der Verantwortung, andererseits gab sie sich selbst die allermeiste Schuld, und sie empfand große Scham.

Sie spielte ihre Rolle perfekt, selbstverständlich auch und besonders vor sich selbst. Irgendwann konnte sie immer weniger zwischen ihrer Rolle und ihren Bedürfnissen unterscheiden. Ihre Rolle hatte die Führung über ihr Leben übernommen. Aber in ihrem Mann hatte sie einen Komplementär gefunden, dessen eigenes Charakterbild als absoluter Tatmensch sich perfekt zu dem ihren fügte. Es war dies eine sehr spezielle Unverbrüchlichkeit. Dies war sehr hilfreich für meinen Vater, denn sie lieferte den Rahmen für jenes Musterbild einer intakten bürgerlichen Geborgenheit, das unsere Familie »für die Menschen draußen im Lande«, um eine Redensart meines Vaters zu gebrauchen, abgab.

Meine Mutter verlangte sich selbst ab, alles für die Sicherheit und Geborgenheit ihrer Familie zu geben, und sie klagte sich dafür an, dass es ihr offenbar doch nicht gelang, dafür zu sorgen. Und sie schämte sich wohl auch dafür, dass sie unfähig war, ihrem Mann etwas entgegenzusetzen.

Und ich selbst? Nachdem sich der erste Schock über die Offenbarung meines persönlichen Stellenwerts in den Augen der Staatsorgane gelegt hatte, nachdem zudem die Grenzen des mütterlichen Schutzes offen zutage lagen, stellte ich bald eine innere Veränderung bei mir selbst fest. Da waren nun keine aufgewühlten Gefühle mehr, keine rasenden Gedanken, sondern da war nur noch stumpfe, bleierne Müdigkeit. Dumpfe Resignation legte sich auf mein Gemüt wie eine schwere, nasse Decke.

Ich stand innerlich mit dem Rücken zur Wand. Und es fühlte sich an, als ob ein verborgener Zeitraffer anliefe, der mich ohne Zwischenschritte zu einem Entwicklungssprung zwang. Ich musste unbedingt mit dieser neuen Lage klarkommen, und meine Psyche war bereit, den Preis zu zahlen. Es entwickelte sich ohne mein aktives Zutun eine neue Bewusstseinsqualität: Verantwortungsgefühl. Weniger für mich selbst, ich fühlte mich nach wie vor wie ohnmächtig, ausgeliefert. Sondern für einen anderen Menschen: für meine Mutter. Ich lernte ein mir noch völlig unbekanntes Lebensgefühl kennen. Plötzlich fühlte ich mich – als Mann. Ich musste meine Mutter trösten und beschützen! In ihrem und in meinem eigenen Interesse. Das fühlte ich überaus klar und deutlich, mit aller Treuherzigkeit und Konsequenz, zu der ein dreizehnjähriger Junge in der Lage ist. Ich verspürte eine sehr starke Verpflichtung, mich völlig mannhaft zu verhalten. Dies war der Notwehrmechanismus, auf den meine Psyche unbewusst zurückgriff, um nicht durchzudrehen. Von da an war ich in der Lage, mit meiner akuten Angst, mit meiner latenten Wut, mit meinen chronischen Verlassenheitsgefühlen wie ein frühreifer Erwachsener umzugehen.

Der Preis für mich selbst? Er wog beträchtlich. Und er wurde nicht auf einen Schlag entrichtet. Es sollten sogar noch weitere Forderungen hinzukommen, eine Art Nachschlag, von dem später zu berichten sein wird. Für jetzt bewahrheitete sich auch an mir, dass die kindliche Psyche mit geradezu unglaublicher Effizienz genau die richtigen Prioritäten zu setzen vermag, um einen Beitrag zu leisten, durch den der systemische Zusammenhalt der Familie gewahrt bleibt. Denn sonst würde ja alles zusammenbrechen, glaubt das Kind. Weil es nicht über die Differenzierungsfähigkeit verfügt, um die Familienmuster anders zu beeinflussen als in einer sehr klaren und eindeutigen, geradezu »binären« Form.

Du oder ich. Opfer oder Täter. Leben oder Untergang. Alle oder keiner.

Das war die Logik meines kindlichen Beziehungsmanagements. Indem ich mich selbst sabotierte, hoffte ich das »System Familie Kohl« zu stärken und zu heilen, wenn schon nicht dauerhaft, dann doch wenigstens vorübergehend, damit es eine seiner tiefsten Krisen überstand. Indem ich Ruhe gab, kam auch meine Mutter wieder zur Ruhe, jedenfalls einigermaßen.

Der Preis war, dass ich meine eigenen Gefühle zu verneinen begann und zunehmend von meiner eigenen Wertlosigkeit und Unwichtigkeit überzeugt war. Sonst hätte ich mich nicht auf meine Mutter und ihr Wohlergehen zu konzentrieren vermocht. Was mich selbst schmerzte, musste verdrängt werden. Ich selbst war mir noch nie besonders wichtig vorgekommen, jetzt aber arbeitete ich mich förmlich in die Überzeugung hinein, dass mein eigenes Leben, dass ich, Walter Kohl, geradezu nichtig sei. Der Boden dafür war von langer Hand fruchtbar gemacht, und nun brachte ich selbst die Saat eines tief sitzenden Minderwertigkeitsgefühls aus.

Hatte ich es bisher auch nicht gewagt, meinen Vater mit Fragen oder gar mit Vorwürfen zu behelligen, so hatte ich doch jede sich bietende Gelegenheit zu nutzen versucht, sie vor meiner Mutter zu äußern. Jetzt aber, da sie am Ende war und ich am Anfang des Erwachsenseins zu stehen schien, verzichtete ich auch darauf. Es war wie die Geste eines Verzweifelten, und es musste dazu führen, dass ich meiner eigenen Gefühlswelt in der hölzernen Haltung eines strammstehenden Soldaten begegnete. Ich »nahm hin«, ich »fand mich ab«, ich stellte keine Ansprüche mehr. Aber ganz tief innen drin, da akzeptierte ich nicht. Ich fraß mein Leid in mich hinein, ich ebnete damit mir selbst den Weg ins Opferland.

Rein äußerlich änderte sich nicht viel. Mutter und ich führten weiterhin engagierte und gefühlsbetonte Gespräche über die ganze traurige Situation. Doch der Tenor änderte sich. Wir unterhielten uns nun zunehmend über die Befindlichkeiten meiner Mutter, die meinen wurden immer unwichtiger. Sobald Mutter wieder einmal an ihre Grenzen stieß, und das war nicht selten, da auch noch die Sorge um ihren Mann auf ihr lastete (darüber, dass auch ihr eigenes Leben gefährdet war, sprachen wir übrigens nie), nahm ich innerlich Haltung an. Ich versuchte ihr ernsthaft weiszumachen, dass mir das alles nichts mehr ausmachte. Dass ich gelernt hätte, damit klarzukommen. Dass sie sich über mich keine Gedanken machen müsste. Ja, ich glaubte zwischendurch wohl sogar selbst daran.

Ob sie mir aber geglaubt hat? Ich denke, nicht wirklich. Doch sie nahm mein Angebot an. Bereits damals fühlte ich, was sie im tiefsten Kern bewegte und verwundete: die Scham darüber, dass sie nicht stark genug war, uns Kinder vor all dem zu bewahren. Der Schmerz war groß, doch darunter lag noch die Scham, versagt zu haben. Meine Mutter war eine Gefangene. Das sah ich viel deutlicher noch als meine eigene Gefangenschaft, und es gehörte zu meinem unbewussten Auftrag innerhalb unseres Beziehungsmusters, ihre Not zu lindern und die meine zu ertragen.

Verdrängung sicherte das Funktionieren meines Überlebenswillens. Wenn ich wirklich auf mich selbst gesehen hätte, wäre ich wohl in einer Woge des Schmerzes abgesoffen. Was ich bereits über das Alleinsein sagte, habe ich seinerzeit erstmals in aller Konsequenz durchgemacht. Meine Mutter war mit sich selbst beschäftigt. Mein Vater hatte keine Zeit und, ja, auch kein Interesse. Er war froh, wenn er diesen Themen ausweichen konnte. Mein Bruder war zu klein, meine Schulkameraden verstanden mich nicht, andere Erwachsene wichen dem Thema aus oder hielten mich mit wohlmeinenden, aber unbrauchbaren Ratschlägen hin. Ich selbst pushte mich immer wieder mit der Vorstellung, dass ich mich im Krieg befände wie ein kämpfender Soldat.

Aushalten. Durchhalten. Maul halten.

Wie ein Fußsoldat, der mitzumarschieren hat, auf Gedeih und Verderb, in einer gänzlich unbedeutenden Nebenrolle.

Dieses Erlebnis markiert rückblickend für mich eine Art Einschnitt: Ich arbeitete nun bereits unbewusst an der kommenden Entwicklung mit. In meine Gedanken und Gefühle nistete sich Resignation ein, gleichzeitig versuchte ich einen eisernen Durchhaltewillen zu beweisen. Das psychische Konstrukt »Sohn vom Kohl« wurde nun gleich von einer doppelten Klammer zusammengehalten: Von außen, wie bisher schon, durch einen Stigmatisierungsprozess. Von innen, indem ich mich selbst unwichtig machte, in jeder Beziehung ersetzbar. Ich brauchte nicht mehr in den Schatten gestellt zu werden, ich machte mich selbst zunehmend zu einem Schatten.

➹➷

Einige Wochen später war die Wahl ganz knapp verloren, und in unserem Haus kehrte langsam mehr Stille ein. Doch dieser Frieden erwies sich als trügerisch. Es war die sich immer weiter verschlechternde Sicherheitslage, die unser Leben einem zunehmenden äußeren Druck, Unruhe und ständigen Nervenproben aussetzte. Die Sicherheitskrise trieb unaufhaltsam jenen dramatischen Ereignissen zu, die 1977 als »Deutscher Herbst« in die Geschichte eingingen. Vor diesem krisenhaften politischen Hintergrund gesehen leuchtet es ein, dass im Hause des Oppositionsführers im Bundestag, der in alle Entscheidungen des Krisenstabes beim Bundeskanzler einbezogen wurde, weder Ruhe noch Frieden dauerhaft einkehren konnten.

In jenem Jahr hatten die Terroristen bereits Generalbundesanwalt Siegfried Buback sowie zwei seiner Begleiter auf offener Straße erschossen und den Vorstandsvorsitzenden der Dresdner Bank, Jürgen Ponto, in seinem eigenen Haus ermordet. Im September verschleppten sie Arbeitgeberpräsident Hanns-Martin Schleyer und töteten dabei seine drei Leibwächter und seinen Fahrer. Das Ziel der Entführung Schleyers: die im Hochsicherheitsgefängnis von Stammheim einsitzende erste Generation der RAF freizupressen. Die Bundesregierung jedoch ließ ihrer Ankündigung, in jedem Fall hart zu bleiben, Taten folgen und ging darauf nicht ein. Im Oktober dann überschlugen sich die Ereignisse. Als palästinensische und deutsche Terroristen eine Lufthansa-Maschine mit 82 Passagieren und fünf Besatzungsmitgliedern nach Somalia entführt und den Flugkapitän erschossen hatten, um den Forderungen der RAF Nachdruck zu verleihen, ließ die Bundesregierung die Maschine stürmen und die Geiseln befreien. Wenige Stunden später begingen die drei Top-Terroristen Baader, Raspe und Ensslin Selbstmord. Damit war auch das Schicksal Hanns-Martin Schleyers besiegelt. Er wurde umgehend von seinen Entführern erschossen.

Die Folge war eine nochmalige Verschärfung der Sicherheitsmaßnahmen. Auch wir fühlten uns als Gefangene. Es gab aber noch einen weiteren Grund, warum meine persönliche Betroffenheit jetzt einen Grad erreichte, dass mir die Ereignisse buchstäblich unter die Haut gingen. In jenem Sommer 1977 hatte ich Hanns-Martin Schleyer persönlich kennengelernt, ganz zufällig. Die Begegnung hatte einen tiefen Eindruck bei mir hinterlassen.

Es waren Sommerferien, und ich befand mich auf Kurzbesuch bei meinem Vater in Bonn. Als ich in seinem Abgeordnetenbüro im Bundeshaus auf ihn wartete, führte die Büroleiterin, Juliane Weber, für mich völlig unerwartet den Arbeitgeberpräsidenten herein. Auch er wollte zu meinem Vater. So saßen wir uns denn am großen Besprechungstisch gegenüber, ich wohl mit sehr großen Augen, da ich ihn aus dem Fernsehen kannte, und Schleyer mit einem breiten Lächeln, womit er bei mir schnell das Eis brach. Ich war angenehm überrascht, dass dieser Mann mich ganz und gar ungezwungen, ja geradezu freundschaftlich behandelte. Hier war endlich wieder einmal ein Mensch, den kennenzulernen sich wohl lohnte, weil er mich ernst nahm und fast wie mit einem Erwachsenen zu mir sprach. Wir unterhielten uns über die unterschiedlichsten Themen. Es war ein sehr schönes Gespräch, wie ich es mir öfter gewünscht hätte, ein Gespräch wie mit einem väterlichen Freund, obwohl wir uns doch gerade erst kennengelernt hatten.

So nahm ich all meinen Mut zusammen. Ich brauchte endlich einmal jemanden, dem ich mein Herz ausschütten konnte, und klagte ihm mein Leid: die ständige Bewachung, die

Isolation von meinen Schulkameraden, die ständige Erwartung, es könnte irgendetwas passieren. Ich fragte ihn, ob auch er Angst vor den Terroristen hätte. Er sah mich lange nachdenklich an. Das Lächeln war aus seinem Gesicht gewichen, die Augen schienen traurig, aber er sah mich mit einem festen Blick an.

»Es ist völlig normal, Angst zu haben. Mut zu beweisen heißt nicht, keine Angst zu haben, sondern sich von seiner Angst nicht unterkriegen zu lassen.«

Damit kann ich etwas anfangen. Ich werde darüber nachdenken.

»Und außerdem«, fuhr er fort, wie um mir Mut zu machen, nun erneut mit diesem großen Lächeln, »und außerdem besteht nur eine sehr kleine Gefahr, wirklich von Terroristen entführt zu werden. Deshalb habe ich selbst eigentlich gar keine Angst.«

Ob er es ernst meinte oder ob er ein vierzehnjähriges Kind einfach nur beruhigen wollte, spielt für mich keine Rolle. Damals berührte mich das sehr. Ich hatte einen großen Nachholbedarf an Aussprache, und ich war ihm sehr dankbar für die Gelegenheit. Es kam in diesem Moment so viel hoch, dass ich nicht anders konnte, als meinen Tränen freien Lauf zu lassen. Ich glaubte seinen Worten, sie gaben mir Kraft.

Wenn er schon keine Angst hat, dann brauchst du auch keine Angst zu haben.

Wir unterhielten uns noch eine kleine Weile. Schließlich betrat mein Vater den Raum. Wie eingebrannt in mein Gedächtnis ist das Bild von Herrn Schleyer, wie er mir ein letztes Mal zulächelte, bevor das Thema gewechselt wurde. Ich sollte ihn nie wiedersehen, außer auf dem furchtbaren Bild des Gefangenen der RAF, das kurz darauf die ganze Welt zu Gesicht bekam.

Ich war wie betäubt. Der Mann, der mir Sicherheit und Hoffnung gegeben hatte, war selbst zum Opfer geworden. Die Gewalttaten der Terroristen hatten auch in meinem Dasein tiefe Spuren hinterlassen, die konkrete Erfahrung tödlicher Bedrohung meiner eigenen Person aber war mir glücklicherweise erspart geblieben. »Terror« hatte für mich die Unterwerfung meines Alltags unter ein zunehmend strenges Sicherheitsregiment bedeutet. Das wurde nun anders. Dies war kein Krieg anderer Leute mehr, denn unmittelbar neben mir hatte es einen Einschlag gegeben. Ich fühlte mich als unmittelbar Beteiligter. Atemlos verfolgte ich jedes Detail der Berichterstattung im Fernsehen und in der Zeitung. Die Entführung und der spätere Mord an diesem Mann, der so offen und ehrlich mit mir gesprochen hatte, erschütterten mich zutiefst. Er hatte mir gesagt, dass ich keine Angst haben müsse. Ich hatte ihm geglaubt, er war für mich eine Autorität. Nun war er selber tot. Das war schwer zu verkraften. Mehr denn je verstand ich, dass auch ich im Falle einer Entführung wenig Hoffnung auf ein Überleben haben würde. Die Kidnapper würden sich nicht damit begnügen, Geld zu fordern. Das beschafften sie sich, wie auch ich schon wusste, durch Raubzüge in Banken und Sparkassen. Nein, sie würden politische Austauschforderungen stellen. Und das war zugleich das Todesurteil für die Geisel.

Nun schien es überhaupt niemanden mehr zu geben, mit dem ich mich hätte aussprechen können. Die Erkenntnis war ein weiterer Schritt zur gefühlten Nichtigkeit meiner selbst. Ich lebte in zwei parallelen Welten gleichzeitig. Äußerlich absolvierte ich einen Alltag, in dem ich so gut wie nie für mich selbst sein konnte. Innerlich befand ich mich dagegen in tiefer Isolation. Wenn ich mich in mein Zimmer zurückzog, trat dieser Widerspruch besonders scharf zutage: Obwohl ich allein war, fühlte ich mich beobachtet. Mich verfolgte das Gefühl, Terroristen könnten mich durch ihr Zielfernrohr beobachten. Dass ich hinter mehrere Zentimeter dickem Panzerglas lebte, schützte zwar mein nacktes Leben, aber es zeigte doch nur, wie es um dieses Leben bestellt war: Sogar die innerste Privatsphäre war von äußerster Gefährdung durchdrungen. Irgendwie schien mir gar nichts mehr wirklich wichtig.

Wenn man noch nicht einmal gegen terroristische Verbrecher ausgetauscht würde, dann kann das eigene Leben doch wohl nicht besonders wertvoll und wichtig sein.

Einstecken und austeilen

Das Leben verrät uns nicht, warum es uns immer wieder aufrichtet, wenn wir am Boden liegen und am liebsten einfach liegen bleiben würden. Damit wir irgendwann selbst in der Lage sind, uns aus eigener Kraft aufzurappeln?
Du musst stehen.
Nein, ich war keinesfalls so weit, als dass ich dem hohen väterlichen Rat hätte folgen können – oder wollen. Noch nicht. Ich sah das als seine pädagogische Regierungserklärung und mich selbst in der Opposition. Eine Art Wende in meinem Leben erfolgte gleichwohl, und zwar deshalb, weil sich die Sicherheitslage seit 1978 doch spürbar entspannte. Neben dem Fiasko, das die RAF im »Deutschen Herbst« erlitten hatte, taten ein erhöhter Fahndungsdruck, der Verlust der Identifikationsfiguren durch die Selbstmorde von Stammheim und die zunehmende Isolation der Untergrundkämpfer in ihrem eigenen Milieu ein Übriges. Mein persönliches Dasein hing an den Fäden des politischen Wirkens meines Vaters, doch jetzt wurde mir wenigstens wieder etwas Leine gelassen. In der Folge wurde der Personenschutz für mich schrittweise abgeschafft. Es wurde höchste Zeit.

Ich war noch in einem Alter, in dem man schnell vergisst und die ungelösten Probleme gern auf morgen vertagt, wenn es nur irgend geht. Pragmatismus muss man da nicht erst lernen, man wendet ihn instinktiv an. Auch ohne das tiefere

Problem gelöst zu haben, löste sich die Belastung zumindest teilweise wieder auf.

Die Vergangenheit hatte gleichwohl Spuren hinterlassen. Meine schulischen Leistungen waren schlechter geworden. So bekam ich zu Hause jetzt zwar Druck in dieser Richtung, doch das focht mich nicht an. »Druck« kannte ich zur Genüge, und ich empfand Schule sowieso nur als leidiges Übel. Zur unerwarteten Hilfe wurde jedoch meine körperliche Entwicklung – ich wuchs beträchtlich: innerhalb von zwei Jahren mehr als 35 Zentimeter. In der achten Klasse hatte ich noch zu den Kleinen gehört, als ich in die Oberstufe kam, zählte ich zu den körperlich Stärksten in meinem Jahrgang. Das hatte eine ungemein positive Auswirkung auf meine Lebensqualität. Mich »fasste keiner mehr an«, wie man unter Schülern so sagte. Den Knüppel hatte ich noch geraume Zeit in der Schultasche, seine Anwesenheit gab mir Sicherheit, doch ich benutzte ihn nie. Irgendwann legte ich ihn dann ganz weg.

Im Jahre 1978, als sich um mich herum die Großwetterlage aufhellte, schien auch in meinen Alltag wieder die Sonne hinein. Meine jugendlichen Lebenskräfte antworteten freudig darauf. Wir schienen wieder zueinander zu passen, das Leben und ich. Dankbar nahm ich die Steilvorlage an. Nur um meinen theoretischen Gedankengang zu vollenden, nehme ich hier kurz vorweg, dass dies später, zwei bis drei Lebenskrisen weiter, für mich überhaupt nicht mehr klappte. Sich wieder aufzurichten und zu »stehen«, ist für mich, je älter ich werde, weniger Gabe des Lebens als Lebensaufgabe. Ob mein Vater dies ahnte, als er es mir ins Stammbuch schrieb?

Meine Erfahrung hatte mich gelehrt: Wer keine Angst vor Gewalt und Schlägen hat, erfährt auch weniger Gewalt und weniger Schläge als einer, welcher der Gefahr zögernd und unsicher begegnet. Oder, noch banaler: Wer selbst oft genug im Schwitzkasten war, wer oft genug buchstäblich mit dem Rücken zur Wand mehreren Angreifern gegenüberstand, der hat mit der richtigen Einstellung auch eine größere Chance, seine Angst zu überwinden und jenes Selbstbewusstsein zu demonstrieren, das anderen die Lust nimmt, ihr Mütchen gerade an ihm zu kühlen. Am Ende meiner Schulzeit war dann ich es, der, wenn es die Situation erforderte, schnell und hart zuschlug.

So arbeitete ich mich langsam, aber sicher, aus der Position des Außenseiters heraus. Es war zwar das dünne Eis furchtsamen Respekts, der mir von Gleichaltrigen entgegengebracht wurde, auf dem ich noch stand, aber immerhin hatte ich jetzt meinen Stand gefunden, und es konnte weitergehen. Nach der oben beschriebenen Gesetzmäßigkeit könnte man in Abwandlung eines bekannten Sprichworts auch hinzufügen: »Ein Glück kommt selten allein.« Doch bevor ich davon erzähle, möchte ich ein kurzes, aber wichtiges Ereignis aus demselben Jahr erwähnen.

1978 fand in der Ludwigshafener Friedrich-Ebert-Halle, nur ein paar Kilometer von zu Hause, ein CDU-Bundesparteitag statt. Dies war für mich die optimale Gelegenheit, um einmal ins politische Milieu hineinzuschnuppern. Vater organisierte mir einen Job als Helfer des Organisationsstabes. Wir waren eine Truppe von Schülern, die Stühle aufstellte, die Tagungsräume in Ordnung hielt, Infoblätter auf die Plätze der Delegierten legte, für Nachschub an Erfrischungsgetränken sorgte und zur Übernahme von Botengängen bereitstand. Ich trug kein Namensschild, und da ich während der ganzen Zeit keine fünf Minuten mit meinem Vater sprach, erkannte mich fast niemand. So gelang, was ich mir vorgenommen hatte: mich mit offenen Augen und Ohren inmitten des Geschehens zu bewegen und so viel wie möglich in mich aufzunehmen. Es wurden spannende und aufschlussreiche Tage.

Erstmals konnte ich meinen Vater live bei der Arbeit erleben, und zwar nicht nur als Redner, sondern auch in Momenten, da er nicht im Blickpunkt der Öffentlichkeit stand und hinter den Kulissen wirkte. Er verblüffte mich. Denn hier gab er sich im Prinzip so, wie er auch sonst war – Helmut Kohl im Kreise seiner Parteifreunde schien eins zu eins derselbe Mann zu sein wie daheim. Am Rednerpult konnte er äußerst temperamentvoll werden, im kleinen Kreis beherrschte er durch seine souveräne Ruhe die Situation. Es war ihm gegeben, allein durch die Modulierung seiner kraftvollen Stimme Autorität auszuüben. Oft genügte ein leicht amüsierter Unterton, um den Gesprächspartner zu verunsichern. Dabei blieb er körperlich völlig entspannt, mit sich selbst offenbar im Reinen. Er genoss das politische Spiel sichtlich, das war sein Ding, er schwamm in diesem Teich wie ein Fisch im Wasser. Manches verstand ich noch nicht so richtig, konnte seine Wirkung aber auf der Empfindungsebene durchaus nachvollziehen. Beispielsweise, dass er gleichzeitig Jovialität und Unnahbarkeit ausstrahlen konnte, eine rein äußerliche Ambivalenz, die er selbst dann durchhielt, wenn er die unter Politikern typische Verbrüderungsumarmung vollzog. Auch wusste er seine Achtung gebietende körperliche Statur geschickt für seine Zwecke einzusetzen. Wenn mein Vater die Schwelle übertrat, schien der gesamte Raum durch seine schiere Präsenz gefüllt.

Mit einer Mischung aus Verwunderung und dunkler Faszination verfolgte ich die intensive Arbeit »am offenen Herzen der Partei« in den Hinterzimmern des Kongressgebäudes. Während ich den Nachschub und die Entsorgung von Zigaretten und Aschenbechern, von Getränken und Snacks mit in Gang hielt, bekam ich von den eigentlichen Themen natürlich nur bruchstückhaft etwas mit. Mehr war für meine Zwecke aber gar nicht nötig. Was ich sehr wohl mitbekam und in seiner elementaren Wichtigkeit durchaus verstand, war der Kampf unter den Parteigrößen, die Liebedienerei ihrer Hofschranzen und das Schachern um »Ergebnisse« in all den Vier-, Sechs- und Achtaugengesprächen.

Durch meine Beobachtungen auf dem Parteitag erlebte ich Macht und Politik zum ersten Mal live. Jetzt erst entwickelte sich in mir eine konkrete Vorstellung über die Arbeitswelt meines Vaters und mir wurde schon nach diesen wenigen Tagen klar:

Das wird ganz bestimmt nicht meine Welt.

Neben der willkommenen Aufbesserung meines Taschengeldes war der eigentliche Gewinn meiner Hiwi-Tätigkeit auf dem Parteitag also ein wichtiger Schritt in Richtung Selbstklärung. Ich beschloss, keiner Partei beizutreten und mich von politischer Aktivität fernzuhalten, was ich bis heute beibehalten habe. Wenige Tage später erklärte ich dies meiner Mutter, die mich darin bestärkte, meiner inneren Stimme zu folgen. Dabei äußerte sie etwas, an das ich mich noch sehr genau erinnere und das ich für sehr wichtig halte, wenn es um die Frage geht, welche Richtung ein junger Mensch beruflich einschlagen soll:

»Mach dir nichts draus, wenn du heute noch nicht weißt, was du einmal werden willst. Es ist ganz normal, wenn du zuallererst herausfinden musst, was du *nicht* willst. Das Leben wird schon dafür sorgen, dass du deinen Weg findest.«

Dabei sah sie mich mit einem amüsierten Blick an, der mir verriet, *wer* gegebenenfalls dafür sorgen würde, dass ich meine Chance auch nutzte. Und sie vertraute mir an, warum sie selbst CDU-Mitglied war: schlicht und einfach deshalb, weil sie die Frau Helmut Kohls war. Irgendwann hatte er sie darum gebeten, und ihr erschien es als reine Notwendigkeit, aber sie unternahm nicht den leisesten Versuch, die Verpflichtung an mich weiterzureichen.

Ich wollte unter Menschen sein, wollte »dazugehören« zu jenen, mit denen ich Tag für Tag zusammen war. Einen Durchbruch brachte eine Klassenfahrt an die Nordsee nach Sankt Peter-Ording in der neunten Klasse. Knapp zwei Wochen lang – für mich war es das erste Mal, dass ich mit meinen Klassenkameraden länger als nur einen Vormittag ununterbrochen zusammen war. Und das ohne Polizeieskorte! Ich erfuhr eine Form von Freiheit, die ich vorher nie erlebt und um die ich meine Schulkameraden immer so sehr beneidet hatte.

Im Landschulheim schliefen wir in einem Raum, 25 Jungen, oben unter dem Dach. Er mutierte innerhalb kürzester Zeit in eine Gemengelage aus Saustall und Erdbebenzone. Mit einem Wort: Wir fühlten uns pudelwohl. Nach knapp zwei Tagen kapitulierte unser Lehrer vor so viel überbordender Lebensfreude. Wir lebten in den Tag hinein, spielten Fußball, tobten am Meer, erste Zigaretten wurden heimlich gekauft. Ich bestand meine Mutprobe, indem ich Bier von einem nahe gelegenen Kiosk besorgte. Wir hockten zusammen, redeten ohne

Ende miteinander, bis tief in die Nacht hinein. Und dann geschah etwas, das aus einer vorübergehenden Befreiung eine unumkehrbare Entwicklung machte.

Wir spielten Fußball, da kamen ein paar Jungen aus einer höheren Klasse unserer Schule, die ebenfalls im Landschulheim weilte. Einer von ihnen nahm mir einfach den Ball weg. Ich war perplex. Bevor ich mich für die eine oder andere Reaktion entscheiden konnte, waren schon meine Klassenkameraden herbeigeeilt. Ein Wortgefecht entbrannte. Wir waren kleiner, aber in der Überzahl. Die Älteren hatten wohl nicht damit gerechnet, dass sich irgendjemand mit mir solidarisieren würde. Sie hatten es klar darauf abgesehen, mir eine Lektion zu erteilen. Doch sie hatten sich verkalkuliert.

»Lasst den Walter in Ruhe!«

Erst rief es einer von uns, der Größte und Stärkste, dann aber mehrere, und schließlich schrien sie es alle durcheinander:

»Lasst den Walter in Ruhe!«

Es war einer dieser magischen Momente, in denen ein ganzes Leben vom Kopf auf die Füße gestellt wird. Ich hielt den Fußball in Händen und konnte es nicht glauben. Es war eine Demonstration! Eine Ungeheuerlichkeit! Ein echter Wendepunkt, wie sich zeigen sollte. Auf einmal war ich nicht mehr der »Sohn vom Kohl«, sondern »der Walter«.

Für den Rest des Aufenthalts war ich voll integriert. Es war wie ein Bad in wohligen Gefühlen. Irgendwann ist jede Reise zu Ende, und man kehrt in den Alltag zurück, doch etwas blieb hängen. Für die meisten meiner Mitschüler blieb ich zwar »der Kohl«, für einige allerdings war ich »der Walter« geworden. Sie mochten mich, weil ich so war, wie ich war. Das war völlig neu und sehr beglückend für mich.

Wo schon etwas ist, da kommt leicht auch noch mehr hinzu – so einfach ist das. Oder so kompliziert, solange noch kein Anfang gemacht ist. Jetzt aber hatte ich endlich ein »Standing«, neuhochdeutsch gesagt, und der Boden unter meinen Füßen wurde fester und belastbarer. Ein Freundeskreis entwickelte sich, ich nannte ihn die »Mannschaft«. Sie wurde mir zu einer Art Ersatzfamilie, fast zehn Jahre lang war das so. Oberstufe, Bundeswehr, die ersten Studienjahre, das waren die Jahre der »Mannschaft«.

Endlich, endlich war ich dort angekommen, wo ich mich jahrelang hingesehnt hatte. Wir machten all das, was Jugendliche, die versuchen, erwachsen zu werden, eben so machen. Wir feierten zusammen, frisierten Mopeds, belagerten die Baggerseen im Ludwigshafener Süden, fuhren gemeinsam in die Ferien. Unvergesslich unsere große Radtour im Alter von 16 Jahren von Ludwigshafen über Brüssel, Rotterdam nach Amsterdam. Mehr als 1 500 km allein, welch ein Abenteuer! Ich muss heute noch schmunzeln, wenn ich zurückdenke, wie ausdauernd und hartnäckig ich meine Eltern bearbeitete, dass ich fahren durfte. Sie schienen verstanden zu haben, dass ich viel nachzuholen hatte, und obwohl meine Mutter aus nachvollziehbaren Gründen immer noch Angst um mich hatte, stimmte sie doch zu. Nur zu gern erinnere ich mich an Interrailfahrten nach Frankreich, England und Schottland, an unsere VW-Bus-Touren nach Südfrankreich. Oft wurde im Wald gezeltet, es war immer etwas los. Wir hatten unsere festen Kneipen, wir waren eine wirkliche Gemeinschaft.

Mein Leben hatte nun vorübergehend ein festes Format. Ich lebte immer noch wie in einer Burg. Aber ich war nicht mehr allein, denn meine Freunde und meine Familie lebten mit mir in der »Burg«. Bei ihnen war mein Sanktuarium, meine Heimat. In ihrer Mitte fühlte ich mich sicher und geborgen. Diese Burg umgab ich nach außen mit einem hohen Wall und nach innen mit einem tiefen Wassergraben. Ich war ein Kämpfer, keiner sollte sich über mich lustig machen, keiner sollte mich erniedrigen. Hart sein, keine Rücksicht auf sich selbst nehmen, das war mein Motto.

Das Abitur im Juni 1982 empfand ich als Erlösung. Endlich fort von dieser Schule, diesen Lehrern, diesem System des Wegsehens. Plötzlich wollte ich nur noch weg, weit weg, irgendetwas ganz anderes tun. Das überraschte mich selbst. Hatte ich nicht gerade erst ein Leben kennengelernt, das mir gut passte? Doch es war ja klar: So schön es mit der »Mannschaft« war, so wenig würde sie mir eine Lebensgrundlage bieten können. In mir gab es diese tiefe Unsicherheit, wozu ich mich berufen fühlen sollte. In dieser Situation fasste ich einen Entschluss, der mein gesamtes Umfeld erstaunte.

Meine Freunde fuhren im Sommer zwischen Abitur und Bundeswehr in die Ferien, um Party zu machen. Ich ging für mehrere Wochen ins Kloster, als Gast der Benediktinerabtei Maria Laach. Dort erlebte ich die Ruhe des ewig gleichen Tagesablaufes der Mönche, ich arbeitete im Garten mit, ich befreundete mich mit einigen von ihnen, vor allem mit denen, die in der Kunstwerkstatt arbeiteten. Ich betete viel. Ich saß einfach da und »war«. Ich fand meine Verbindung zu Gott wieder. Ich erlebte das starke Band einer Gemeinschaft, die nicht durch zufällige Interessen, sondern durch geistige Werte zusammengehalten wird. Nicht zuletzt entdeckte ich die außergewöhnliche, Beispiel gebende Persönlichkeit des Heiligen Benedikt. Hier lernte ich seine Lebensgeschichte und seine Mönchsregel kennen. Diese Spiritualität beeindruckte mich tief und begleitet mich noch heute.

Ich überlegte zunächst sogar, ob ich Mönch werden sollte. Es wurde nichts daraus, aber immer wieder habe ich seither Zeiten der Besinnung in Benediktinerklöstern verbracht. Als Stätten der Ruhe und Einkehr üben sie eine starke Anziehungskraft auf mich aus. Schon damals waren die Wochen in Maria Laach eine Wohltat für meine Seele. Es mag ein wenig gefühlspusselig klingen, aber mir gefällt es, zu wissen, »dass es immer ein Kloster für mich geben wird«.

Stets habe ich Menschen bewundert, die von Anfang an wussten: Dieses oder jenes will ich, das ist mein Ding. Wenn eine spezielle Begabung vorliegt, ist es naheliegend, sich für einen damit übereinstimmenden Lebensweg zu bewerben. Klare Talente, klare Entscheidungen. Ist jemand ein hochbegabter Fußballer, so will er in die Nationalmannschaft, er will zu Real Madrid, er will Weltmeister werden. Der Maler entdeckt sein Talent zum Malen, der Musiker will in die Philharmonie. Doch ich?

Auch ich fasste einen Entschluss: Ich würde Berufssoldat werden. Nicht aus vollster Überzeugung, eher aus einem Gefühl unabweisbarer Berufung heraus. Nein, es erschien mir einfach als das am ehesten Passende. Wegen seiner Einfachheit und klar geregelten Form erschien mir das militärische Leben als die weltliche Verwandte der mönchischen Daseinsweise, die ich schätzen gelernt, für die ich mich in letzter Konsequenz aber dann doch nicht genügend geeignet fühlte.

Befehl ist Befehl

Große Ereignisse werfen ihre Schatten voraus, so sagt man. Über mich ist zu sagen, dass ich mein Leben zu lange im Schatten großer Ereignisse führte. Ein Beispiel: das erste Oktoberwochenende 1982.

Am Freitag, den 1. Oktober 1982, wurde Helmut Kohl im Deutschen Bundestag als Kanzler der Bundesrepublik Deutschland gewählt und vereidigt. Eine Wende für das ganze Land wurde proklamiert. Am Montag rückte Walter Kohl als Rekrut in ein Jägerbataillon der Bundeswehr ein. Am Samstag und Sonntag hatte ich zusammen mit Mutter, Bruder, Ecki Seeber, dem langjährigen, getreuen Fahrer meines Vaters, und Juliane Weber, seiner Büroleiterin, den Umzug von Vaters Büro vom Abgeordnetenhaus ins Kanzleramt besorgt. Auch im Schatten eines geschichtlichen Ereignisses müssen schrankweise persönliche Akten mit Muskelkraft bewegt werden (Peter, Walter, Ecki Seeber), muss logistisch alles wie geschmiert laufen (Ecki), müssen Überblick und Ordnung gewahrt sein (Mutter) und, last but not least, tausend Dinge erledigt werden (Juliane Weber).

Am Montagmorgen wurde mir mit einem Schlag bewusst, dass ich von den Medien als gefundenes Fressen vorgesehen war. Ob der Sohn des frischgebackenen Bundeskanzlers beim Eintritt in den Dienst am Vaterland wohl in einer schicken Limousine vorfahren würde?

Ich beschloss diese Erwartungen zu enttäuschen und fuhr ganz normal mit dem Regionalzug von Ludwigshafen nach Homburg, dem nächstgelegenen Bahnhof zur Saar-Pfalz-Kaserne. Dort standen, wie ich wusste, Lkws der Bundeswehr bereit, um die neuen Rekruten abzuholen. Kurz entschlossen sprang ich auf die Pritsche des nächstbesten Lkw und setzte mich ganz nach vorn, in maximaler Entfernung der Heckklappe. So erreichte ich mein Ziel, ohne dass die tatsächlich am Kasernentor lauernden Fotografen mich zu Gesicht bekamen. Doch mein stilles Frohlocken sollte nicht von Dauer sein. Die Presse genarrt zu haben, war nicht mehr als ein mickriger Achtungserfolg. Meinem Bestreben, als ganz normaler Rekrut durchzugehen, würde wenig Erfolg beschieden sein.

Was nun folgte, war für mich wie der Rückfall in eine schon fast überwunden geglaubte Krankheit. Alles, was ich mir in meinem bisherigen Umfeld an persönlichem Respekt und aufrichtiger Zuwendung mühsam erarbeitet hatte, blieb abrupt hinter mir zurück. Denn natürlich hatte es sich wie ein Lauffeuer verbreitet, dass der »Sohn vom Kohl« ausgerechnet in dieser Einheit dienen würde.

Das Militär als ein Hort klarer Ordnung und geregelter Zuständigkeiten: So hatte ich es mir vorgestellt. Kaum aber war ich in diese Gemeinschaft eingetreten, offenbarte sich mir ihre Anfälligkeit für die zersetzende Kraft von nur ein ganz klein wenig Sand im Getriebe. Und das Körnchen, das Reibung erzeugte und die ganze gut geölte Maschinerie mit ihren festen Abläufen aus dem Rhythmus brachte, das war ich. Unerkannt war ich in die Kaserne hineingelangt, und schon stand ich im Eingangsbereich meines zukünftigen Kompaniegebäudes in einer der Warteschlangen, die sich vor diversen

Schreibtischen bildeten. Hier wurden die Personalien der Neuen aufgenommen.

»Name?«

Der Soldat schaute nicht einmal von seinem Personalbogen auf, als er mich grußlos ansprach.

»Walter Kohl.«

Er hatte meinen Vornamen schon hingeschrieben, als er plötzlich stutzte und innehielt. Langsam hob er den Kopf und schaute mich schräg von unten her an.

»Wie ...«

»Kohl, Walter Kohl.«

Ich versuchte so entspannt dreinzuschauen, wie mir nur möglich war, obwohl ich sehr deutlich spürte, dass die Blicke der Umstehenden mich bereits fixierten. Mein Gegenüber vermied es, mir in die Augen zu sehen. Er sagte gar nichts mehr, sondern stand einfach auf und ging schnellen Schrittes zu einem Unteroffizier, der an einem anderen Schreibtisch saß. Er flüsterte dem Vorgesetzten etwas ins Ohr, woraufhin dieser mich aus den Augenwinkeln sofort scharf musterte. Soldat und Unteroffizier verließen gemeinsam den Saal. Verdutzt und etwas ratlos blieb ich zurück, um Gelassenheit ringend, und konnte doch nicht verhindern, dass altbekannte Gefühle von frustrierter Resignation, von Beklommenheit und Peinlichkeit aufstiegen. So stand ich minutenlang da, gleichsam in einem schwebenden Zustand gehalten, während um mich herum wuselige Aktivität herrschte – außer bei den in der Schlange hinter mir wartenden Kameraden, die bald Zeichen der Ungeduld und Unwilligkeit von sich gaben. Endlich kehrten beide Männer zurück, zusammen mit einem höheren Offizier, meinem zukünftigen Kompaniechef, wie sich herausstellte. Gerötete Gesichter, nervöse Blicke, Getuschel.

Nachdem meine Personalien aufgenommen und mit den bereits vorliegenden Unterlagen verglichen waren, wurde ich nicht etwa wie die anderen Rekruten auf die neue Stube geschickt. Nein, ich wurde von einem Unteroffizier zum Bataillonskommandeur persönlich geleitet.

Mein oberster Vorgesetzter wusste wohl nicht so recht, wie er mit diesem besonderen Fall umgehen sollte, und schaltete vorsichtshalber schon einmal in die schärfste Gangart. Ansatzlos fuhr er mich an wie einen dummen Schuljungen. Was ich mir eigentlich denken würde. Ob ich mir überhaupt Gedanken machen würde über mein Tun und Lassen. Dass es ja wohl ein starkes Stück von mir sei, wie aus dem Nichts mitten in der Kaserne aufzutauchen. Es gelang mir, zumindest äußerlich ruhig zu bleiben. Als er geendet hatte, erstattete ich Bericht, wie ich es mir vorstellte, dass ein Soldat Bericht erstatten müsste, und schilderte, wie ich hergekommen war. Wenn ich geglaubt hatte, damit sei die Sache vernünftig erklärt, wurde ich jetzt eines Besseren belehrt. Er hatte mir mit großen Augen zugehört, und in ihm kochte es, das spürte ich deutlich. Als Nächstes bekam ich zu hören, dass die Torwache von ihm persönlich den Befehl erhalten hatte, meine Ankunft auf der Stelle zu melden. Niemand hätte doch wohl auf die Idee kommen können, dass ich mit den anderen Rekruten ausgerechnet auf einem Bundeswehr-Lkw einrücken würde. Ich glaubte meinen Ohren nicht zu trauen. Hätte ich etwa die Plane hochheben und den Kameraden zurufen sollen »Hey, hier bin ich, der Sohn vom Kohl«, oder was?

Was also hatte ich mir zuschulden kommen lassen? Diese Frage verkniff ich mir, aber sie muss mir wohl überdeutlich im Gesicht gestanden haben. Der Kommandeur beschied mir in schneidendem Ton, man habe ihm die Verantwortung für meine Sicherheit übertragen, und auch wenn er sich diese

Aufgabe nicht freiwillig ausgesucht habe, gedächte er sie doch nach eigenem Gutdünken so gut wie möglich zu erfüllen. Unterm Strich war klar, wie er mich einordnete: wahlweise als Volltrottel oder als renitenten Störenfried. Im Übrigen sei ein Feldjägerkommando zu meinem Personenschutz bereits angefordert und unterwegs. Unter seiner ständigen Überwachung hätte ich meinen Dienst zu verrichten.

Mit einem Mal saß da für mich nicht mehr mein zukünftiger oberster Vorgesetzter. Da saß schlicht ein mir völlig unbekannter Mann, der mich in tiefste Verzweiflung zurückstieß. Äußerlich blieb ich immer noch ruhig, aber innerlich bebte ich.

Lieber möchte ich sterben, als in der Kaserne mit Personenschutz herumzulaufen. Bin ich nicht als freiwilliger Zeitsoldat gekommen? Alles, was ich will, ist, meinen Dienst zu leisten. Stattdessen werde ich behandelt wie ein Aussätziger.

Ich kann mich nicht mehr an den vollständigen Wortlaut des nun folgenden Gesprächs erinnern, sehr wohl allerdings an die entscheidenden Schlüsselsätze. Ich setzte alles daran, eine rationale, sachliche Auseinandersetzung zu führen. Aber das war natürlich unmöglich. Schließlich war dies keine Selbsterfahrungsgruppe, sondern das deutsche Militär, nein, besser noch: eine Kampfeinheit der Jägertruppe. Und da ich mit dem Rücken zur Wand stand, reagierte ich dementsprechend: Ich wurde lauter und aggressiver. Logisch, dass mein Gegenüber mir irgendwann zeigen musste, wo hier der Hammer hing. Ich verstand: Er würde mir Personenschutz befehlen, und Befehl ist Befehl!

»Und das gilt auch für den Sohn des Bundeskanzlers!«

Dieser Satz aber schüchterte mich nicht ein. Im Gegenteil. Statt meine heiße Wut an ihm auszulassen, erspürte ich mit kühler Sicherheit seinen wunden Punkt.

»Und woher kommt dieser Befehl?«, schoss ich zurück. Er starrte mich an, als ob ich vom Mond auf die Erde gefallen wäre. Entweder er war plötzlich sprachlos, weil ihm Stillschweigen auferlegt worden war, oder er wollte es einfach selber nicht sagen. Ich fühlte, wie ich Oberwasser bekam. Ich glaube, dass es gar keinen höheren Befehl gab und dass diese Maßnahme ausschließlich von ihm selbst ersonnen war. Nun ging ich zum Angriff über, und unsere Auseinandersetzung endete damit, dass er mich, wie man so schön sagt, »achtkantig« aus dem Kommandeursbüro warf. Zum Thema Personenschutz hörte ich zu meiner großen Erleichterung während meiner ganzen Bundeswehrzeit nie wieder etwas. Doch es war auch ein Pyrrhussieg. Während meiner zwei Jahre in diesem Bataillon zahlte ich bei jedem direkten oder indirekten Zusammentreffen mit dem Kommandeur einen Teil der Zeche.

Helmut Kohl war durch ein konstruktives Misstrauensvotum des Bundestags ins Amt gelangt und hatte versprochen, sich innerhalb von sechs Monaten dem Votum des Volkssouveräns zu stellen. Der Urnengang vom März 1983 wurde zur Entscheidung über den »NATO-Doppelbeschluss« – heute ein Begriff aus einer schon als fern empfundenen Vergangenheit, damals aber das politische Reizwort schlechthin. Gemeint war damit, auf dem hochsensiblen Gebiet der Abrüstungsverhandlungen eine Doppelstrategie zu fahren: im Bereich der Mittelstreckenraketen nachzurüsten, um die Sowjetunion an den Verhandlungstisch zu bringen. Selten wurde ein Bundestagswahlkampf so emotional geführt. Alle heutigen Befürchtungen hinsichtlich der Möglichkeit einer globalen Umweltkatastrophe verblassen gegenüber der Angst vor einem atomaren Schlagabtausch der Supermächte, die seinerzeit in der Bevölkerung umging.

Diffuse Angst, Zorn und Frustration bedürfen eines konkreten Bildes, eines Namens, eines Gesichtes, um einen Angriffspunkt zu ihrem Ausagieren zu erhalten. Das bekam ich jetzt zu spüren, als Sohn eines demokratisch gewählten Politikers, der im Übrigen das Land damit nur in eine Richtung führte, die sein Vorgänger von der SPD ebenfalls befürwortet hatte. Immer wieder wurde ich, auch in aller Öffentlichkeit, beschimpft und manchmal sogar körperlich angegangen. Es wurde für mich fast zum Ding der Unmöglichkeit, mich frei und ungezwungen unter Menschen zu bewegen. Sogar in meinem engsten Umfeld, in Studentenkneipen und in der Katholischen Jungen Gemeinde, deren Mitglied ich damals war, wurde ich angefeindet.

Für mich war es ein Glück, dass ich in jenen Monaten einen anstrengenden Dienstalltag in einer Kampfeinheit der Armee zu absolvieren hatte. Jedenfalls insoweit erfüllte sich meine stille Hoffnung auf das Militär als einer »Welt für sich«, sie bot mir zumindest unter der Woche Schutz gegenüber dem aufgeheizten politischen Klima. Die Kasernierung als Rekrut hatte unschätzbare Vorteile, so anstrengend es auch war: über den Übungsplatz zu rennen, bis die Zunge aus dem Leib hing; infanteristisches Gründeln im Schlamm, bis Schweiß und Dreck in der Montur eine innige Beziehung miteinander unterhielten; Gefechtsausbildung, Nachtkampfausbildung, Schießtraining, viele Nächte im Biwak und Märsche aller Art.

Doch ich fühlte mich pudelwohl damit. Vor allem, weil sich auch nach Feierabend wie selbstverständlich die Solidarität einer kleinen Schicksalsgemeinschaft herausbildete. Wir waren acht Mann auf der Rekrutenstube, insgesamt rund 15 Mann in unserem Panzerabwehrzug. Abends war man einfach viel zu kaputt, um noch Lust zum Politisieren zu verspüren. Die Härte der Ausbildung und die militärische Herausforderung, als »Zug« zu funktionieren, ließen uns schnell zusammenwachsen. Das Leben hatte unseren Haufen zusammengewürfelt, und wir nahmen es, wie es kam. Ich machte es mir in meinem neuen Habitat, dem Bett und einem Eckchen mit einigen persönlichen Sachen, so bequem wie möglich. Wie früher als Schulbub las ich nachts beim Schein einer Taschenlampe und genoss es, dank einer technischen Neuerung namens Walkman Musik hören zu können, ohne dass es jemanden störte. Unser Feldwebel spielte bei allem mit, solange wir in der Leistung den anderen Zügen unserer Kompanie in nichts nachstanden. Sollte doch draußen wieder ein Wahlkampf toben! Dieses eine Mal wenigstens konnte ich mich in ein Mauseloch verkriechen, dort in meinem Jägerbataillon.

Welchen Segen dies für mich bedeutete, wurde mir an jedem Wochenende zu Hause in Oggersheim bewusst. Mein Bruder erlebte jetzt die Hölle – ich selbst war zwar nicht im Paradies, aber, um im Bilde zu bleiben, doch wenigstens im Limbus, jenem eigenartigen Schwebezustand, der einer geschundenen Seele immerhin eine Atempause vor weiteren unvermeidlichen Prüfungen verschafft.

Geschleift bis in seine Grundfesten wurde mein Idyll durch den Unteroffizierslehrgang im folgenden Frühjahr. Aus der ganzen Brigade wurden die Teilnehmer zusammengezogen, die meisten mir natürlich unbekannt. Das immergleiche Spiel begann wieder. Ich wusste ja zuvor nie, welche Karten ich in die Hand bekommen würde: In eine neue Gemeinschaft einzutreten, das hieß für mich stets, eine Zone erhöhten Risikos zu betreten. Diesem Lehrgang eilte der Ruf voraus, eine einzige Schleiferei zu sein, ein Ruf, den es in den Augen der Ausbilder zu verteidigen galt. Rein in die Schlammkaule, kreuz und quer über den Standortübungsplatz, danach zur Feier des Tages noch Extrarunden über eine brandneue Hindernisbahn. Diese war rund 700 Meter lang und bot alles, was das Infanteristenherz begehrte: Eskaladierwand, Drahtverhau, Kampfstände, Balancierstange, Röhren zum Hindurchrobben, Kampfstand.

Schon an einem der ersten Tage wird mir schlagartig klar, dass ich dieses Mal ein ganz mieses Blatt auf der Hand habe. Ein Tag intensiver Gefechtsausbildung liegt hinter uns, unser Trupp marschiert vom Standortübungsplatz zurück zur Kaserne. Wir sind erbarmungslos gescheucht worden, haben noch das Brüllen unserer Ausbilder ob unserer »Lahmarschigkeit« im Ohr. Doch Erschöpfung ist hier noch lange kein Grund, Müdigkeit zu zeigen! Praktischerweise liegt die Hindernisbahn direkt hinter dem Kasernentor, nur ein paar Schritte links vom Wege. Die Ehre einer militärischen Eliteeinheit verbietet es, jetzt einfach so daran vorbeizugehen. Also alle Mann eine Runde drehen! Danach schnappen wir ausgepumpt nach Luft, in misstrauischer Erwartung unseres weiteren Schicksals. Doch wie es scheint, ist diesmal das Glück auf unserer Seite.

»Pause!«

Auch die Entspannung wird hier brüllend befohlen, und sofort werfen sich alle gehorsam auf den Boden. Augen zu, Luft holen, Muskeln entspannen, Puls beruhigen, Ruhe. Gott sei Dank. Doch nach wenigen Sekunden ein zweiter Befehl:

»Gefreiter Kohl, zu mir, aber zack, zack!«

Mir schwant Übles. Ein Déjà-Vu der allerbittersten Art kündigt sich an: der »Sohn vom Kohl« mit einer Extraeinlage? Ich rappele mich auf und melde mich beim Fähnrich. Rundum Stille, der komplette Lehrgang verfolgt das Schauspiel mit gespannter Aufmerksamkeit.

»Kohl ...« – er dehnt die Stimme, wie um die Spannung noch zu erhöhen, und setzt ein verschlagenes Grinsen auf. Die folgenden Worte, die er an mich richtet, spricht er natürlich so laut, dass alle genau mitbekommen, was er von mir will.

»Kohl, du bist doch Patriot, nicht wahr. Schließlich ist dein Vater ja der Bundeskanzler. Also los, mach mal eine Ehrenrunde auf der Hindernisbahn für den Bundeskanzler.«

Alle Augen sind auf mich gerichtet. Die Kameraden wagen es nicht, auch nur einen Mucks von sich zu geben. Die dem Fähnrich unterstellten Ausbilder geben dienstbeflissen höhnisches Gelächter von sich.

»Los, Kohl, eine Ehrenrunde für den Bundeskanzler. Beweg dich!«

Ich muss ein ausgesprochen bedeppertes Gesicht gemacht haben. Was sagt denn der Lehrgangsleiter dazu? Ich schaue zu dem jungen Leutnant hinüber, doch der scheint sich königlich mit zu amüsieren.

«Los, auf geht's!«, heißt es jetzt, mit unmissverständlicher Handbewegung.

Meine Lehrgangskameraden schauen weg. Auch ihnen ist es peinlich. Ich stehe immer noch wie angewurzelt da. Und wieder fällt jener Satz, der auf den ersten Blick eine Selbstverständlichkeit ausdrückt, der aber in dieser Situation nur der Ausdruck einer systematischen Entwürdigung ist.

»Befehl ist Befehl, das gilt auch für den Sohn des Bundeskanzlers«, brüllt mir der Fähnrich direkt ins Ohr.

Zorn und Scham steigen in mir auf. Innerlich koche ich, trotz meiner körperlichen Erschöpfung.

Ihr Säcke, ihr verdammten Säcke! Vor euch werde ich mir keine Blöße geben!

Also los, mit komplettem Sturmgepäck, MG und Munitionsgurten, so um die 25 Kilogramm Gewicht. Schon die kurze Strecke bis zum Anfang der Bahn erscheint mir schier endlos. Aber dann erst! Das MG 3 kracht beim Sprung von der Eskaladierwand ins Kreuz, die Beine werden schwer und schwerer, die Lunge pfeift. Unter dem Johlen und Grölen der Ausbilder quäle ich mich über den Parcours. Nur nicht aufgeben jetzt! Das würde ich mir nie verzeihen! Endlich geschafft. Und jetzt? Ein fröhlicher Sadist begrüßt mich:

»Na, Kohl, da fehlt ja die Begeisterung! Wenn das dein Vater wüsste! Komm ... ihm zuliebe – nochmals!«

Die zweite Runde ist »fürs Vaterland«, wie ich den hämischen Anfeuerungsrufen meiner Ausbilder entnehmen darf. In mir tobt ein Sturm der Empörung und Entrüstung, aber noch stärker ist das Gefühl von Ohnmacht und Scham. Das Brennen meiner Muskeln spüre ich schon gar nicht mehr. Und dann habe ich es zum zweiten Mal geschafft. Wie ein nasser Sack plumpse ich auf den Boden. Alles dreht sich, in meinen Ohren gellt es, ich japse nach Luft wie ein Ertrinkender, mir ist speiübel. Als ich aufblicke, sehe ich die Schnürsenkel der Kampfstiefel des Fähnrichs wenige Zentimeter vor meinem Gesicht.

Ich kotze ihm vor die Füße.

Nachdem alles raus ist, stehe ich langsam auf und fixiere den Mann aus kurzer Entfernung. Er schaut zur Seite, auch ringsum ist auf einmal Betroffenheit zu verspüren. Für einen Moment scheint die Situation zu kippen – wohin? Da nimmt der Leutnant das Heft in die Hand. Er befiehlt anzutreten. Unter beklommenem Schweigen bewegt sich der ganze müde Haufen endgültig in Richtung Kompaniegebäude.

»Waffenreinigen im Stehen«, auf dem Gang vor den Stuben, bildet den üblichen Abschluss des Ausbildungstages. Doch heute ist nichts wie üblich für mich. Außer, dass die Knochen schmerzen wie immer. Aber es spricht keiner mit mir. Der Wind hat sich gedreht, er bläst mir ins Gesicht. Zwar tragen wir hier alle die gleiche Uniform, tun alle das Gleiche, haben alle das gleiche Ziel. Doch jetzt steht eine unsichtbare Wand zwischen mir und den Kameraden. Das kenne ich nur zu gut – auf einmal ist alles anders geworden. Es ist ja nicht so, dass es Probleme gegeben hätte zwischen uns. Es gab keinen Streit, keine Anfeindungen, keine Häme. Es ist keine direkte Ablehnung meiner Person zu spüren. Es ist vielmehr so, als sei ich, von einem Moment auf den anderen, Luft für sie geworden. Das ist etwas tendenziell Neues. Etwas, das mich verwirrt und das erst verarbeitet werden muss.

Was ich in diesem Moment noch nicht verstand, war, dass die psychologische Anatomie meiner zwischenmenschlichen Begegnungen um eine weitere Facette bereichert worden war: das berechnende Verhalten der Mitmenschen. Ich war in den Strom derer eingetreten, die ihrem Leben eine bestimmte Richtung geben wollten. Die, wie ich auch, ein berufliches Ziel verfolgten. Die nun etwas zu verlieren oder zu gewinnen hatten, je nachdem, wie sie sich zu mir stellten. Der Wert einer Begegnung mit mir berechnete sich in einer einzigen Währung: dem Schaden oder Nutzen für mein Gegenüber. Die Ablehnung, die ich während meiner Kinder-

und Schülerzeit zu spüren bekommen hatte, trug in der Regel spontane, bisweilen eruptive Züge. Es ging dabei eigentlich ausnahmslos darum, dass jemand mit der Politik Helmut Kohls nicht einverstanden war und sein Mütchen an mir kühlen wollte. Da schlug etwas vom Bauch her durch, es wurde selten vom Kopf aus durchdacht. Nun aber machte ich vermehrt mit der Fassadenhaftigkeit und Doppelgesichtigkeit eines bestimmten Verhaltenstyps Bekanntschaft. Ich lernte zunehmend Menschen kennen, die nur freundlich zu mir waren, um dadurch irgendwie an meinen Vater heranzukommen, und sich Vorteile zu sichern. Oder Menschen, die sich Vorteile davon versprachen, indem sie mich ablehnten. So wie meine Kameraden im Unteroffizierslehrgang, die nun ein klares Zeichen erhalten hatten, was ihre Vorgesetzten über Helmut Kohl dachten. Da war es in jedem Fall besser, den Kopf einzuziehen, den Mund zu halten und lieber nicht mit mir zu sympathisieren.

Dass es die reine Willkür war, wie man mich behandelte, war ja klar. Doch alle sahen darüber hinweg. Niemand wollte »hineingezogen« werden. Also ging man mir aus dem Weg. Eine kalte Stille umgab mich von nun an. Wer könnte es Menschen verdenken, dass sie so handeln? Schließlich war dieser Lehrgang sehr wichtig für die Karriere jedes Einzelnen von uns. Wir waren keine Wehrpflichtigen, sondern Zeitsoldaten, und nicht wenige von uns hofften, sich nach Bestehen des Lehrgangs weiterverpflichten zu können. Von daher die Devise: bloß jetzt nicht anecken, nicht aufmucken, keine unnötigen Angriffsflächen bieten. Wieder lag ich mit mehreren Mann auf der Stube, aber alles war so anders als in der Grundausbildung. Eng zusammen, wenige Quadratmeter miteinander teilend und ich selbst dabei doch wie auf einer einsamen

Insel – so kam ich mir vor, in einer der bizarrsten Situationen meines bisherigen Lebens.

Der Lehrgang dauerte rund zehn Wochen, und Szenen wie die bereits beschriebene wiederholten sich mehrmals. Die Ausbilder lachen über mich. Ich schweige, alle schweigen. Ich bekomme Übung darin, diese Dinge auszuhalten. Ich sitze diese spezielle Art der Behandlung aus. Innerlich sage ich mir immer wieder: Sie werden mich nicht brechen, sie werden mich nicht besiegen. Ich schaffe das, ihr kriegt mich nicht. Ich fresse alles in mich herein.

Ich hatte zu diesem Zeitpunkt schon einige Übung darin, meine Reaktion nicht allzu spontan ausfallen zu lassen, sondern zunächst eine rationale Konsequenzanalyse zu versuchen, wenn das Grundproblem meines noch jungen Lebens mich wieder einmal unmittelbar und unverhofft vor die Frage stellte: Wie nun damit umgehen? So wog ich auch jetzt die Alternativen gegeneinander ab: sich zu beschweren – oder es einfach hinzunehmen. Einen Mittelweg gab es nicht, denn dies war keine Schulklasse, in der man diskutieren konnte, sondern das deutsche Militär, wo man kämpfen lernen sollte. Die Entscheidung war also schnell getroffen: Eine Beschwerde kam überhaupt nicht infrage. Ich sah schon die Schlagzeilen vor mir:

»Kanzlersohn kann einfachen Befehlen nicht folgen!«

»Kanzlersohn ist sich zu fein für die Ausbildungsmethoden der Bundeswehr!«

Eine hochnotpeinliche Untersuchung würde veranstaltet werden müssen. Meine Lehrgangskameraden müssten als Zeugen aussagen, die Ausbilder würden befragt werden. Mein größter Wunsch aber war es, als Gleicher unter Gleichen anerkannt und auch von meinen Vorgesetzten so behandelt zu werden. Im Falle des Erfolges einer Beschwerde würde ich jedoch endgültig abgestempelt werden. Meine Kameraden, so fürchtete ich, hätten dann tatsächlich einen Grund, zu argwöhnen, dass ich eine Sonderrolle für mich reklamierte. Und so sicher wie das Amen in der Kirche würden bestimmte Medien mich als Weichling hinstellen, der immer nur mit goldenen Löffeln gegessen hätte. All das wäre ein weiterer Schritt auf dem sicheren Weg zum Prädikat »Sohn vom Kohl« gewesen. Also hieß es, wieder einmal das alte Hausmittel anzuwenden: Zähne zusammenbeißen, A... zukneifen, Disziplin zeigen.

Du musst stehen!

Dazu gehörte auch, dass ich ganz auf mich gestellt klarkommen musste. Ich war jetzt 19 Jahre alt, wohnte zwar an den Wochenenden noch zu Hause, hatte aber doch begonnen, mein eigenes Leben zu leben. Zudem steckten meine Eltern immer noch in einer Phase, in der ihr eigener Stress immens war. Zwar lag der Wahlkampf hinter ihnen, aber das Amt, das mein Vater nun bekleidete, verlangte beiden eine tief greifende Umstellung des eigenen Lebens ab. Auf mich wirkten sie wie Getriebene im Dienste einer Mission von übergeordneter Wichtigkeit, hinter der alles andere zurückzutreten hatte. Der unausgesprochene Familienkonsens lautete: Wir haben zu funktionieren. Und wenn alle das tun, dann auch ich. Augen zu – und durch.

Irgendwann war es dann geschafft. Ich legte einen guten Lehrgangsabschluss hin. Auch die nächste Ausbildungsstufe, den Aufbaulehrgang zum Reserveoffiziersanwärter, schloss ich erfolgreich ab. Anlässlich meiner Ernennung zum Fahnenjunker gab es ein Abschlussgespräch bei meinem Kompaniechef, mit dem ich mich gut verstand und den ich sehr schätzte. Es fiel recht kurz aus. Die entscheidenden zwei Sätze habe ich noch sehr genau im Gedächtnis.

«Kohl, du hast einen guten Lehrgang gemacht, du hast viel Potenzial, du wärst ein guter Offizier, wenn du dich länger verpflichten würdest.«

Er machte eine Pause und sah mich prüfend an. Offenbar erwartete er eine Antwort von mir, nur wusste ich nicht so recht, was ich jetzt sagen sollte. Da ergriff er erneut das Wort.

»Aber irgendetwas stimmt nicht mit dir. Du bist so verschlossen und manchmal sogar ein bisschen renitent. Woran liegt das?«

Meine Antwort fiel lakonisch aus, damals eine meiner typischen Reaktionsweisen, wenn ein bestimmter Punkt bei mir berührt wurde.

»Keine Ahnung.«

Der Hauptmann schwieg. Ich schwieg. Ja, ich wäre eigentlich ganz gern Offizier geworden, aber es soll wohl nicht sein. In einem solchen beruflichen Umfeld könnte ich nicht frei leben, in einem solchen Umfeld würde ich nur gelebt werden, denn ich könnte den Schatten meines Namens nie überwinden. Am Ende meiner zweijährigen Dienstzeit, auf die ich mich von vornherein verpflichtet hatte, wurde ich routinemäßig zum Leutnant der Reserve befördert.

Nach zwölf Monaten Dienstzeit und kurz nach meiner Ernennung zum Fahnenjunker wurde ich als Gruppenführer Vorgesetzter. Das war wieder eine ganz neue Erfahrung. Kurz darauf erlitt mein Leutnant einen schweren Unfall. Zu meiner Überraschung entschied sich der Kompaniechef für mich als kommissarischen Zugführer, bis unser Leutnant wieder genesen war. Fast ein Jahr lang war ich für 15 Mann mit Waffen, Gerät und drei Schützenpanzern verantwortlich. Beim Militär lernte ich sehr schnell, dass Verantwortung für andere Menschen damit beginnt, Verantwortung für sich selbst zu übernehmen.

Verantwortung für andere zu tragen, sich für sie einzusetzen und ihnen den Rücken zu stärken, das kannte ich vorher nicht. Ich war voll und ganz mit mir selbst beschäftigt gewesen, es schien mir Herausforderung genug, möglichst unbeschadet durchzukommen. Bei der Bundeswehr erhielt ich plötzlich die Aufgabe, andere Menschen zu begleiten und sogar zu führen. Durch diese Verantwortung gewann ich neues Selbstwertgefühl. Eines war jetzt allerdings auch klar: Eine normale Offizierskarriere während der Kanzlerschaft Helmut Kohls wäre für mich nicht möglich. Doch meine Zeit bei der Bundeswehr hat mir viel gegeben, ich hatte dort Erfahrungen gemacht, die mir vordem verschlossen gewesen waren und die mich auf meinem langen Weg zu mir selbst ein Stück weitergebracht hatten. Ich hatte Menschen aus allen denkbaren sozialen Umfeldern kennengelernt, ich hatte mich in harten Ausbildungsgängen bewiesen, ich hatte Unsicherheiten und Ängste überwunden, ich hatte gelernt, Verantwortung zu übernehmen. Nun begann ich zu verstehen, dass man sein Schicksal auch in Demut anzunehmen lernen sollte, ohne dabei in Passivität zu verfallen. Dann würde alles, was das eigene Leben belastet, viel leichter zu tragen, und alles Schöne, das man geschenkt erhält, ohne innere Vorbehalte zu genießen sein. Am letzten Tag verließ ich daher die Kaserne mit einem lachenden und einem weinenden Auge. Einerseits war ich froh, es geschafft zu haben, und andererseits war ich traurig, gehen zu müssen.

Im »Land of the Free«

Die vorgezogene Bundestagswahl von 1983 wurde zu Helmut Kohls persönlichem Triumph. Er holte für die CDU fast die absolute Mehrheit und verfügte damit offenkundig über den Rückhalt weiter Teile der Bevölkerung. Seine zahlreichen Gegner und Kritiker, auch in der eigenen Partei, verstummten jedoch keineswegs, und die politischen Auguren rechneten nicht damit, dass der in ihren Augen vermeintliche »Provinzpolitiker« sich auf Dauer im höchsten Amt des Landes halten würde. Wie sollte man sich doch irren. Ich hatte eine Vorahnung, denn ich kannte nicht nur den eisernen Willen meines Vaters, sondern ich war oft zum Zeugen seiner erstaunlichen Fähigkeit geworden, alles, aber auch wirklich alles von sich abprallen zu lassen, was ihm im Wege stand. Ein Wahlkampf von beispielloser Härte lag hinter ihm. Die Brutalität der medialen Angriffe auf seine Person war zum Teil geradezu niederträchtig gewesen. Doch ihn selbst schien all dies nicht wirklich zu berühren. Alle damaligen selbsternannten politischen Genies und Meinungsführer würden ihm auf Dauer nicht das Wasser reichen können. Nein, dieser Mann würde nicht so leicht und schnell von einem Stuhl zu verdrängen sein, den er sich nach langem Kampf und wiederholten Anläufen erkämpft hatte, und damit wurde mir auch sonnenklar: Mit jedem weiteren Jahr seiner Amtszeit würde mein Weg aus seinem Schatten länger und härter werden.

Die politische Seite meiner Einschätzung sollte sich als richtig erweisen, die persönliche Seite, was die Folgen für mich selbst betraf, ebenfalls. Ich litt weiterhin sehr unter meiner Rolle als »Sohn vom Kohl«, muss heute ehrlicherweise jedoch sagen, dass ich es mir auch selbst mit zuzuschreiben hatte. Ich war innerlich wenig gefestigt, ich fühlte mich oft verletzt – aber ich war ungebrochen! Ich wollte mich unter keinen Umständen damit abfinden, auf eine Existenz im Schatten eines übermächtigen Vaters reduziert und deformiert zu werden. Ich wollte meinen eigenen Weg, meinen eigenen Sinn und meine eigenen Ziele finden. Der Preis für meinen Drang nach Eigenständigkeit war, dass ich litt. Und meine Suche nach mir selbst hatte gerade erst so richtig begonnen.

Wer eine wichtige Entscheidung über sein Leben trifft, wer damit eine Weiche stellt, der sollte sich von seiner Sehnsucht leiten lassen und mit sich selbst im Reinen sein. Doch selbst wenn wir unsere innersten Wünsche und Sehnsüchte kennen, bleibt immer noch die Frage, ob wir im entscheidenden Moment den Mut und das Durchsetzungsvermögen uns selbst und anderen gegenüber besitzen, um unsere Entscheidung mit Augenmaß und Weisheit zu treffen.

Ich bin eine eigenständige, wertvolle Person. Ich bin ein Mensch, der nicht nur einfach da ist, quasi als Laune des Schicksals, sondern ich selbst bin es, der im Mittelpunkt meines Lebens steht – und das ist nicht als Selbstverherrlichung gemeint, sondern als innere Verpflichtung.

So lautete mein Wunsch, mein Anspruch an mich selbst. Doch es gab einen wunden Punkt in meinem Innenleben, einen Hebelpunkt, von dem her starke Kräfte wirkten. Ich war jetzt 21 Jahre alt, ich fühlte diesen »Punkt« mit überaus feinen Antennen, mit einer fast physischen Empfindsamkeit dafür, wenn dort ein bestimmtes Ereignis oder auch nur meine Erwartung, es könnte ein bestimmtes Ereignis eintreten, wirkte. Immer ging es darum, dass ich nicht Walter sein durfte, sondern in das Korsett »Sohn vom Kohl« gesteckt wurde. Dann fühlte ich mich in meiner Autonomie – ob wirklich oder eingebildet – bedroht. Die ständige Fühlbarkeit meines wunden Punktes, die Tatsache, dass dieser Knopf jederzeit gedrückt werden konnte, machte mich misstrauisch und defensiv. So begab ich mich in die Abhängigkeit von Angeboten zur Lebensgestaltung, ich gestaltete mein Leben nicht selbst. Mich selbst in den Mittelpunkt meines Lebens zu rücken und dafür die volle Verantwortung zu übernehmen, das vermochte ich damals noch nicht.

Von Kindesbeinen an war Amerika das Ziel meiner Träume gewesen. Amerika, das »Land der Freiheit«, das »Land der unbegrenzten Möglichkeiten«, erfüllte mich als Kind, dessen freie Entfaltung beschnitten wurde, mit einer naiven Begeisterung. Alles, was ich darüber zu lesen in die Hand bekam, wurde nur so verschlungen. Wenn es darum ging, die bei uns zu Hause klar reglementierte Fernsehzeit optimal zu nutzen, entschied ich mich im Zweifelsfall lieber für einen Reisebericht über die USA als für einen x-beliebigen Abenteuerfilm. Ich las alle Bücher über die USA, die in der Stadtbücherei zu haben waren. Ja, ich war ein hundertprozentiger USA-Fan, und ich machte mir nichts daraus, dass das Amerikabild der Deutschen, insbesondere meiner eigenen Generation, schon tiefe Kratzer erlitten hatte.

Ja, ich wollte in den USA studieren! Und dazu brauchte ich die Unterstützung meiner Eltern. Mutter war von meinem Plan angetan, für sie war es kein extravaganter Wunsch, sondern der Ausdruck des Willens, den häuslichen Herd zu verlassen und das eigene Leben in die Hand zu nehmen. Mutter verstand, dass ich ein freies Leben führen wollte, fern der Belastungen meiner Herkunft. Vater war eher skeptisch. Er wollte, dass seine Kinder eine solide Ausbildung erhielten, aber keine »Extrawürste« gebraten bekämen. Seine Argumentation war jedoch etwas halbherzig. Die hohen Kosten ins Feld zu führen und allenfalls einem Auslandsaufenthalt von einem Jahr zustimmen zu wollen, zog nicht. Mutter setzte sich leidenschaftlich dafür ein, dass ich die gewünschte Chance erhalten sollte. Und sie setzte sich diesmal durch. Letztlich schuf sie schlicht und ergreifend Tatsachen, kraft ihres Amtes als Familienmanagerin. Auch half sie mir bei der Bewerbung und Vorbereitung auf die Aufnahmeprüfungen. Schließlich sorgte sie für eine Finanzierung meines Studiums.

Meine Freude und Genugtuung waren groß. Ich bin meiner Mutter dankbar, dass sie maßgeblich dafür sorgte, dass ich eine gute berufliche Ausbildung erhielt und mir dabei sogar den Duft der großen weiten Welt um die Nase wehen lassen durfte. Indessen, auch hierbei gab es einen Preis zu entrichten. Ich meinte zwar, meinem innersten Wunsche zu folgen, aber es war doch nur ein vager Traum von Eigenständigkeit und Selbstbestimmung. Ich lebte nicht mein eigenes Leben, sondern rang um einen Kompromiss zwischen meinen persönlichen Möglichkeiten und den Vorstellungen meiner Mutter für mich. Diese übertrug sie auf mich, denn sie meinte es ja gut mit mir, ihrem Kind, das sie sehr liebte. Ich sollte ihre inneren Bilder eines perfekten Lebens nicht nur für mich, sondern auch für sie Wirklichkeit werden lassen. Es »immer gut mit mir zu meinen« war ihre Art und Weise, mir ihre Liebe zu beweisen.

Auch wenn meine Mutter, als Frau des Bundeskanzlers, ein interessantes und ereignisreiches Leben führte, auch wenn sie dabei Gelegenheiten erhielt und nutzte, ihrem eigenen Weg zu folgen, nagte die Enttäuschung darüber, auf ihr eigenes Studium verzichtet haben zu müssen, immer noch an ihr. Sogar jetzt noch, gut 30 Jahre später. Während meiner Studienzeit wurde mir das immer klarer. Sie flocht immer wieder ein, dass ich »meinen Doktor machen müsste« (sie sagte stets »müsste«, nicht »sollte« oder »könnte«). Ihr wichtigstes Argument dafür ließ erkennen, dass sie mich ganz unbefangen für die stellvertretende Erfüllung ihres eigenen Lebenstraums einzusetzen trachtete.

»Ich habe in meiner Jugend diese Chance nicht gehabt. Du hast sie, bitte nutze sie.«

So lebte ich ständig in dem Gefühl, dass ich meine Mutter tief enttäuschen würde, wenn ich ihren – angedeuteten – Erwartungen nicht entspräche. Sie hatte mir den Weg nach Amerika geebnet, und ihren Vorstellungen folgte ich unbewusst. So lebte ich in dem Widerspruch, dass ich ein freier Mensch zu sein meinte, und doch nicht den Mut hatte, meine Ziele frei zu wählen. Ich bewahrte mich noch davor, darüber nachzudenken, was mein *innerster, eigener Wunsch* wäre. Ich schob den Gedanken daran beiseite, denn Nachdenken hätte nur Konflikte heraufbeschworen. Wenn ein behüteter junger Mensch das familiäre Nest verlässt, verspürt er nicht nur den Drang nach Freiheit im Herzen, sondern auch ein flaues Gefühl im Magen. Sein Kopf sagt ihm, dass es nicht schaden kann, gewisse Hilfen seitens der Eltern anzunehmen, die ihm den Start erleichtern. In der Regel kommt es zu einem »Deal«: Um Hilfen zu erhalten, geht er ganz bestimmte Verpflichtungen ein, nicht nur äußerliche, sondern auch innerliche, und meistens unbewusst. Das gehört zum System Familie. Irgendwann wird der junge Mensch einen Preis zu entrichten, eine Gegenleistung zu erbringen haben. Erst dann ist vom systemischen Standpunkt aus betrachtet das Gleichgewicht wiederhergestellt.

Die aktuelle Frage lautete:
Was soll Walter werden?
Das würde sich ergeben, dachte ich. Jetzt erst mal studieren, möglichst im Land meiner Träume.
Doch tiefer lag eine andere Frage:
Was macht Walter eigentlich glücklich?
Ich stellte sie mir nicht, denn ich schätzte mich glücklich, dass meine Mutter etwas durchgesetzt hatte, was ich für die Erfüllung meines größten Wunsches hielt. Auch wusste ich damals noch nicht wirklich, was eigentlich Glück für mich sein könnte, denn ich definierte »Glück« negativ: als Nichteintreten unerwünschter Ereignisse, als Abwesenheit von Zwängen. Ich hatte nur eine Negativliste persönlicher Glückszustände, aber keine Positivliste.

Es gab aber eine weitere, tiefer liegende Frage:
Wer ist er eigentlich, dieser Walter?
Aber diese Frage stellte ich mir erst viel, viel später, dann aber mit aller Konsequenz. Innerlich frei zu werden heißt nicht zuletzt, die Fesseln abzustreifen, die das System Familie dir angelegt hat. Erst dann bist du bereit für dein eigenes Leben, und erst dann kann auch die Liebe zu deinen Eltern wirklich frei fließen.

Mir stellte sich im Frühjahr 1983 meine Situation als

Schwarz-Weiß-Bild dar, und daraus folgte eine einfache Entscheidung des Entweder-Oder.

Als Kind aus einer solchen Familie hast du nur zwei Möglichkeiten: entweder die Rolle des Sohns rückhaltlos anzunehmen – oder ein für alle Mal aus dem Feld zu gehen.

Was einem jungen Menschen am wertvollsten ist, zeigt sich oft an Kleinigkeiten, an Symbolen, die für etwas Verborgenes stehen, das ihn vom persönlichen Hintergrund her lenkt. Man hat sich ja noch nicht die Ausdrucksmöglichkeiten erarbeitet, um sein Leben nach eigenem Gusto einzurichten. Damals warb eine bekannte Zigarettenmarke mit einem Aufkleber, auf dem nur drei Worte standen:

Ich bin ich.

Ich trug diesen Sticker auf meiner Schultasche. Er prangte gut sichtbar in meinem Jugendzimmer und auf meinem ersten Auto, einer uralten *Berlinetta*. Wo immer ich war, da begleitete mich sein Mantra.

Ich bin ich.

Noch war das nicht mehr als ein fernes Ziel. Doch der Wunsch, endgültig und unwiderruflich meinen eigenen Weg zu gehen, hatte von meinem Herzen Besitz ergriffen. So nahm ich all meinen Mut zusammen und bewarb mich am Harvard College. Mir war bewusst, was für einen Kraftakt es bedeuten würde, den Zulassungstest zu bestehen. Aber ich fand eine auf College-Zulassungen spezialisierte Lehrerin an der American High School in Heidelberg, die mich innerhalb von drei Monaten in einem Crashkurs fit machte. Als ich auch die schriftliche Ausleserunde erfolgreich überstanden hatte, kam der große Moment. Ich flog nach Cambridge, Massachusetts, zum letzten Teil des Aufnahmeverfahrens, dem persönlichen Vorstellungsgespräch.

«Listen, we don't want another big name. We want you. But only, if you're good enough.«

Das waren die Worte, mit denen ich empfangen wurde. Würde man für mich etwa die Latte noch höher legen als für andere Bewerber? Na gut, aber ich fühlte die Chance. Es war genau das, was ich im tiefsten Innern hören wollte.

Sie wollten hier keinen »Sohn vom Kohl«, sondern einfach nur einen qualifizierten, überzeugenden Walter Kohl.

Meine Nervosität verflog. Ich fühlte mich plötzlich befreit – obwohl ich wusste: Wenn ich jetzt nicht überzeugte, würde diese Tür für immer verschlossen bleiben.

Und es ging ohne Umschweife zur Sache. Schnell schossen sich die beiden Prüfer mit präzisen Fragen auf mich ein. Teil der schriftlichen Bewerbung war ein freier Aufsatz über ein Buch gewesen, das für den Bewerber »wichtig« war. Ich hatte »Die Brücke von Arnheim« von Cornelius Ryan gewählt, in dem die gescheiterte Luftlandeoperation der Amerikaner, Briten und Polen in den Niederlanden vom September 1944 geschildert wird. Nun sollte ich begründen, warum ich mir gerade dieses Buch ausgesucht hatte und welche konkrete Bedeutung es für mich hatte. Man fand diese Wahl wohl etwas ungewöhnlich.

Kommt da ein Deutscher, und ausgerechnet das Scheitern einer unserer Operationen im Zweiten Weltkrieg ist sein Lieblingsthema.

Ob sie das wirklich gedacht haben, weiß ich nicht. Ich antizipierte es. Und antwortete, dass ich zwei Jahre in einer Jägereinheit der Bundeswehr gedient und schon während meiner Schulzeit militärgeschichtliche Bücher gelesen hatte.

Wie das Leben so spielt: Es stellte sich heraus, dass einer der beiden Interviewer gerade an seiner Habilitationsschrift arbeitete, die einen soziologischen Vergleich von Wehrpflicht- und Berufsarmeen zum Inhalt hatte. Dazu hatte er auch die

Bundeswehr im Detail studiert und sogar einige Bundeswehrstandorte besucht.

Ich nahm die Steilvorlage nur zu gern an und stellte einige Thesen zur Diskussion. Das war nicht ohne Chuzpe, aber offenbar waren meine Prüfer ganz einverstanden damit, dass ich die Initiative ergriff, ohne dass sie mich bitten mussten. Es war möglicherweise genau das, was sie aus mir herauskitzeln wollten. Und glücklicherweise bot sich hier ein Thema an, in dem ich mich zu Hause fühlte. Hier saß ich also, in einem Vorstellungsgespräch von vitaler Bedeutung für meine Zukunft, und führte mit einem Experten zum Thema ein lebhaftes Fachgespräch. Ob die anderen Mitglieder des Gremiums sich währenddessen einfach nur entspannten oder ob sie sich langweilten, interessierte mich nicht. Es war faszinierend, mit einem so kompetenten Mann geradezu auf Augenhöhe diskutieren zu können. Und ich war gottfroh, frei von der Leber weg reden zu können, und dass dies alles andere als ein zähes, von Schweißausbrüchen begleitetes Prüfungsgespräch war.

Irgendwann war Schluss. Ich blickte mich um und sah ein breites amerikanisches Grinsen in den Gesichtern meiner Prüfer.

»Not bad, you will hear from us«, beschied mich der Vorsitzende knapp.

Wenige Wochen später hielt ich meine Zulassung fürs Harvard College in Händen. Ich war überglücklich. Es war mir ein Bedürfnis, zum Speyerer Dom zu fahren. Dort befindet sich einer meiner wichtigsten Kraftplätze. Ich schickte ein inniges Dankgebet zum Himmel hinauf. Und die folgende Nacht wurde mit der »Mannschaft« durchgefeiert!

Vier Jahre studierte ich in Harvard Geschichte und Volkswirtschaft. Trotz des bisweilen extremen Leistungsdrucks war es für mich doch eine Zeit großer Freude, vieler neuer Bekanntschaften und des persönlichen Friedens. Für die Amerikaner war ich ein Mensch aus einem kleinen Land am Rande der von ihnen wahrgenommenen Welt. Das einzige Ereignis in Deutschland, das in den USA große Schlagzeilen machte, während ich dort studierte, war das schwere Flugtagunglück auf der Ramstein US Airbase bei Kaiserslautern im Jahre 1988. Wenn überhaupt jemand mit mir über mein Heimatland sprechen wollte, dann entweder, weil er einmal dort als Soldat stationiert gewesen war, oder weil man sich für die deutsche Kultur interessierte, die in den USA traditionell einen guten Ruf genießt. Die erste Gruppe vermochte ich gesprächsweise aus dem Stand zu bedienen, und zwar zur vollsten Zufriedenheit, solange ich bereit war, mir im Gegenzug die typischen Geschichten über ihre Abenteuer mit »German Frolleins«, den Genuss von »German beer« oder von »German Schnitzel« und dergleichen anzuhören. Der zweiten Gruppe gegenüber befand ich mich ein wenig in der Bredouille. Ich war schlicht und ergreifend nicht in der Lage, qualifizierte Diskussionsbeiträge zu leisten. Amerikaner, die sich für den deutschen Expressionismus, die Wiener Klassik, die Frankfurter Schule oder Literaten wie Bertolt Brecht, Kurt Tucholsky, Thomas Mann und Günter Grass begeistern, erwarten automatisch, dass man als Deutscher vorbildlich kunstsinnig ist. Es entbehrt nicht einer gewissen Ironie, dass ich mich erst während meines Auslandsstudiums, angeregt durch meine amerikanischen Freunde und Gesprächspartner, mit der Kunst und Literatur meines Heimatlandes intensiver zu beschäftigen begann.

Mein Studium führte mir vor Augen, dass politische Geschichte stets im Zusammenhang mit den Entwicklungen der allgemeinen Geistesgeschichte zu sehen ist und dass diese in Wechselwirkung mit den ästhetischen und kulturellen Entwicklungen einer Epoche steht. Ich erkannte, dass meine Schulbildung im Grunde einseitig geblieben war und dass ich mich nach wie vor um Themen herumdrückte, für die ich als junger Spund kein spontanes Interesse empfand. Nun, ohne die Gängelung und den Zwang des Gymnasiums, gewann intellektuelle Neugier die Oberhand.

Verblüffend war für mich das Deutschlandbild der Amerikaner. Meine Gymnasialzeit fiel in die um einige Jahrzehnte verspätete, dafür aber umso peniblere Gewissenserforschung der Deutschen bezüglich ihrer jüngeren Vergangenheit. Die Pädagogengeneration der 1970er-Jahre, von der ich geprägt wurde, schien uns über die Gräuel der NS-Zeit nicht nur angemessen aufklären, sondern diesbezügliche Versäumnisse an den deutschen Schulen, wie sie noch in den Sechzigerjahren die Regel waren, fast noch überkompensieren zu wollen. Kein Wunder, dass wir praktisch alle mit einem massiv schlechten Gewissen wegen der Verbrechen der Generation unserer Großväter herumliefen. Als ich mich in einem zeitgeschichtlichen Seminar am Harvard College in der typischen Manier vorauseilender Apologetik über die delikate Beziehung der Deutschen zu ihrer jüngeren Vergangenheit äußerte, rief ich sowohl beim Dozenten als auch bei meinen Kommilitonen spürbares Befremden hervor. Dies nicht etwa, weil es an kritischem Urteilsvermögen gegenüber der jüngeren deutschen Geschichte gefehlt hätte, sondern weil man dort klar und unmissverständlich eine Trennlinie zwischen der NS-Zeit und der jungen deutschen Demokratie zog. So änderte sich auch mein eigenes Deutschlandbild.

Auch war ich überrascht, dass in Harvard nicht etwa nur Kinder aus wohlhabenden Familien studierten. Ganz im Gegenteil. In meiner Wohngruppe beispielsweise lebten fünf von acht Studenten ganz oder teilweise von einem Stipendium. Einer meiner Roommates im Studentenwohnheim kam aus einem Indianerreservat aus Wisconsin. Mit ihm habe ich nächtelang diskutiert, denn dabei wurden gleich zwei meiner Interessen angesprochen: das für Geschichte und das für ungewöhnliche Familienschicksale. Mikes Familie zählte sechs Köpfe und lebte von weniger als 15 000 Dollar im Jahr. Seine eigenen Urgroßeltern waren von der US Army aus den angestammten Siedlungsgebieten ihres Volkes vertrieben worden. Was er vom Leben im Reservat zu erzählen hatte, von der Not und Perspektivlosigkeit der Menschen dort, ihrer Flucht in den Alkohol und von den Kriminalitätsproblemen, das ging mir unter die Haut.

Ein anderer Roommate war mit seiner Familie aus dem vom Bürgerkrieg heimgesuchten Haiti geflohen. Sie lebten jetzt in Brooklyn, genauer in Flatbush Heights, das seinerzeit von Kriminalität förmlich zerfressen war, sodass die amerikanische Post dort nicht einmal mehr Briefe zustellte. Er hatte sich sein Stipendium mit seinem außergewöhnlichen Mathematik- und Schachtalent erarbeitet.

Zu einem anderen Zimmernachbarn hatte ich ein besonderes freundschaftliches Verhältnis. Dans Vater, ein Professor, war der einzige Überlebende einer jüdischen Großfamilie aus Polen. Alle anderen waren in Auschwitz ermordet worden. Dieser Mann hasste Deutschland. Nun lebte sein Sohn mit einem Deutschen Tür an Tür, und der war auch noch der Sohn des Bundeskanzlers. Oft sprachen Dan und ich über den Krieg, den Holocaust, aber auch darüber, dass mein Vater mit

Präsident Reagan auf dem Soldatenfriedhof in Bitburg gewesen war, auf dem auch SS-Leute neben Wehrmachtssoldaten liegen. Durch Dan lernte ich viele jüdische Kommilitonen kennen, und nach einer kurzen Phase beiderseitiger Unsicherheit war das Eis schnell gebrochen. Dan war es ein Anliegen, mich mit seinem Vater zusammenzubringen. So kam es zur Einladung in dessen Haus bei Boston. Dieser Mann hatte über vierzig Jahre lang nicht mit einem Deutschen gesprochen. Wir aßen und tranken miteinander, und er erzählte mir auf sehr bewegende Weise von seiner Flucht aus dem Lager und wie es ihm gelang, mit der Hilfe einer Untergrundorganisation nach Schweden zu fliehen. Noch als Jugendlicher fing er in Amerika noch einmal ganz neu an. Es war ein denkwürdiger Abend. Zum Abschied begleitete der alte Mann mich an die Tür, schüttelte meine Hand sehr herzlich und sagte mit belegter Stimme:

«Walter, thank you, you are always welcome in my house.»

Es war das Eintauchen in eine ganz andere Welt für mich, und endlich der Eintritt in ein unbeschwertes Leben, wie es schien. Einfach eine herrliche Zeit. Zu guter Letzt hatte ich den Bachelor-Abschluss in beiden Hauptfächern in der Tasche. Was immer ich beruflich damit machen würde, eines schien schon jetzt klar: In Zukunft sollten die USA meine Heimat sein. Ich wollte all das, was mir in Deutschland den Alltag verhagelte, ein für alle Mal hinter mir lassen. Doch dazu bedurfte es eines Zwischenschritts.

Im Kopf hatte ich eine klare Planung: im September 1989 nach Wien zu gehen, dort ein Jahr zu studieren, um mit einem Abschluss als Diplomvolkswirt möglichst optimale Aussichten für einen Start ins Berufsleben zu erwerben. Im Herzen bestand unverändert der Wunsch, in die USA auszuwandern.

Um mein Auswanderungsvorhaben zu verwirklichen, wollte ich alles daransetzen, schon meine erste Arbeitstelle in New York anzutreten, am liebsten bei einer der großen Investmentbanken, denn in dieser Branche war es am einfachsten, das begehrte US-Arbeitsvisum zu erhalten.

Ein unvergessliches Jahr

Im Herbst 1989, als die politische Situation im Ostblock sich dramatisch zuspitzte, studierte ich Volkswirtschaft in Wien. Als im September die ungarisch-österreichische Grenze geöffnet wurde, schwoll der Strom der DDR-Flüchtlinge dort massiv an. Da Mauer und Stacheldraht ja immer noch West- und Ostdeutschland trennten, wählten sie diesen Weg. Im Fernsehen sah ich die Bilder Tausender von Menschen, die provisorisch in Lagern untergebracht wurden, die Hilfsorganisationen errichtet hatten. Aus einem spontanen Entschluss heraus setzte ich mich ins Auto und fuhr nach Nickelsdorf im Burgenland.

Die Zeltstadt befand sich auf einer großen Wiese unweit der Straße zum Grenzübergang. Ich parkte den Wagen etwas abseits und legte den restlichen Weg zu Fuß zurück. Je näher ich kam, umso mehr war die Luft mit dem charakteristischen Duft der Abgase von Zweitaktmotoren geschwängert. Ich bahnte mir meinen Weg an einer langen Schlange von bis unters Dach vollbepackten Trabis und Wartburgs vorbei, deren Insassen freudig erregt, aber offenbar mit unendlicher Geduld auf Einlass warteten. Im Lager selbst herrschte ein wuseliges Treiben wie in einem Ameisenhaufen. An zentralem Ort waren Tische aufgebaut, wo offenbar irgendwelche Registrierungen vorgenommen wurden. Davor drängelten sich die Menschen, darunter viele junge Familien mit kleinen Kindern.

Andere schienen sich nicht im Mindesten um solche Formalien zu kümmern. Gerade erst angekommen, wurden sie von Freunden mit großem Hallo in Empfang genommen und machten sich offenbar sogleich zusammen wieder auf den Weg – vermutlich in Richtung Deutschland. Über allem lag eine seltsam kribbelige Atmosphäre: eine Mischung aus Hochstimmung und Erschöpfung, Erleichterung und Nervosität. In dem ganzen hektischen Gewimmel wurde wenig gesprochen, ein jeder schien mit sich selbst beschäftigt zu sein. An mehreren Stellen waren Info-Tafeln errichtet, wo man Botschaften hinterlassen konnte. Ich war überrascht, wie viele Schlüssel mit Zetteln daran dort hingen. Ich studierte diese Botschaften eingehend und war überrascht, dass sie alle mehr oder weniger gleich lauteten:

»Schlüssel für meine Wohnung in der Soundso-Straße in Soundso. Ich gehe jetzt in ein neues Leben und kehre nie wieder zurück. Nehmt euch den Schlüssel und holt euch, was ihr gebrauchen könnt. Mein altes Leben ist vorbei.«

Ich brauchte nicht lange zu suchen, da hatte ich eines dieser persönlichen Vermächtnisse mit einer Leipziger Adresse gefunden. Mir lief es kalt den Rücken herunter. Ich berührte diesen Schlüssel, den Zettel, mit meiner eigenen Hand und sann über die Menschen nach, die beides hier hinterlassen hatten. Wie mochten sie sich dabei gefühlt haben? Auch dachte ich an meine Mutter, die aus derselben Stadt im Zweiten Weltkrieg unter gänzlich anderen Umständen ebenfalls geflohen war. Wie oft hatte sie mir davon erzählt. Nun stand ich hier, fast ein halbes Jahrhundert später, vor mir ein Schlüssel und ein Zettel, als beredte Zeugnisse eines ebensolchen »Point of no Return«, aber in einem Menschenleben, das mir völlig unbekannt war. In einem solchen Moment fühlt man mit sonst ungekannter Intensität, wie tief unser eigenes kleines Leben in die großen weltgeschichtlichen Entwicklungen eingebettet ist und wie sehr unsere Entscheidungen über die eigene Zukunft doch davon abhängen.

In den folgenden Monaten wurde Deutschland zum Epizentrum eines politischen Erdbebens, das niemand erwartet hatte und das auch die Regierungen der Großmächte nicht unter Kontrolle bekommen konnten, weil es von der Volksmacht im eigentlichen Sinne des Wortes ausging. Doch gab es in den Leitstellen der Weltpolitik handelnde Personen, denen es gelang, das Unvermeidliche immerhin so weit zu strukturieren, dass es nicht zum befürchteten Ausbruch von Gewalthandlungen zwischen den Militärblöcken kam, und darüber hinaus die weitere Entwicklung in ruhigere Bahnen zu lenken. Eine dieser Personen war mein Vater. Ich schätze mich glücklich, dass ich während dieser Zeit viel in seiner Nähe sein durfte. Das eröffnete mir nicht nur manche Möglichkeit, den »Anhauch der Geschichte« bisweilen sehr direkt zu erfahren, sondern vor allem brachte es uns beide auf eine ganz besondere Art und Weise näher zueinander.

Noch im September hing seine politische Zukunft am seidenen Faden. Der CDU-Parteitag in Bremen stand unmittelbar bevor, und Putschgerüchte machten die Runde. Doch die Art und Weise, wie selbst ein gesundheitlich angeschlagener Helmut Kohl die epochemachenden Entwicklungen der nächsten Monate meisterte, machte ihn binnen kurzer Zeit vom innerparteilichen Problemfall zum umjubelten »Kanzler der Einheit«. Wieder einmal hatte er sich als politisches Stehaufmännchen erwiesen.

Es ging ihm im Sommer und Herbst 1989 gesundheitlich überhaupt nicht gut. Eine lange aufgeschobene große Operation war unumgänglich geworden. Er lag lange in der Uniklinik Mainz. Da ich selbst den Sommer in Oggersheim verbrachte, konnte ich ihn oft besuchen. Mein Vater war zum ersten Mal, seit ich ihn kannte, richtig krank. Er musste große Schmerzen ertragen. Aber nie zuvor hatten wir so viel Zeit miteinander verbracht. Wir führten lange und intensive Gespräche, und ich machte mir große Hoffnung, dass wir sogar dauerhaft einen guten Zugang zueinander finden würden.

Natürlich sprachen wir auch viel über Politik, und nicht nur im allgemeinen, sondern auch im ganz persönlichen Sinn. Er machte sich Gedanken, ob er mit der Politik weitermachen und wie es mit seinem Leben überhaupt weitergehen sollte. Es waren dies die Wochen unmittelbar vor dem Bremer Parteitag, und er durfte trotz seiner kritischen gesundheitlichen Verfassung keinerlei Schonung seitens seiner Gegner erwarten. Im Gegenteil, mir kam es so vor, als wenn es jetzt erst recht zur Sache ginge, weil man ihn geschwächt wähnte. So geht es zu in der Politik.

In Zeiten wie diesen rückte unsere Familie stets näher zusammen. Auch ich fühlte mich betroffen und suchte meinen Vater nach Kräften moralisch zu unterstützen. Doch war es selbst für mich, der ich seine Widerstandsfähigkeit, seine Nehmerqualitäten und seine Zähigkeit zur Genüge erlebt hatte, einfach erstaunlich, wie rasch er wieder zu dem Menschen wurde, als den jeder ihn kannte.

Auf dem Parteitag quälte er sich durch die endlosen Sitzungen, aber auf dem Podium und als Redner ließ er sich nichts anmerken. Wie er die sensationelle Grenzöffnung der Ungarn am Vorabend des Parteitags für sich zu nutzen verstand, um die Stimmung in der Partei zu drehen und seiner eigenen Politik die Zustimmung zu sichern, war ein Meisterstück, das

allen zeigte: Mit diesem Mann wird noch lange zu rechnen sein. Im Hintergrund aber war ein Ärzteteam in Bereitschaft, denn die Folgen der Operation waren noch lange nicht überwunden. Eigentlich hätte er noch im Krankenhaus liegen müssen. So lebte er selbst das Motto, welches er mir als Kind ins Stammbuch geschrieben hatte:
Du musst stehen.
Dafür habe ich ihn damals sehr bewundert.

Bis zum Sommer 1990 weilte ich viel in Oggersheim, und wenn ich so zurückblicke, dann war es vielleicht meine schönste Zeit dort überhaupt. Kurz vor Weihnachten begleitete ich meinen Vater zu einem unvergesslichen Ereignis, der offiziellen Feier anlässlich der Wiedereröffnung des Brandenburger Tores. Wir flogen gemeinsam nach Berlin. Die bundesdeutsche Delegation, ein paar Dutzend Köpfe, versammelte sich im Reichstag. Von dort sind es nur wenige Meter bis zum Brandenburger Tor, aber heute würde es das erste Mal seit fast vier Jahrzehnten sein, dass dieser geschichtsträchtige Weg wieder beschritten wurde, denn hier verlief seit 1961 die Berliner Mauer. Ich durfte dabei sein. Schon die Straße des 17. Juni, die von Westen in Richtung Tor verläuft, säumten Zehntausende. Es herrschte Festtagsstimmung. Die Menschen sangen, sie schwenkten Fahnen, und immer wieder erscholl der Ruf »Tor auf! Tor auf!«

Die DDR-Grenzer hatten einige Segmente der Mauer abgebaut, eine allererste Schneise von vielleicht drei oder vier Metern Breite in einem vorher fast unüberwindlichen Wall war entstanden. Als wir die letzten salutierenden Westberliner Polizisten hinter uns gelassen hatten, genau an diesem Punkt kippte die fröhliche Stimmung in unserer Delegation. Es war, als wenn man eine rote Linie überträte. Vor uns lag der sogenannte Todesstreifen, jene streng bewachte Zone, in der im Lauf der Zeit viele Menschen ermordet worden waren. Beklemmung und Nervosität ergriffen auch mich, plötzlich musste ich an die Diskussionen im Vorfeld denken und dass niemand wirklich die Frage beantworten konnte, ob trotz aller politischer Garantien nicht doch irgendein Posten die Nerven verlieren würde, falls es zu Übergriffen aus der Bevölkerung gegen die »Grenzorgane der DDR« kommen sollte. Für eine kurze Zeit hatte wohl nicht nur ich das Gefühl, dass man hier letztlich irgendwie ausgeliefert war, denn außer den Sicherheitsleuten der anwesenden westdeutschen Politiker waren hier ausschließlich Polizeikräfte eines immer noch »feindlichen« Staates zugegen.

Doch da standen wir schon auf dem Platz unmittelbar vor dem Tor, keine 30 Meter von den Säulen entfernt. Man konnte es an den Gesichtern erkennen, wie bewegt alle waren. Ich konnte es kaum glauben, aber in den Augen so manches hartgesottenen Polit-Profis sah ich Tränen der Rührung. Doch die Dramaturgie des Tages ließ keinen Raum für leise Gefühle. In schneidig-militärischem Ton begrüßte ein hoher Offizier der Grenztruppen den »Herrn Bundeskanzler der BRD« und ließ seine Leute zackig salutieren. Wenige Augenblicke später schon schüttelte der DDR-Ministerpräsident Hans Modrow meinem Vater die Hand. Ich kann nicht sagen, dass es einer freundlich-entspannten Begegnung auch nur nahe kam. Die üblichen Höflichkeiten wurden ausgetauscht, aber das Lächeln blieb frostig. Gespannte Erwartung lag in der Luft.

Kurz darauf waren beide Delegationen unter den Säulen des Brandenburger Tores angelangt. Zum ersten Mal in meinem Leben stand ich hier. Ich streckte verstohlen den Arm aus und legte die Hand auf den Stein. Er war kühl und feucht – ja, dies war kein Traum, dies war die Realität. In meinem Hals steckte ein dicker Kloß, unser Tross zog weiter, und wie in Trance zog ich mit. Schon waren wir an unserem Ziel angelangt, mitten auf dem Pariser Platz. Dort stand ein hölzernes Rednerpodium, offenbar schnell zusammengezimmert für diesen einzigen Zweck, etwa hüfthoch und mit einer Grundfläche von vielleicht fünf auf fünf Metern.

Wir stiegen auf dieses Podium, und ich ergatterte einen Platz direkt hinter meinem Vater, der mit ganz vorn stand. Was ich jetzt sah, verschlug mir den Atem. Von unserem erhöhten Standpunkt aus konnte man weit nach Ostberlin hineinblicken, entlang des breiten Boulevards Unter den Linden. Die ersten hundert Meter waren abgesperrt worden, doch dahinter drängten sich Massen von Menschen, so weit das Auge reichte. Niemand hatte sie gerufen, niemand hatte sie herbestellt, aber sie waren doch gekommen, um zu Zeugen eines historischen Ereignisses zu werden. Es waren Hunderttausende, eine schier überwältigende Größenordnung. Eine geradezu Ehrfurcht gebietende Kraft wurde fühlbar.

Mein Vater schaute mich über die Schulter an, aber er sagte nichts. Er nickte nur kurz.

Sekunden später erkannten ihn die Menschen, die direkt hinter der Absperrung standen. Freudige Rufe der Begrüßung wurden laut, steigerten sich zu lautem Jubel, und dann rollte ein unbeschreiblicher Schrei der Freude und Erleichterung die ganze lange Straße hinauf. In diesem Moment fühlte ich es, und alle, die mit dabei gewesen sind, werden Ähnliches gedacht haben:

Das war's mit der Teilung Deutschlands. Was auch immer passiert, wie auch immer es geschehen wird – das war's mit der Teilung!

In der Vorbereitung war vereinbart worden, dass insgesamt vier Reden von jeweils zwei Minuten gehalten werden würden. Zuerst sollten die Bürgermeister von Ost- und Westberlin sprechen, danach Ministerpräsident Modrow und als letzter mein Vater. Programmgemäß wurden die Reden der beiden Bürgermeister gehalten. Ich erinnere mich an kein Wort, obwohl ich direkt daneben stand. Die Emotion des Augenblickes war einfach zu überwältigend. Danach sprach Modrow, doch kaum jemand schien zuzuhören, die Menge blieb passiv, nur einzelne Pfiffe wurden laut. Dann trat mein Vater ans Mikrofon. Ich glaube, er hatte keine 20 Worte gesprochen, da erhob sich ein gewaltiger Lärm und schwoll an zu einer Art Urschrei aus unzähligen Kehlen, sodass man nichts, aber auch gar nichts anderes mehr hören konnte. Und dann setzte sich die Masse in Bewegung, eine einzige Flutwelle Mensch, die von Ost nach West drängte ...

Es war die Entfesselung einer geradezu biblischen Gewalt. In kürzester Zeit wurden die Absperrungen einfach weggespült. Und schon erreichten die ersten Menschen aus dem Osten das Podium. Nach wenigen Minuten umringten es Tausende. Sie sangen, lachten, weinten – und bestiegen schließlich das Gestell. Der Bundeskanzler wurde geherzt, gedrückt, umjubelt. Da schien es im wahrsten Sinne des Wortes keine Grenze mehr zu geben. Es war ein ergreifender und ekstatischer, aber auch ein irgendwie banger Moment.

Nach ein paar Minuten griffen die Sicherheitsleute ins Geschehen ein. Wir sollten alle schnell von dem Podium herunter, weil dieses zusammenzubrechen drohte und man langsam um das Wohl meines Vaters fürchten musste. Jeder wollte ihn berühren, die Menschen umarmten und küssten ihn, fielen ihm tränenüberströmt um den Hals. Kleine Kinder wurden

Mein Bruder und ich im Garten unseres ersten Hauses in Ludwigshafen-Gartenstadt, ca. 1968

Mein erster Schultag mit Schultüte und Regenmantel im Sommer 1969. Kurz darauf würde es zu meinen Erlebnissen in der ersten Pause auf dem Schulhof kommen …

Ruhige Feiertage verlebte Ministerpräsident Dr. Helmut Kohl in seinem Ludwigshafener Heim. Der Landesvater durfte für zwei friedliche Tage ausschließlich Familienvater sein. Mit viel Geduld führte er seine Buben Peter und Walter in die Geheimnisse eines ferngesteuerten Rennautos ein.

Zeitungsausschnitt aus der RHEINPFALZ, Weihnachten 1969, der größten Zeitung in unserer Region. Solche Erinnerungen markieren für mich den Beginn einer langjährigen Reihe von Presseterminen.

Die »Kohl'schen Orgelpfeifen« bei der Baustellenbesichtigung für unser neues Haus in Ludwigshafen-Oggersheim, Anfang 1971.

Meine Eltern, Herbst 1971, wenige Tage vor dem Umzug in unser neues Haus in Oggersheim. Dieses Bild strahlt die Energie und Zuversicht meiner Eltern aus; ein Team mit viel Optimismus.

Meine Eltern, ich im Alter von ca. 13 Jahren.

Zusammen mit meinem Opa Hans Kohl beim Schreiben im Esszimmer, Oggersheim, Mai 1971.

Man muss die Feste feiern, wie sie fallen …
Ecki Seeber, mein Bruder Peter und ich mit einem Nachbarsjungen beim Blödeln in unserer Küche in Oggersheim, etwa 1978.

Manchmal waren Pressetermine auch lustig, so wie dieser in St. Gilgen, wahrscheinlich im Sommer 1974. Das Bild entstand an einem Bauernhof im Seewinkel, direkt am Hauptwanderweg um den See. Eine große Menge von Schaulustigen hatte die Aufnahmen verfolgt. Umso größer war die Überraschung, als der Zaun dann zusammenbrach. Wir mussten alle herzlich lachen.

...s gleiche Thema etwa 4 Jahre später, diesmal nur im Garten unseres gemiete-
... Ferienhauses direkt am Wolfgangsee. Auf dem Rasen liegt unser Surfbrett,
...mals unsere große Passion. Man sieht Peter und mir förmlich die Begeisterung
... Gesicht geschrieben.

Mit meinem Sohn auf einem Feuerwehrfest in der Nähe von Frankfurt.

ihm entgegengehalten, als ob er sie segnen sollte. Ich stand immer noch direkt bei ihm und hakte mich bei den BKA-Leuten mit ein, die jetzt einen Ring um ihn zu bilden begannen. Immer mehr Menschen drückten nach, die Masse staute sich wie in einem Kessel im Halbrund der Mauer. Der enge Durchlass war von Westberlinern verstopft, die nach Osten drängten, die Ostberliner drängten nach Westen, so langsam wurde es wirklich gefährlich.

Plötzlich hieß es: Wir sollten uns in Richtung Brandenburger Tor vorarbeiten, dort würde eine Tür zu einem Raum an der Seite für uns geöffnet. Ich arbeitete im Kordon der BKA-Männer mit daran, meinen Vater dorthin zu bugsieren. Wir waren schon ein gutes Stück vorangekommen, diagonal durch die ausgelassen jubelnden Menschen, die nach Westen strömten, als jemand hartnäckig an meinem Ärmel zerrte.

«Komm Kolleesche, helf uns mol, häng disch ein!»

Da flehte mich doch ein kräftiger Mann in betont unauffälliger Kleidung in näselndem Sächsisch an. Erst begriff ich nicht, doch dann wurde mir klar, dass es einer von der Stasi-Sicherungsgruppe des DDR-Ministerpräsidenten war. Ihre Schutzperson hatte in der Tat großen Sicherungsbedarf. Hans Modrow war in einer misslichen Lage. Nicht nur, dass er lautstark beschimpft wurde, er wurde auch noch mit Handtaschen, Regenschirmen und mit bloßen Händen körperlich bearbeitet. Seine Sicherheitsleute waren dem nicht mehr gewachsen. In ihrer Not rekrutierten sie BKA-Leute aus der Entourage meines Vaters. Da ich Teil der Kette um ihn war, hielt der Stasi-Mann mich für einen Kollegen vom BKA. Nach einem Moment der Verblüffung musste ich schallend lachen. Warum sollte ich dem Mann, der sowieso politisch am Ende war, nicht aus einer menschlichen Kalamität helfen?

Es sollte mir schlecht bekommen. Zum Wohle Hans Modrows bezog ich so manchen blauen Fleck, bis er nach sicher 20 Minuten endlich der Wut der Menschen entzogen war. Mein Vater hatte schon nach mir gesucht und sich Sorgen um meinen Verbleib gemacht. Ich erlaubte mir den Scherz, mich bei ihm vom »Sondereinsatz Modrow« militärisch zurückzumelden. Wir fielen uns erleichtert in die Arme. Die Stasi-Leute standen direkt daneben und gaben ihrer Fassungslosigkeit darüber Ausdruck, dass ausgerechnet der »Sohn vom Kohl« ihnen mit aus der Patsche geholfen hatte. Ein zerzauster, desorientierter, irgendwie schon jetzt abgehalftert wirkender DDR-Ministerpräsident sagte gar nichts mehr. Stunden später erreichten wir wieder den Reichstag. Mein Vater war völlig ausgepumpt, zugleich aber selig. Die Öffnung des Tores war ein Signal, das um die Welt ging. Das Volk, der oberste Souverän, hatte selbst entschieden. Jetzt gab es kein Zurück mehr.

Solche Erlebnisse brachten Vater und mich zusammen. Es erfüllte mich mit Freude und Genugtuung, wie sich unser Verhältnis entwickelte. Ich fühlte mich erstmals von ihm als erwachsener Gesprächspartner ernst genommen. Wir machten lange Spaziergänge, auf denen er einfach laut dachte und mich als Diskussionspartner suchte. Er hörte mir geduldig zu, fragte mich nach meiner Meinung. Das war neu. Es schien ihm gutzutun, dass ich mich um ihn bemühte. Er würdigte auch mein Bemühen, die im Studium erworbenen Kenntnisse der Geschichte und Volkswirtschaft in unsere Gespräche einzubringen.

»Du studierst doch Volkswirtschaft, was würden denn deine Professoren dazu sagen? Und was denkst du selber?«

So eine Frage überraschte mich, ich war es ja überhaupt nicht gewohnt, dass er mich um einen Beitrag zu politischen Problemen bat, die er zu lösen hatte. Und dann noch zu so wichtigen – schließlich diskutierten wir gerade das Für und Wider einer Währungsunion. Ich fühlte deutlich, wie er und seine Berater »schwammen«. Alle Entscheidungsträger wurden von der Entwicklung förmlich überrollt, und sie taten sich verständlicherweise schwer damit. Er hatte Entscheidungen wie am Fließband zu treffen, um gegenüber der Dynamik der Ereignisse nicht völlig ins Hintertreffen zu geraten. Es galt, einen Hochseilakt zwischen einer fast totalen Unkenntnis über den wahren wirtschaftlichen Zustand der DDR einerseits und den oft überhöhten Erwartungen mancher Ostdeutschen auf sofortigen Wohlstand andererseits zu vollbringen. Ich konnte spüren, wie schwierig und manchmal schier überwältigend die Probleme in diesen Tagen für meinen Vater waren. Es gab viele Berater, doch keiner wusste, wie mit einer solchen historisch einmaligen Situation umzugehen sei. Seit dem Zweiten Weltkrieg hatte es in Europa nichts Vergleichbares gegeben. Nie hatten so viele wegweisende Entscheidungen in so kurzer Zeit bei einer so dürftigen Informationslage gefällt werden müssen.

»Da geben wir Milliarden für die Geheimdienste aus, und wenn es darauf ankommt, wissen sie fast nichts.«

Auch ein Satz, gesprochen in einem dieser Gespräche am Küchentisch in Oggersheim, an den ich mich wortwörtlich erinnere. Und dennoch musste etwas getan werden: politisches Handeln »auf Sicht«, ohne vorgezeichnete Wege, und das in einer Situation, wo die Weichen für Jahrzehnte gestellt werden.

Oft wird unterschätzt, wie groß der Einfluss unserer Mutter auf seine Entscheidungen in diesen Tagen war. Ihr Flüchtlingsschicksal, ihre Erfahrungen mit der Roten Armee ließen sie ihren Mann immer wieder motivieren, die »Gunst der Stunde«, wie sie es nannte, entschlossen zu nutzen. Für Mutter war zeitlebens die Rote Armee der Feind Nummer eins, und deshalb war für sie klar: »Die Russen müssen raus!« Diese Meinung vertrat sie immer wieder mit Nachdruck und in aller Offenheit. Mein Vater wusste, dass seine Frau es ihm nie verzeihen würde, wenn er einer politischen Lösung zustimmte, die eine fortdauernde Stationierung der Roten Armee in Deutschland ermöglichte. Auch war für sie eine nur teilweise Aufgabe der deutschen NATO-Mitgliedschaft völlig indiskutabel.

Anfang 1990 setzte ein richtiggehender Exodus aus der DDR ein. Immer mehr Menschen verließen das Land, vor allem die Jungen, die Aktiven und die Leistungsträger waren die ersten, die gingen. Die monatlichen Zahlen stiegen schnell über die Einhunderttausender-Marke, und es gab schon Hochrechnungen, wann »die DDR leer« sein würde. Mein Vater musste Entscheidungen fällen, für die es kein Vorbild und keine Erfahrungswerte gab.

»Du musst die Menschen dazu bewegen, zu bleiben. Sonst bricht hier alles zusammen.«

So sagten es damals viele zu ihm.

Im Frühjahr 1990 war die Lage völlig unübersichtlich. Der Ausgang der Zwei-plus-vier-Verhandlungen war mehr als ungewiss, in der deutschen Innenpolitik herrschte heftiger Parteienstreit, und die Zahl der Flüchtlinge überstieg alles bisher Dagewesene. Also ergriff mein Vater die Flucht nach vorn, und aus der Psychologie des Augenblicks heraus entstand das

Wort von den »blühenden Landschaften«. Im damaligen politischen Kontext war es für eine gewisse Zeit hilfreich, denn es machte Hoffnung auf eine bessere Zeit. Doch die wirtschaftliche Realität der Wiedervereinigung sollte viele dieser Hoffnungen in den Folgejahren enttäuschen.

Es gab noch ein weiteres bewegendes Erlebnis für mich in diesem Jahr: die Feier zum 60. Geburtstag meines Vaters am 3. April 1990. Zuvor hatte er seine Geburtstage ausschließlich in privatem Rahmen gefeiert. Doch diesmal war alles anders. Neben der offiziellen Feier gab es auch eine »halboffizielle« im Bungalow des Kanzleramtes mit etwa 130 Gästen aus Politik, Wirtschaft und einigen persönlichen Freunden.

Meine Mutter, Peter und ich entschieden, dass wir uns als Familie auch zu Wort melden sollten und ich für uns drei sprechen würde. In meiner Rede sagte ich, dass mein Vater sich der vollständigen Unterstützung von uns dreien sicher sein könne. Im unserem Namen bestärkte ich ihn, den Weg mit aller Konsequenz zu Ende zu gehen, keine falschen Kompromisse zu machen, auch wenn dies Schaden für unsere Familie bedeuten würde. Mein Vater stand am Ende der Rede auf und dankte mir mit Tränen in den Augen. Keiner wusste an diesem Tag, was alles in den nächsten Monaten passieren würde, aber er konnte sicher sein, dass wir als Familie bedingungslos hinter ihm stehen würden. In den vielen Jahren mit meinem Vater war dieser Abend der vielleicht intensivste Moment von Gemeinschaft zwischen uns.

Wanderjahre

Ich wusste, die Verwirklichung meiner Berufsplanung würde alles andere als einfach werden, vor allem auf den ersten Etappen. Aber ich wollte weg aus Deutschland, weg aus dem Schatten meines berühmten Vaters. Und ich wollte es mir selbst und allen anderen zeigen. Hatte es mir nun mal in den Kopf gesetzt, Investmentbanker zu werden. Etwa bei Morgan Stanley, einer der großen Adressen an Wall Street. Dazu galt es einen ganzen Parcours von Bewerbungsgesprächen zu bewältigen. Allein aus Harvard College bewarben sich mehrere Hundert Absolventen, und nur ein knappes Dutzend würde schließlich ins Analystenprogramm der Bank aufgenommen werden. Schon der Auswahltest, um für eine persönliche Vorstellung zugelassen zu werden, war sehr hart. Als ich schließlich dem Recruiting Team gegenübersaß, drehten sie mich nach allen Regeln der Kunst durch die Mangel: hart, aber fair. Es ist diese typische Mentalität der Amerikaner, die ich sehr schätze. Ein bisschen wie beim Football: Wenn du gut bist, dann bekommst du auch den Ball. Bei Morgan Stanley wusste man natürlich von meiner Herkunft, aber es war ihnen egal. Hier ging es nur um eines: persönliche Performance, Einsatz bis zum Umfallen, eben die bekannte *Can-Do*-Haltung.

Und ich schaffte es. Das Team, dem ich zugeordnet wurde, arbeitete ausschließlich für US-Kunden im Energiesektor. Firmeninhaber und Manager aus dem »echten« Amerika eben, etwa aus Oklahoma, aus Texas und aus Louisiana. Eine Klientel, die ihre geschäftlichen Aktivitäten nach klaren Regeln strukturiert wissen wollte und die ihre Partner nach einem einfachen, fast archaischen Kodex einstufte. Und da besaß ich, abgesehen von einer guten Ausbildung und viel Einsatzbereitschaft, einige nicht von der Hand zu weisende Pluspunkte: eine beachtliche körperliche Statur, eine gut vernehmbare Stimme, ein ansteckendes Lachen – und mein Offizierspatent. Das war wichtig, denn fast alle Manager, denen ich gegenübersaß, waren Ex-Marines oder Ex-US-Army-Offiziere. Da spielte es kaum eine Rolle mehr, dass ich als Deutscher ein Exot in einer ansonsten geschlossenen Gesellschaft war. Mein Chef sagte mir in meinem letzten Auswahlgespräch:

»Walter, I need a big, tough guy. Come and join the team.«

Damit hatte ich meinen Job. Eigentlich alles bestens, oder?

Der Sommer 1990 war so heiß, dass New York City einer ummauerten Freiluft-Sauna glich. An einem jener heißen, stickig-schwülen Abende, es war wieder einmal spät geworden im Büro, ging ich auf dem Heimweg noch rasch in den Supermarkt nebenan, um ein paar kühle Getränke zu holen. Ich lebte in einer WG mit zwei ehemaligen Studienfreunden in einem kleinen Apartment an der Lexington Avenue, Ecke 63. Straße, mitten in Manhattan. Als ich an der Kasse anstand, bat mich eine Mitarbeiterin des Ladens, doch kurz mal zur Seite zu treten, damit sie die neuen Zeitschriften in die Auslage legen konnte. Gedankenverloren beobachtete ich sie dabei. Plötzlich war ich hellwach. Auf der Titelseite von *Time* erblickte ich ein nur zu bekanntes Gesicht: meinen Vater! Darunter prangte eine fette Schlagzeile: »Mr. Germany«. Ich war wie vom Donner gerührt.

Mit dem Mauerfall hatten die US-Medien schlagartig begonnen, sich intensiv mit Deutschland, mit der Wiedervereinigung und mit deutschen Politikern zu beschäftigen. Während meiner Studienzeit hatte es praktisch keine Berichterstattung über uns gegeben, doch nun waren die Ereignisse zwischen Bonn und Berlin ganz oben auf der Liste der Tagesereignisse. Es gab ja auch ständig neue Meldungen, und die historische Dimension der Entwicklung in Europa, in deren Mittelpunkt das immer noch geteilte Deutschland stand, war natürlich auch den Amerikanern klar. Die Einführung der D-Mark in der DDR war erst vor wenigen Wochen vollzogen worden. Der Abzug der Roten Armee von deutschem Territorium lag in der Luft. Weltweit wurde von den politischen Kommentatoren und Beobachtern die Frage einer Wiedervereinigung diskutiert.

All das war mir natürlich sonnenklar gewesen. Doch jener Moment, als ich, schwitzend und von einem langen Arbeitstag erschöpft am Zeitschriftenregal irgendeines New Yorker Supermarktes stehend, das Konterfei meines Vaters auf der Titelseite einer der bedeutendsten journalistischen Publikationen des Landes erblickte, machte mir schlagartig bewusst, dass ich nirgendwohin mehr weglaufen konnte. Es gab ihn nicht mehr, diesen Ort des Friedens, der Anonymität – nicht für mich, Walter Kohl.

Hier war ich nun, in einem fremden Land, Tausende von Kilometern fern der Heimat: aus dem einzigen Grund, endlich aus dem langen Schatten meines berühmten Vaters herauszutreten. Ich hatte mich fast perfekt integriert, sprach inzwischen so gut Englisch, dass ich bei einem Casting für einen Werbespot, an dem ich aus Jux teilnahm, als Amerikaner durchgegangen war. Als der Spot nun lief, nahmen meine

Kollegen mich damit hoch, dass »the son of the chancellor« im Fernsehen war. Sie fanden es einfach nur witzig, ich aber sah es mit einem lachenden und einem weinenden Auge.

Beide Begebenheiten hatten keine unmittelbaren Konsequenzen, doch es waren bedeutungsvolle Signale, die tief in mein Inneres reichten. Der Traum war ausgeträumt, der »Sohn vom Kohl« hatte mich, Walter, wieder eingeholt. Ich kam mir vor wie ein kleiner Junge, der von zu Hause abgehauen war, weil er es nicht mehr ertragen konnte, und der nun von eiserner Faust heimgeholt wurde.

Auf einmal fühlte sich Amerika ganz anders an. Durch die anhaltende Berichterstattung über meinen Vater begannen sich viele Kollegen überhaupt erst für mich zu interessieren. In einer reinen Vornamenkultur wie in einer New Yorker Investmentbank war meine Herkunft zuvor nie ein Thema gewesen. Doch nun gab es Menschen, die mir auf einmal den Handschlag verweigerten. Konnte ich es jemandem verdenken? Viele von ihnen kamen aus Familien, die Opfer durch den Holocaust zu beklagen hatten. Schon bald erschienen Karikaturen meines Vaters mit einem ganz speziellen Schnauzbart. Von anonymer Hand wurden sie mir auf den Schreibtisch gelegt. In meiner Gegenwart, aber nicht direkt an mich gerichtet, wurde über die Nazis gesprochen, wurde die Gefahr eines »Vierten Reichs« beschworen. Geübt im Umgang mit solchen Situationen, gelang es mir, äußerlich ruhig zu bleiben. In mir aber brodelte es. Nein, es schwärte. Wie eine alte Wunde, die wieder aufbrach.

Nachdem alle endlich mitbekommen hatten, dass die Furcht vor einem erneuten Griff nach dem Großmachtstatus durch das wiedervereinigte Deutschland unsinnig war, nutzte sich die Skepsis und Ablehnung auch mir gegenüber rein mechanisch ab. Und doch, etwas blieb hängen, sowohl *an* mir als auch *in* mir. Ich würde fortan auch hier der »Sohn vom Kohl« sein, wenn auch in abgemilderter Form gegenüber meinem früheren Leben in Deutschland. Ich war enttäuscht und desillusioniert, tief verunsichert in Bezug auf mein Ziel eines dauerhaften Lebens in Amerika.

Immerhin gab es genug zu tun …

Investmentbanking an Wall Street war schon in den frühen 1990er-Jahren wie der Ritt auf einem wilden Pferd. Als Junior Financial Analyst war ich am untersten Ende der Hierarchie angesiedelt. Meine Wochenarbeitszeit betrug regelmäßig zwischen 80 und 90 Stunden, und das Salär war, ganz offen gesprochen, erbärmlich. In unserem Team wurde geflachst, dass man, um wenigstens etwas mehr zu verdienen, doch vielleicht lieber in der McDonalds-Filiale im Zugangsbereich der U-Bahn, direkt unter unserem Wolkenkratzer neben dem Rockefeller-Center, arbeiten sollte. Und tatsächlich: Unser effektiver Stundenlohn war niedriger als bei den einfachen Angestellten dort. Doch im Gegensatz zu denen schufteten wir ja – zumindest theoretisch – für eine »goldene Zukunft« als hochbezahlte Spezialisten. Im Übrigen: Wer hier über Belastungen klagte, galt als fehl am Platze.

Was mich selbst betrifft, so blieb das Investmentbanking nicht auf Dauer Teil meiner Lebensplanung. Dieser Entscheidung weine ich keine Träne nach, aber ich muss anerkennen, dass ich dort eine sehr intensive Lehrzeit, von der ich viel profitiert habe, verbringen durfte. Beim Bund hatte ich ja bereits die Erfahrung gemacht, was es bedeutet, bis ans eigene Limit zu gehen – und sogar darüber hinaus. Auf ähnlich intensive Weise durchlief ich nun eine Praxisschule im Businessbereich, und das sollte mir später ganz direkt zugute kommen.

Effiziente Verhandlungsführung, klare Präsentation, zielorientierte Kommunikation, lösungs- und handlungsorientiert zu arbeiten – das ist die Morgan-Stanley-Schule, und ich schätze mich glücklich, auch diese Erfahrung gemacht haben zu dürfen. Nach zwei weiteren, ebenso turbulenten wie lehrreichen Jahren in New York machte ich am INSEAD in Frankreich noch meinen *Master of Business Administration*, aber dann entschied ich mich endgültig gegen eine Laufbahn als Banker. Innerlich suchte ich die Rückkehr nach Deutschland. Ich wollte kein wurzelloser Emigrant, kein professioneller Nomade sein. Und da meine Flucht ohnehin gescheitert war, konnte ich mich meinen Problemen auch genauso gut zu Hause stellen. Obwohl ich gleich zwei Angebote hatte, für Morgan Stanley in San Francisco beziehungsweise Chicago zu arbeiten, entschloss ich mich zur Rückkehr. Ich wollte leben als der, der ich wirklich war. Ich wollte Walter Kohl sein, das war meine tiefste Sehnsucht. Aber ich mochte nicht mehr weglaufen.

Anfang 1994 kehrte ich nach Deutschland zurück und nahm eine Stelle als Beteiligungscontroller bei einem großen Kölner Handelskonzern an. Tätigkeit und Branche waren mir schon deshalb sympathisch, weil sie keinerlei direkte Berührungspunkte mit dem politischen Geschäft aufwiesen. Gleichwohl musste ich nach wie vor erleben, dass kein Tag verging, an dem ich nicht auf meinen Vater angesprochen wurde. Auch setzte sich jene Art von Erfahrung nahtlos fort, wie ich sie im Kollegen- und Bekanntenkreis, aber auch mit mir völlig unbekannten Menschen ständig hatte machen müssen, bevor ich ins Ausland ging. Das setzte mir nach wie vor zu, denn ich hatte noch immer kein wirksames Rezept entwickelt, um mich wenigstens innerlich davon loszusagen. Doch will ich hier keine konkreten Begebenheiten beschreiben, weil darüber genügend gesagt worden ist und nichts grundsätzlich Neues hinzugefügt werden könnte.

Der Mensch gewöhnt sich an alles, so spricht der Volksmund. Doch dem kann ich nur teilweise zustimmen. Sicherlich kann die ständige Wiederholung negativer Erlebnisse diesen sehr wohl die eine oder andere emotionale Spitze nehmen. Man hofft, dass ein bestimmtes Erlebnis einem diesmal nicht so sehr unter die Haut gehen möge, weil man die Art der Erfahrung ja nur zu gut kennt, man hofft jedes Mal, dass der Stachel diesmal nicht so tief ins Fleisch bohrt. Solange jedoch keine grundsätzliche Wandlung eintritt, ist es lediglich der Abstumpfungseffekt, der es leichter zu machen scheint, aber dafür umso tiefere Spuren im Innern hinterlässt. Auch wenn man sich immer wieder bemüht, ein dickes Fell zu entwickeln, so nimmt einem die zermürbende Kraft der dauernden Wiederholung doch mit der Zeit die Lebensfreude.

Ebenso wenig heilsam, aber doch zeitweise spürbar lindernd ist es, wenn das nach wie vor schmerzende Problem vorübergehend in den Hintergrund tritt, einfach weil man zu sehr mit seinem Leben beschäftigt ist, um vertieft darüber nachzudenken. War es in New York der Beruf, so stand jetzt mein Privatleben im Zentrum meiner Aufmerksamkeit. Ich wünschte mir eine ganz normale bürgerliche Existenz. Eine Heimat – innerlich und äußerlich.

Fast zeitgleich mit meinem Arbeitsanfang in Köln lernte ich meine erste Frau kennen. Auf einmal, so erschien es mir, kam alles wie erhofft zusammen. Ich hatte einen »normalen« Job und würde eine »normale« Familie gründen. Ich konnte es kaum erwarten, endlich in das Leben einzutauchen, das ich mir so sehr wünschte. Wir verlobten uns schon nach wenigen Monaten Beziehung. Im ersten Ehejahr wurde unser Sohn geboren.

Im Grunde suchte ich immer noch nach jenem Glück, das mir, wie ich meinte, in meiner Jugend verwehrt worden war. Ich wollte eine Familie haben, wie ich sie bei meinen Schulkameraden, aber so gut wie nie bei mir zu Hause erlebt hatte. Ich wollte diese Art von Leben förmlich herbeizwingen, quasi als Wiedergutmachung für eine Jugend, die so anders gewesen war, als ich es mir gewünscht habe.

Heute ist mir klar, dass ich die innere Legitimation für dieses, ich möchte sagen: im Grunde selbstsüchtige Lebenskonzept auch aus einer Maxime bezog, die ich von meiner Mutter übernommen hatte:

Wenn ich alles richtig mache, dann wird alles gut.

Ich verstand nicht, dass dies eine Apologetik war, um vor mir selbst etwas zu verbergen: Wenn nur einer von zwei Menschen, die sich miteinander verbinden, zuvor seine biografischen Altlasten nicht bearbeitet hat, belastet dies die Ehe von vornherein. Genau diese Erfahrung mussten wir machen. Schon nach kurzer Zeit begannen wir uns auseinanderzuleben.

So kam einiges zusammen – jedenfalls mehr als genug, um das Leben mit jener Atemlosigkeit zu versehen, welche die Zeit vergehen lässt wie im Fluge. Auch wenn meine erste Ehe nicht sehr lange halten sollte, war ihr sichtbares Ergebnis doch nachhaltig: Ich hatte jetzt selbst einen Sohn, und ich war fest entschlossen, ihm trotz der Trennung ein echter Vater zu sein, aus einem ganz tiefen und aufrichtigen Wunsch heraus.

Und mein eigener Vater? Er befand sich ja die meiste Zeit in kaum 30 Kilometer Entfernung. Auch meine Mutter hatte den Kanzlerbungalow mehr oder weniger zu ihrem Lebensmittelpunkt gemacht. Doch irgendwie schaffte ich es nicht, mit meinen Eltern zusammenzukommen. Vermeintlich wichtigere Dinge verhinderten immer wieder, dass wir die räumliche Nähe nutzten, um die einmal aufgebaute Verbundenheit zwischen uns aufrechtzuerhalten. Ich muss gestehen, dass dies nicht nur am vollen Terminkalender meines Vaters scheiterte, sondern auch an meinem eigenen. Ja, ich glaube, als ich im Ausland war, telefonierten wir sogar häufiger miteinander als in meiner Kölner Zeit. Und doch wäre jetzt die Zeit gewesen, um das einmal Erreichte zu bewahren und unsere Gemeinschaft weiterzupflegen. So plätscherten die Jahre vor sich hin. Alle waren busy, busy, busy ... und wir lebten irgendwie aneinander vorbei, so nah und doch so fern.

Medial in Mithaftung genommen

Ende 1998 endlich meinte ich durchatmen zu können. Nach der verlorenen Bundestagswahl und seiner Entpflichtung als Bundeskanzler erklärte mein Vater seinen Rücktritt auch von allen Parteiämtern. Sein Rückzug aus der Politik schien mir wenn schon keine hinreichende, so doch eine notwendige Voraussetzung dafür zu sein, dass mein eigenes Leben sich freier entwickeln würde.

Ich wollte es gern glauben, aber da gab es ein paar Hindernisse. Nicht zuletzt mein Hang zum Opferdasein, den ich allerdings immer noch nicht in seiner vollen Bedeutung erkennen mochte. Aber zunächst fragte ich mich, ob man sich um meinen Vater Sorgen machen musste. Ein *political animal* wie er, bei dem die Woche mindestens sechs, oft sieben Arbeitstage und der Tag im Schnitt 16 Arbeitsstunden hatte, ein Mensch, für den es selbstverständlich gewesen war, ständig unter anderen Menschen zu sein und immer im Mittelpunkt zu stehen: Wie würde einer wie er es verkraften, plötzlich überreichlich Zeit »für sich selbst« zu haben und nur noch Dinge tun zu »dürfen«, die auf keinem Terminplan standen? Wie würde sich das auf meine Mutter auswirken, die dem Ende permanenter Überlagerung des Privatlebens durch die Politik immerhin frohgemut entgegensah?

Der Wechsel ins Privatleben wird einem Politiker nach einer langen Karriere in unserem Land nicht eben leicht gemacht. In anderen Ländern, beispielsweise in den USA, werden altgediente Politiker gern zu diplomatischen Sonderaufgaben herangezogen. Deutschland dagegen pflegt seine *elder statesmen* wenig, und es verzichtet weitgehend darauf, ihre Erfahrung und ihren persönlichen Einfluss beispielsweise auf internationaler Ebene zu nutzen. Wenn man, wie mein Vater, über drei Jahrzehnte lang in der ersten Reihe stand, dann ist ein abrupter Rückzug aus dem politischen Leben emotional problematisch. Es wird ja auch woanders oft zum menschlichen Dilemma, wenn der »Alte« gehen muss – und weiß, dass er künftig auch möglichst weit weg bleiben soll. Je höher das Amt, je länger es ausgeübt wurde, umso höher ist der eigene Prestigeverlust, und Prestige ist eine der wesentlichen Triebfedern politischer Karrieren.

Nun gab es, wie sich herausstellen sollte, zwei Gründe, dass es meinen Eltern doch nicht langweilig werden sollte. Da waren zum einen die zahlreichen Ehrungen und öffentlichen Würdigungen, oft mit Auslandsreisen verbunden. Das war vorhersehbar, aber von begrenzter Wirkungsdauer. Gänzlich unvorhersehbar dagegen war etwas, das sich zu einer nicht enden wollenden, äußerst unangenehmen Geschichte entwickeln sollte. Wie ein Blitzeinschlag fuhr sie ins Leben der ganzen Familie Kohl und rief dort eine geradezu existenzielle Erschütterung hervor. Gemeint ist die CDU-Parteispendenaffäre.

Die Tatsache, dass ich als Unbeteiligt-Beteiligter mit im Zentrum des Sturms stehen musste, wenn ich so sagen darf, gibt mir wohl einige Berechtigung, hier eine grundsätzlich andere Betrachtungsweise zu wählen als alle Kommentatoren mit politischen, zeitgeschichtlichen oder juristischen Interessen. Was ich hier zu berichten und zu bemerken habe, ist höchst selektiv, und alle Bemerkungen, die ich daran knüpfen werde, durchaus subjektiv. Es ist *meine* Geschichte und es sind *meine* Bewertungen. Es interessiert mich hier überhaupt nicht, wer wem wie viel Geld gegeben hat, was damit gemacht wurde, wer sich wem gegenüber mit welchen Ehrenworten verpflichtet gefühlt hat, ob dabei gegen die Rechtsordnung oder gar die Verfassung verstoßen wurde, und auch nicht, ob und inwieweit die gesprochenen Urteile gerecht oder ungerecht gewesen sein mögen. Es geht mir hier vielmehr allein um das, was selbst das Landgericht Bonn, als es meinen Vater zu einer Geldbuße von sehr nennenswerter Höhe verurteilt hatte, nicht umhin kam, als »persönlich herabwürdigende Angriffe in der Medienberichterstattung« zu bezeichnen.

Wobei es mir ganz persönlich nicht einmal um jene medialen Übergriffe geht, die meinem Vater selbst galten, denn dieser war ja unbestritten Akteur in jenem Machtspiel, das die eigentliche Grundlage der ganzen Affäre bildete. Nein, ich meine die erheblichen psychischen Kollateralschäden einer Auseinandersetzung, die von seinen Gegnern zunehmend mit Angriffen unterhalb der Gürtellinie geführt wurde, im Hinblick auf völlig unbeteiligte und absolut unschuldige Familienmitglieder des Protagonisten.

Der Volksmund bescheinigt dem klassischen Pechvogel ein besonderes Talent dafür, »zur falschen Zeit am falschen Ort zu sein«. Nun, ich selbst fühlte mich seinerzeit tendenziell als ganz besonderer Pechvogel, bedurfte es für mich doch gar keiner zeitlichen oder räumlichen Abstimmung mit dem Unglück. Ich hatte ja meinen Stammplatz in seiner engsten Nachbarschaft sicher. Mich dünkte, der Königsweg zum Pechvogeldasein war es immer noch, ganz einfach den »falschen

Namen« zu tragen. Ich war zu keinem Zeitpunkt meines Lebens CDU-Mitglied. Ich hatte nie ein öffentliches Amt inne und habe nie politische Mandate ausgeübt. Ich fühlte mich als Bürger eines freiheitlich-demokratischen Gemeinwesens, eines Rechtsstaats, welcher mir die Unverletzlichkeit der Person garantierte. Allerdings trug ich den Namen Kohl. Damit hatte ich das Pech, in eine beispiellose mediale und politische Auseinandersetzung hineingezogen zu werden.

Der Pranger ist heute nicht mehr auf dem Marktplatz. Er befindet sich in den Fernsehschirmen und Schlagzeilen. Eigentlich ging es doch um Helmut Kohl, in der öffentlichen Diskussion aber wurde nur sehr selten die notwendige Trennung zwischen ihm und seiner Familie vollzogen. Niemand stand auf und sagte: Lasst die Familie in Ruhe! Wo waren sie jetzt alle, die Freunde von gestern? Wo waren die Träger der moralischen Werte, die sich in Talkshows und Veranstaltungen als moralischer Standard präsentierten?

Über Monate lieferte, nicht zuletzt auch wegen der Verschleppung des Verfahrens durch die damalige Regierung, das Thema Parteispenden den Schlagzeilenbringer in Deutschland schlechthin. Meine Mutter, mein Bruder und ich: Wir sind seinerzeit durch ein mediales Fegefeuer gegangen. Wir wurden von Journalisten belagert und verfolgt. Es gab kein Ausweichen mehr, sogar in unserem engsten Freundeskreis wurde herumgestochert. Überall wurden Skandale gewittert, wurde verbissen versucht, »verwertbares Material« auszugraben. Ist es nicht ein Armutszeugnis für unsere Gesellschaft, dass die Familie stets als »Schwachpunkt« einer öffentlichen Person gilt? Wenn schon Helmut Kohl selbst stur blieb und beharrlich schwieg – man musste ihn doch wenigstens an dieser Sollbruchstelle knacken können!

Einen unrühmlichen Tiefpunkt des »investigativen Journalismus« bildete für uns der rücksichtslose Vorstoß eines sehr bekannten ARD-Journalisten ins Innerste unserer Privatsphäre. Er rief eines Tages meine Mutter an und verlangte von ihr die Namen der anonymen Spender zu erfahren, die preiszugeben mein Vater sich hartnäckig geweigert hatte. Um seiner Forderung Nachdruck zu verleihen, schreckte dieser Mann von vorgeblich tadellosem Ruf nicht vor einem perfiden Erpressungsversuch zurück. Er behauptete, ihm seien »die kompletten Abhörprotokolle der Stasi« von unseren privaten Telefonaten in Oggersheim aus den 1980er-Jahren angeboten worden. Und er ließ die Behauptung folgen, dass aus diesen Mitschnitten zahlreiche Details hervorgingen, die unsere Familie schwer belasteten.

Meine Mutter war entsetzt, aufgelöst und total verunsichert, wobei erwähnt werden muss, dass sie damals bereits schwerstkrank war. Aufgrund ihrer Lichtallergie verbrachte sie ihre Tage hinter zugezogenen Vorhängen bei Kunstlicht und verließ das Haus nur noch zu gelegentlichen Spaziergängen des Nachts. Zufällig hatte ich sie just an diesem Tage besucht. Also bat sie den Journalisten um etwas Bedenkzeit, weil sie sich mit mir zu beraten gedachte. Ein weiteres Telefonat wurde vereinbart.

Zusammen besprachen wir eine angemessene Vorgehensweise. Wir wussten, dass unser Privattelefon über viele Jahre von mehreren Geheimdiensten abgehört worden war und dass gewisse Dokumente auf dem »Schwarzen Markt« verfügbar waren. Andererseits: Wir hatten uns nichts vorzuwerfen. Falls unsere privatesten Gespräche veröffentlicht würden, wäre dies zwar äußerst unangenehm. Wir wussten aus eigener leidvoller Erfahrung, dass dabei immer etwas hängen bleibt, auch wenn sich alle Anschuldigungen hinterher als haltlose Diffamierungen herausstellen. Deshalb aber klein beigeben? Schnell waren wir uns einig: Von einem solchen Schmutzfinken würden wir uns nicht erpressen lassen, auch wenn er aufgrund seiner Position die Macht hatte, uns alles Mögliche anzudichten.

Wenig später klingelte das Telefon erneut. Meine Mutter gab mir den Zweithörer, sodass ich das Gespräch mitverfolgen konnte. Trotz ihres angeschlagenen gesundheitlichen Zustands wahrte sie in dieser schwierigen Situation Souveränität. Sie tat zunächst so, als ob sie die Fragen beantworten wolle, um ihrerseits noch ein wenig mehr über die angeblichen Protokolle zu erfahren. Der Journalist gab jedoch nichts Substanzielles preis – bluffte er also vielleicht nur? Er dramatisierte die Lage mit der Behauptung, dass diese Mitschriften das Privatleben unserer Familie schonungslos offenlegten und dass dadurch vieles herauskäme, was für uns äußerst schmerzhaft sei. Und er setzte noch eins drauf, indem er behauptete, dass auch Mitschnitte von Gesprächen zwischen Helmut Kohl und wichtigen Amtsträgern der CDU dabei seien, deren Brisanz nicht zu unterschätzen sei.

Meine Mutter hatte jetzt, wie man so schön sagt, »die Nase gestrichen voll«. Kühl beschied sie ihn, dass sie keinesfalls auf irgendwelche Erpressungsversuche eingehen würde.

»Veröffentlichen Sie doch, was Sie veröffentlichen müssen. Ich habe da keine Angst. Ich sage Ihnen aber, dass Sie nichts von Bedeutung in der Hand haben, wenn Sie überhaupt etwas haben.«

Und dann schob sie noch einen Satz nach, der ihren tiefen Abscheu ausdrückte:

»So jemand wie Sie gehört nicht in den Journalismus. Scheren Sie sich zum Teufel.«

Ich habe es immer als eine ihrer großen Stärken bewundert, dass sie solche derben Sätze in völlig ruhigem Tonfall sagen konnte, als sei es die reinste Höflichkeit. Gerade dadurch konnten sie so vernichtend wirken. Es war äußerst selten, dass sie so redete, und wenn, gab es stets einen sehr triftigen Grund dafür. Grußlos hängte sie auf, das Gespräch war beendet.

Wir haben danach nie mehr etwas weder von diesem Mann noch von seinen angeblichen Protokollen gehört. Er war regelmäßig in den Nachrichtensendungen zu sehen, ein wichtiger Mann damals bei der ARD. Für uns war ein für alle Mal klar, dass es jemandem wie ihm nicht um ehrlichen Journalismus ging, sondern nur darum, Quote zu machen – koste es, was es wolle.

Diese Aktion in ihrer unverfrorenen Frechheit war alles andere als ein Einzelfall. Verdächtigungen aller Art richteten sich gegen uns, die Spekulationen schossen nur so ins Kraut, auf einmal schien die Familie Kohl zu jeder Schandtat fähig. Überall wurde »gebaggert«, nur um das Fitzelchen einer kompromittierenden Information zu erhalten. Dass die Öffentlichkeit ein Recht darauf hat, durch die Medien unabhängig informiert zu werden, dass Journalisten dabei auch investigativ vorgehen müssen, ist völlig unstrittig. Doch wo zieht man dabei die Grenze? Zieht man sie überhaupt noch, was den »Boulevard« betrifft? Ab wann wird ein Mensch zum medialen Freiwild? Ab wann werden seine Grundrechte verletzt?

In diesen Jahren wurde der Name Kohl für mich vollends zu einem überschweren Erbstück, mit dem ich nur mühevoll oder manchmal auch gar nicht umgehen konnte. Immer wieder wurde ich in geradezu absurde Situationen geworfen und musste erleben, dass mir völlig unbekannte Menschen eine unumstößliche Meinung über mich hatten und diese ungeprüft und rücksichtslos kundtaten. Immer wieder auch ließen wildfremde Menschen ihre negativen Gefühle gegenüber meinem Vater an mir aus. Das Schlimmste aber war wohl, dass diese Entwicklung diesmal sogar auch mein engstes persönliches Umfeld ergriff.

Die Liste derer, die mit mir nichts mehr zu tun haben wollten, wurde stetig länger. Sie reichte von flüchtigen Bekannten bis zu dem Menschen, von dem ich geglaubt hatte, er sei mein bester Freund. Fast fühlte ich mich wie ein Leprakranker. Mein Bekanntenkreis schmolz wie Schnee in der Sonne. Es war für viele schlicht peinlich, mit mir bekannt oder gar befreundet zu sein – mit einem Menschen, über dessen Vater so viel Negatives geschrieben und berichtet wurde. Nie zuvor schien meine Stigmatisierung als »Sohn vom Kohl« verletzender gewesen zu sein als jetzt, in den Jahren 2000 und 2001.

In einer solchen Situation lernt man aber auch seine echten Freunde kennen und schätzen. Auch weiß man, dass diejenigen, die wieder zurückkommen, nachdem sich der Pulverdampf verzogen hat, keine wirklichen Freunde sind. Und manche Verwerfungen bleiben mit erstaunlicher Hartnäckigkeit bestehen. Als ich Anfang 2003 – die mediale und juristische Aufarbeitung der »Causa Kohl« war längst abgeschlossen – eine berufliche Veränderung unternehmen wollte, lehnten mich mehrere Personalberater mit identischer Begründung ab:

»Herr Kohl, Sie haben eine gute Ausbildung, Sie sind qualifiziert, normalerweise kein Problem. Aber ich belaste doch meine Reputation nicht, indem ich mit Ihnen in Verbindung gebracht werde.«

Schmerzlich war für mich auch, dass sich das Verhältnis zwischen mir und meinem Vater, das sich zuvor endlich positiv zu entwickeln schien, erneut verschlechterte. Vater zog sich damals sehr in sich zurück, er war verbittert und verschloss sich zunehmend. Auf einmal hatte er wieder so viel um die Ohren, dass er nicht mehr in der Lage war, an etwas anderes zu denken als an seinen eigenen, persönlichen Kampf. Für ihn war das alles ein Angriff auf seine Person, auf sein politisches Lebenswerk. Dass dieser Angriff auf ihn auch erhebliche Nebenwirkungen auf andere, ihm nahestehende Personen hatte, das sah er nicht, oder er konnte es nicht zugeben. Es war im Grunde wieder so wie früher: Meine, unsere Bedürfnisse, Sorgen und Nöte wurden von ihm schlicht nicht anerkannt. Ein spürbarer, erneuter Vertrauensverlust zwischen uns war die unausweichliche Folge. Bis heute haben wir kein klärendes Gespräch über die Auswirkungen der Spendenaffäre auch auf mein Leben führen können.

Der »Sohn vom Kohl« feierte fröhliche Urständ, und Walter Kohl blickte in einen Abgrund. Ich war außerstande, die mir aufgezwungene Rolle wenigstens innerlich abzulehnen und identifizierte mich voll und ganz mit dem Status als Opfer. Äußerlich funktionierte ich in allen Lebensfeldern weiter, beruflich und privat, besonders in meinen Verpflichtungen gegenüber meinem Sohn. Ja, ich war sogar ein »leidenschaftlicher« Vater. Doch innerlich fühlte ich mich ausgebrannt, ausgehöhlt. Viele Fragen türmten sich vor mir auf.

Wie gehe ich mit den Erfahrungen meines Lebens um? Wie gehe ich mit meiner Herkunft, meiner Vergangenheit um? Wie gestalte ich mein Leben?

Warum lebe ich überhaupt? Hat mein Leben einen Sinn? Wie kann ich mein Leben genießen? Wie werde ich glücklich?

Wie gehe ich mit dem Leid und der Ungerechtigkeit um?

Warum trifft es immer wieder mich? Liegt das an mir, bin ich nur voller Selbstmitleid?

Und immer wieder:

Wie schaffe ich das: Leben, statt gelebt zu werden?

Nichts wird hier mehr so sein wie bisher

5. Juli 2001, gegen zwölf Uhr mittags.
Juliane Weber, die Büroleiterin meines Vaters, ruft mich aus Berlin in meinem Frankfurter Büro an.
»Walter, deine Mutter ist tot.«
In einem solchen Moment beginnt der Mensch wie eine Maschine zu funktionieren. Als wenn ein innerer Hebel umgelegt würde, um Handlungsfähigkeit sicherzustellen, bevor die Gefühle ihn niederwerfen. Ich wusste sofort:
Mutter hat von sich aus einen Schlussstrich gezogen.

Sie litt unter einer sehr seltenen und sehr schmerzhaften Form von Lichtallergie. Diese war durch eine Fehlbehandlung mit einem ungeeigneten Antibiotikum, auf das sie mit schweren Allergien reagierte, im Februar 1993 ausgelöst worden. Im Lauf der Jahre wurden ihre gesundheitlichen Probleme immer gravierender. Ihr Lebenskreis verengte sich dadurch mehr und mehr. Schon lange hatte sie das Haus nur noch nach Einbruch der Dunkelheit verlassen können. Über anderthalb Jahre schon hatte sie sich auch innerhalb ihrer eigenen vier Wände tagsüber nur noch in einem einzigen Zimmer aufgehalten, das total verdunkelt worden war. Es war mein ehemaliges Kinder- und Jugendzimmer im ersten Stock, das sie sich zu ihrem letzten Refugium umgebaut hatte.

Nach unzähligen ärztlichen Konsultationen hatte Mutter alle Hoffnung verloren, jemals wieder in menschenwürdigen Umständen leben zu können. Überall die gleiche Antwort: Ihre Krankheit ist unheilbar und wird sich stetig verschlimmern. In letzter Zeit hatte sie häufig mit mir darüber gesprochen, ihre verzweifelte Lage stand mir deutlich vor Augen. Die Krankheit, aber auch die Demütigungen, die sie im Zuge der Spendenaffäre erlitten hatte, all die verlorenen Freundschaften und gebrochenen Versprechen, der Verrat so vieler Menschen, auf die sie gezählt hatte, brachten sie an den Rand ihrer physischen und psychischen Reserven.

Ich ließ alles stehen und liegen und raste mit dem Wagen nach Oggersheim, wo ich noch vor dreizehn Uhr ankam. Vor dem Haus wurden gerade die ersten Mikrofone aufgebaut, Paparazzi umringten mich und bestürmten mich mit Fragen. Auch die Polizei war schon da. Sie begann die Straße zu räumen und Absperrgitter aufzubauen. Schon bald würden sich dahinter Hunderte von Fotografen, Kameraleuten und Journalisten um die »besten Plätze« rangeln.

Im Haus selbst war gerade die amtliche Prozedur angelaufen. Der Notarzt hatte den Tod festgestellt und ein Staatsanwalt war eingetroffen. Als ich hinzukam, hielt man inne, um mir Gelegenheit zu geben, mich von meiner Mutter zu verabschieden. Hilde Seeber, die ihr jahrelang als Haushälterin und Vertraute zur Seite gestanden hatte, hatte sie gefunden. Sie nahm mich in die Arme. Stumm wies sie nach oben, in Richtung meines alten Zimmers. Ein bis ins Mark erschütterter Ecki Seeber begleitete mich die Treppe hinauf.

Mit klopfendem Herzen ging ich zur Zimmertür. Ich kannte jede Stufe, jeden Schritt, doch alles kam mir jetzt so fremd vor. Meine Hand zitterte, als ich die Klinke drückte und in mein ehemaliges Zimmer eintrat. Sie lag im Bett, wie in tiefem Schlaf, mit friedlichem Gesichtsausdruck. Als ob sie sagen würde:

»Siehst du, Walter, so ist es.«

Leise und behutsam schloss ich die Tür, so als ob ich sie noch hätte stören können. Am Bett kniete ich nieder, beugte mich über sie und nahm sie in den Arm. Doch es war nicht mehr meine Mutter, es war ein toter, kalter Leib, der sich wie Wachs anfühlte. Es war ein heißer Sommertag, weit über 30 Grad, ich schwitzte aus allen Poren, doch der Körper, den ich an mich drückte, fühlte sich wie aus Eis an. Die Mutter ist der Quell des Lebens. Die eigene Mutter tot in den Armen zu halten, ist grausam und schrecklich, und dann noch ohne Abschied. In diesem Moment brachen alle Gefühle aus mir hervor wie aus einem vor Überdruck platzenden Kessel. Ich weinte und schrie, wie von Sinnen.

Ich weiß nicht, wie lange ich so kauerte. Irgendwann legte sich eine Hand auf meine Schulter, und ein Mann, den ich noch nie gesehen hatte, bot mir ein Beruhigungsmittel an. Ich lehnte ab, zog mir einen Stuhl heran, nahm Platz und saß bei ihr, ganz allein. Ich sprach und betete mit ihr, während mir die Tränen über das Gesicht rannen. Es war eine Weile tiefsten Schmerzes, aber auch tiefen Friedens und großer Klarheit. In meiner Mutter, die mir das Leben geschenkt hatte, sah ich den Tod vor mir liegen, und er hatte nichts Bedrohliches, nichts Gewalttätiges mehr. Im Gegenteil: Wie erlöst ihr Gesichtsausdruck, der Körper sichtlich entspannt im Moment des Scheidens. Ihr Anblick schenkte mir selbst jetzt, im größten Schmerz und stark unter Schock stehend, auch ein Stück Frieden. Ich dachte nichts, aber ich fühlte umso mehr, was Worte nie werden ausdrücken können.

Mein Blick fiel auf die Schüssel auf dem Nachttisch, und ich wusste sofort, auf welche Weise sie in den Tod gegangen war. Sie hatte alles systematisch vorbereitet, sie hatte die Medikamente, aus denen sie sich den tödlichen Trank mixte, sorgfältig gesammelt. Es muss sehr friedlich und entschieden vor sich gegangen sein. Ich bin sicher, auf ihrem letzten Gang musste sie nicht mehr leiden. Auch sah ich die zahlreichen Briefe, die sie von Hand adressiert hatte. Sie lagen auf einem kleinen Beistelltisch, sauber sortiert, wie Namenskarten für eine Veranstaltung. Wie in Trance suchte ich mir den für mich bestimmten Umschlag heraus und nahm ihn an mich. Ich öffnete das Kuvert, entfaltete den Brief und las ihn mit einer Hand auf ihrem Arm.

Ich sah in mein Zimmer, in meine Kindheit und Jugend, und immer wieder auf meine tote Mutter. Bilder, die sich für immer in mein Gedächtnis einfrästen. Und eines war so klar, dass ich es fast körperlich zu spüren vermochte.

Hier wird nichts mehr so sein wie bisher. Ihr Weggang wird unser Haus, wird unsere Familie für immer verändern.

Ich brauchte nur ans Fenster zu treten, um zu erahnen, was auf uns einstürmen würde. Sobald ich dort stand, richteten sich Dutzende Kameras in meine Richtung aus. Dort unten wurde bereits mit Teleobjektiven und Richtmikrofonen gearbeitet, um das dringend benötigte »verwertbare Material« einzusammeln. Nichts anderes war zu erwarten gewesen.

Ich verließ das Zimmer und sprach mit Polizei und Staatsanwaltschaft. Es war klar, dass hier keine besondere gerichtsmedizinische Untersuchung nötig war. Mutter durfte zunächst bei uns bleiben. Das war jetzt erst einmal das Wichtigste. Inzwischen war es Nachmittag geworden. Mein Vater und mein Bruder trafen ein. Mein Vater war völlig in sich versunken. Ich habe ihn sonst nie so erschüttert erlebt wie jetzt, er war nicht ansprechbar. Peter und ich verstanden uns ohne Worte: Es musste etwas geschehen, sonst würde die Situation aus dem Ruder laufen. Alle um uns herum waren darauf geeicht, dass Helmut Kohl der Chef war. Aber der Chef blieb stumm. Niemand hätte gewagt, ihn jetzt anzugehen und dazu aufzufordern, das zu tun, was er besser verstand als alles andere: den Leuten zu sagen, wo es langgeht. Für Peter und mich war dies eine neue Situation. Wir verstanden, dass nun wir beide gefordert waren, und wir nahmen die Herausforderung an. Nun war es an uns beiden, zu handeln.

In der nächsten Nacht konnte ich nicht schlafen. Gegen vier Uhr morgens schlich ich mich leise durchs Haus, um zu meiner Mutter zu gehen. Bei ihr traf ich meinen Bruder, der schon am Bett saß. Gemeinsam verharrten wir lange dort, nahmen stummen Abschied. Erst dann begannen wir zu sprechen. Schließlich fassten wir uns an den Händen und schworen uns gegenseitig:

Mama, du wirst ein würdevolles Begräbnis haben.

Es war in dieser Situation, da ich zum ersten Mal wahrnahm, dass ihr Tod für mich nicht allein einen schweren persönlichen Verlust bedeuten würde. Ich empfand deutlich, dass ihr Scheiden meine innersten Überzeugungen berührte. Es war etwas Fundamentales geschehen, etwas, das seine Echos in alle Bereiche meines Seins und meines Denkens sendete, auch wenn ich die Auswirkungen noch nicht verstand. Jetzt musste erst einmal gehandelt werden, es war keine Zeit für tiefe Gedanken.

Peter und ich waren uns schnell einig. Unsere Aufgabenteilung war folgendermaßen: Er würde sich um alle Formalitäten kümmern, die beim Ableben eines Menschen notwendig werden, und die Einladungen für die Trauerfeier übernehmen. Ich wäre dafür zuständig, den angemessenen Rahmen für ihren Abschied zu organisieren.

Mein erster Gedanke war, die Trauerfeier im kleinen Kreis in der Sankt-Josefs-Kirche in Friesenheim durchzuführen, wo die Eltern geheiratet hatten und wo wir Brüder getauft worden waren. Vater war mit allem einverstanden. Doch angesichts des immer größeren Medienrummels vor unserem Haus kamen mir Bedenken. Eine intime Familienveranstaltung würde es nie und nimmer werden. So reifte in mir der Gedanke, der Toten eine Abschiedsfeier in größerem Rahmen zu bereiten. Wenn das Interesse der Öffentlichkeit schon so riesengroß war, dann sollte diese Frau auch vor den Augen der Öffentlichkeit für ihre Lebensleistung gewürdigt werden. Ich sprach mit Peter und Vater darüber. Wir waren uns schnell einig, und Vater nahm sogleich den Telefonhörer in die Hand und rief Anton Schlembach, den Bischof von Speyer, sowie Kurt Beck, den Ministerpräsidenten von Rheinland-Pfalz, an. Beide reagierten auf sehr wohltuende, hilfsbereite Art und Weise. Mir schien es alles andere als selbstverständlich, dass ein katholischer Bischof sich spontan bereit erklärte, die Beerdigung einer durch Selbstmord verschiedenen Protestantin im Dom zu Speyer vornehmen zu lassen, dazu auch noch von einem Priester, der nicht zum Domkapitel gehörte. Es war Vaters persönlicher Wunsch, dass Erich Ramstetter diese Aufgabe übernahm, ein Pfarrer, mit dem er noch heute eng befreundet ist. Kurt Beck arrangierte unterdessen, dass ich, als Beauftragter der Familie, im Polizeipräsidium Ludwigshafen mit dem Einsatzstab zusammenkommen konnte, der sich mit den unvermeidlichen Sicherheitsfragen rund um die Feier kümmern sollte.

Unsere Vorstellung war es, eine im Kern immer noch private Trauerfeier mit der Möglichkeit zu öffentlicher Anteilnahme zu verbinden. Polizeipräsident Leiners Aufgabe war es, das mit einer professionellen Raumsicherung zu verbinden. Bald ging es schon nicht mehr nur darum, die geladenen Persönlichkeiten aus dem politischen und öffentlichen Leben zu schützen. Binnen Kurzem ging eine Reihe von Bombendrohungen ein, auch wurden mehrfach öffentliche Selbstmordversuche während der Trauerfeier angekündigt. Alle handelnden Personen arbeiteten mit Pragmatismus, Flexibilität und viel Fingerspitzengefühl. Und alles ging gut.

Ja, es wurde zu einer wahren Hommage an Hannelore Kohl. Tausende Menschen drängten sich im Dom und auf dem Domvorplatz, um sich von ihr zu verabschieden. Die Frau, die lange Deutschland repräsentiert und dem Land gedient hatte, die ohne jegliches eigenes Verschulden in der Spendenaffäre so gedemütigt wurde, die gesundheitlich in verzweifelter Lage gewesen war, ging in Würde heim, begleitet von den guten Wünschen der Bevölkerung. Im Dom konnte man die ebenso feine wie machtvolle Qualität dieser Herzenskraft deutlich spüren. Die Sympathie und das Mitgefühl, die ihrem Schicksal entgegengebracht wurden, gingen mir sehr nahe. Diese Frau, die 1945 als bettelarmes Flüchtlingskind in die Pfalz gekommen war, wurde 2001 dort wie eine Königin zu Grabe getragen. Als wir den Dom verließen, sahen Peter und ich uns an und wussten, dass wir es richtig gemacht hatten.

Der Assistent

Durch den Tod meiner Mutter wurde in unsere Familie und in mein eigenes Leben eine große und tiefe Lücke gerissen. Waren die ersten Tage nach ihrem Tod noch von Aufgeregtheit und Betriebsamkeit geprägt, so stellte sich schon bald darauf ein Gefühl der Leere und Orientierungslosigkeit ein. Nur langsam formte sich die Erkenntnis, dass die bisherige Architektur unserer Familie unwiederbringlich zerstört worden war. Es war, als ob aus einem Rad die Nabe herausgebrochen worden war und die Speichen, nur noch lose durch den Außenreifen miteinander verbunden, quasi in der Luft hingen. Meine Mutter hatte sich immer als Herz und Mittelpunkt der Familie verstanden und es als ihre Aufgabe begriffen, alle und alles zusammenzuhalten. Mit ihrem Tod fiel dieses Zentrum weg, eine Neuorientierung des gesamten Systems war unumgänglich geworden.

Zunächst war ihr Abschiedsbrief an mich meine wertvollste Orientierungshilfe. Ich trug immer eine Kopie bei mir. Damals glaubte ich, dass dieser handschriftliche Brief ihren letzten und vielleicht wichtigsten Auftrag an mich darstellte. Ihre Botschaft bestand aus drei Teilen: Sie bat mich um Verständnis für ihre Entscheidung; sie wünschte sich, dass wir drei Hinterbliebenen uns immer gut verstehen würden; und sie forderte mich schließlich nachdrücklich auf, mich um den Vater zu kümmern. Ich verstand sofort, was sie damit meinte:

In über 40 Ehejahren hatte sie ihren Mann genau kennengelernt und wusste um seine Schwächen in der Bewältigung des praktischen Alltags. Immer hatten die Eltern mit klaren Aufgabenverteilungen untereinander gelebt: Helmut machte Politik, und Hannelore kümmerte sich um den Haushalt, die wirtschaftliche Seite und natürlich um die Kinder. So interpretierte sie ihre Rolle als die Frau an seiner Seite.

Mutter war stets eine überaus tüchtige Familienmanagerin gewesen. Sie allein hatte sich um alle Belange des Wirtschaftens, des Wohnens, der Lebensfürsorge und der Alltagslogistik gekümmert. Mein Vater hingegen lebte schon immer, und nach all den Jahren in höchsten politischen Führungspositionen umso mehr, gleichsam dem Familienalltag entrückt. Ob es verwaltende Aufgaben wie Abrechnungen, Bankangelegenheiten oder Versicherungen waren, ob es um organisatorische Verrichtungen ging wie Handwerkertermine, die Reparatur der Spülmaschine und der TÜV-Termin für das Auto, oder zwischenmenschliche Bereiche wie unsere Erziehung: All das waren Themen, die keine Priorität für ihn hatten.

Solange ich mich zurückerinnern kann, war diese Haltung typisch für meinen Vater. Einmal erlitten wir in den 1980er-Jahren nach einem heftigen Sommergewitter einen kapitalen Wasserschaden. Der Keller war teilweise fast eineinhalb Meter hoch geflutet, Möbel und Bücher schwammen in der trüben Brühe, die Wände waren bis hinauf zur Decke völlig durchnässt, die Elektrik ruiniert, und die Heizungsanlage schien den Geist aufgegeben zu haben. Auf gut Pfälzisch »ein einziger Saustall« also. Mutter war völlig entsetzt und mobilisierte sofort ihre Hilfstruppen. Unter ihrer Führung wurde der Keller ausgeräumt, wurden die Handwerker organisiert und alles in kürzestmöglicher Zeit wieder in Ordnung gebracht.

Sie bestellte die Gutachter und setzte eine angemessene Schadensregelung bei der Versicherung durch. Vater hingegen nahm von dieser Situation lediglich Kenntnis, auch das allerdings nur telefonisch, und kümmerte sich anschließend um nichts. Als er am nächsten Wochenende nach Oggersheim kam, fühlte er sich schlicht und ergreifend als nicht betroffen von diesem Thema. Ich mochte mich damit nicht zufriedengeben und wollte von ihm wissen, wie er den Wasserschaden einschätzte. Ich bekam nur eine grummelige, vage Antwort. Ich insistierte, und schließlich musste er zugeben, dass er nur ein einziges Mal kurz die Kellertreppe hinuntergeschaut hätte.

Als unser Haus, wie bereits beschrieben, sicherheitstechnisch umgebaut werden musste, entschied sich mein Vater, für einige Monate auszuziehen, um durch den Bautrubel nicht in seiner Arbeit gestört zu werden. Er sagte sinngemäß zu seiner Frau: Mach das mal, ich komme wieder, wenn alles fertig ist, und ich bin sicher, dass es sehr schön wird.

Ich brauche nicht zu wiederholen, wie umfangreich die erforderlichen Baumaßnahmen waren, und jeder kann sich vorstellen, wie viel Lärm und Dreck dabei entstand. Die ganze Operation dauerte monatelang und war für die drei im Hause verbliebenen Bewohner eine Belastung. Ich gebe zu, dass auch mein kindliches Gerechtigkeitsempfinden dadurch in Mitleidenschaft gezogen wurde, und zwar aufgrund der Tatsache, dass ausgerechnet derjenige, der doch den »Grund« für all das lieferte, sich heimlich, still und leise dem ganzen Stress entziehen konnte.

Als Bundeskanzler und Parteivorsitzender war Helmut Kohl es gewohnt, sich nur um Dinge zu kümmern, die aus seiner Sicht »wirklich wichtig« waren. Alles andere wurde delegiert.

Dafür gab es Referenten, Sachbearbeiter und Assistenten, die mit den gewünschten Ergebnissen zurückzukommen hatten. Er tat alles, um sich nicht mit »Kleinigkeiten« aufzuhalten. Diese Haltung übertrug er konsequent auf sein Privatleben, und als eheliche Arbeitsteilung funktionierte sie nach außen hin vollkommen problemlos, auch wenn Hannelore intern nicht selten über die Abwesenheit Helmuts schimpfte, und sie empfand es durchaus auch als Desinteresse seinerseits. Ob sie allerdings wirklich glücklicher gewesen wäre, wenn er sich aktiv eingeschaltet hätte, wage ich zu bezweifeln, denn wenn sie einmal eine Aufgabe als die ihre angenommen hatte, dann wollte sie auch der unangefochtene Chef in ihrer Erfüllung sein.

Doch nun gab es daheim keine Kümmer-Instanz mehr. Im Spätsommer 2001 musste eine neue Lösung gefunden werden. Aufgrund von Mutters Abschiedsbrief an mich nahm ich nun diese Verpflichtung an. Ich ernannte mich quasi, aus der Not des Augenblicks heraus, zum Assistenten meines Vaters, mit dem Ehepaar Seeber, das in Oggersheim lebte, an meiner Seite. Wir bildeten nunmehr eine Arbeitsgemeinschaft, um meines Vaters Alltag zu managen.

Schon sehr bald stellte ich fest, dass sich aufgrund der jahrelangen Krankheit von Mutter und ihrer zunehmend eingeschränkten Einsatzfähigkeit ein erheblicher Stau an Aufgaben ergeben hatte. Schon etwa zwei Jahre vor ihrem Tod war sie so schwer von der Krankheit gezeichnet, dass sie meiner Meinung nach de facto nicht mehr voll entscheidungsfähig war. Deshalb konnte sie sich in den letzten Lebensjahren um vieles nicht mehr kümmern, und somit war eine doch recht unübersichtliche Situation in vielen Angelegenheiten meiner Eltern entstanden.

In Zusammenarbeit mit unserer Hausbank, der Versicherung und unseres Steuerberaters wurde binnen weniger Monate der bürokratische Aufgabenstau abgearbeitet. Im Prinzip arbeitete ich meinem Vater dabei zu wie ein Vorstandsassistent. Da wir etwa 150 Kilometer entfernt voneinander entfernt lebten, fasste ich wichtige Dinge zunächst in kurze schriftliche Vorlagen für ihn zusammen und faxte sie ihm zu, sodass wir möglichst viel per Telefon entscheiden konnten, was ich dann anschließend erledigte. Irgendwann bemerkte ich jedoch, dass er meine Vorlagen nur noch flüchtig las, wenn überhaupt, und eine Diskussion ihn letztlich gar nicht interessierte. Er wollte die Dinge einfach erledigt sehen. Also änderte ich mein Vorgehen und teilte ihm einfach meine Empfehlung für eine konkrete Entscheidung mit. Seine Standardantwort war dann:

»Mach das so.«

Diskussionen oder kritische Rückfragen gab es so gut wie nie. Er spürte, dass ich in seinem Sinne handelte, und wollte nur immer das letzte Wort haben, auch wenn dies de facto ein Einverständnis war. Die neue Kümmerer-Struktur war definiert. Vor Ort in Oggersheim kümmerte sich das Ehepaar Seeber rührend um meinen Vater, sodass eine fast vollständige Betreuung seiner Person gewährleistet war. Alle Haushaltsthemen besprach Frau Seeber direkt mit mir. Ich übernahm eine Art Gesamtleitung.

So ausgebrannt ich mich in jener Zeit fühlte, so sehr lief doch der »Kümmerer« in mir zur Hochform auf. Alles, worum ich mich kümmerte, ging mir mit Leichtigkeit von der Hand.

Allerdings war, objektiv betrachtet, nicht all mein Sorgen so unabweisbar notwendig wie im Falle meines Sohnes. Vater zu sein – *aktiver* Vater – ist im Zeichen einer schwierigen, konfliktgeladenen Trennung nicht eben leicht, insbesondere in einer Situation von großer emotionaler Spannung. Es dennoch zu schaffen, auch gegen den zeitweiligen Willen der Mutter, erfordert ein gerütteltes Maß an Selbstüberwindung. Kinder wollen, allen emotionalen und logistischen Hindernissen zum Trotz, ihre Beziehung zu beiden Eltern behalten. Dass all dies keine Selbstverständlichkeit ist, wissen viele »Scheidungseltern«. Ein neues Gleichgewicht muss erarbeitet werden. Dieser Prüfung musste ich mich jetzt stellen und bin glücklich, dass das Band zwischen ihm und mir in dieser kritischen Zeit nicht zerriss, sondern seither nur immer fester geknüpft wurde.

Und dann gab es ja noch meinen Beruf. Und damit nicht genug: Ich fühlte mich berufen, mich noch um etwas anderes zu kümmern. Mein Bruder Peter schrieb gemeinsam mit der Journalistin Dona Kujacinski und unter tätiger Mithilfe seiner Frau Elif ein Buch über das Leben und Vermächtnis Hannelore Kohls. Ursprünglich sollte ich neben Peter als Koautor auftreten, doch dann verließ mich der Mut. Oder soll ich sagen, die Kraft? Vielleicht war da auch eine Instanz in mir, die rigoros Prioritäten zu setzen begann. So unterstützte ich das Buchprojekt durch Recherche, Diskussion und Gegenlesen des Manuskripts. Mehr war nicht möglich, denn schlafen musste ich ja auch noch ein paar Stunden.

Mein Leben war also vollständig ausgefüllt, wie aber sah es in mir selbst aus? Ich hatte mich zum perfekten Assistenten entwickelt, der sein Leben an den Bedürfnissen anderer ausrichtete. Ich versuchte es allen recht zu machen und bemerkte nicht, dass ich mich selbst immer mehr zu verlieren begann. Erst langsam ließ der Druck etwas nach.

Die Zeit, die ich mit meinem Sohn verbrachte, waren meine glücklichsten Stunden. Das Buch über meine Mutter wurde ein großer Erfolg. In Oggersheim entspannte sich die Lage zunehmend. Somit rückte für mich die berufliche Tätigkeit wieder stärker in den Mittelpunkt. Doch etwas war anders geworden. Der gewohnte Kreislauf aus Sitzungen, Beschlüssen, Revisionen der Beschlüsse und so weiter befriedigte mich überhaupt nicht mehr. Der Winter verging, ein neues Frühjahr zog herauf, ich hatte viel gearbeitet, aber was hatte ich für mich selbst erreicht? Ich war hilfreich gewesen, hatte mich nützlich gemacht, hatte bewusst und aktiv zum Gleichgewicht des familiären Systems beigetragen, das heißt, vielmehr zu dem, was davon noch übrig war. Erneut empfand ich eine Leere in meinem Leben. Eine Lösung, um sie zu füllen, sah ich nicht, da war ich hilflos. Ich verglich mich selbst mit einer Filmkulisse: optisch gut aufgestellt, aber alles eigentlich nur Fassade. Da war sie wieder, diese innere Leere, und mit der Zeit konnte ich sie immer weniger ignorieren. In ruhigen Momenten klang der Widerhall der Frage eines Kindes, meines Sohnes, in mir wider.

Papa, ist das Leben schön?

Eines Tages aber musste ich herzhaft lachen. In einem Artikel über Franz Josef Strauß las ich ein mir wohlbekanntes, allerdings in Vergessenheit geratenes Zitat von ihm:

Everybody's darling is everybody's depp.

Mit unnachahmlicher Stilsicherheit an der Grenze zwischen Bonmot und Kalauer brachte FJS damit auf den Punkt, was mein eigenes Problem war. Ich »wurde gelebt«, anstatt selbst zu leben! Das Gefühl, in Oggersheim immer weniger gebraucht zu werden, verschaffte mir einerseits Erleichterung, andererseits verstärkte es das Gefühl der Unruhe und Ziellosigkeit. Emotional fühlte ich mich nach dem Freitod meiner Mutter hin- und hergeworfen, aber es war mir klar geworden, dass ich das Vakuum mit den alten Rezepten nie mehr würde füllen können. Das war zunächst nur schwer zu ertragen, aber doch eine notwendige Erkenntnis.

Mein Leben hatte kein wirkliches Zentrum, um das es kreisen konnte. Ich schweifte darin umher, auf erratischer Bahn wie ein Komet, der heimatlos durch den Raum fliegt. In meinem verzweifelten Bemühen, mit dem »Sohn vom Kohl« meinen Frieden zu finden, verfiel ich von einem Extrem ins andere. Ich begehrte nicht mehr auf, stattdessen floh ich in die Überanpassung. Ich hatte die Seiten gewechselt, aber die Regeln des Spiels waren dieselben geblieben. Ich floh nicht mehr vor dem langen Schatten meines Vaters ins Ausland, stattdessen hatte ich in seinem Schatten den Assistenten gespielt. Das konnte nicht gutgehen, aus *everybody's darling* musste irgendwann *everybody's depp* werden, zumal sich das menschliche Verhältnis mit meinem Vater durch meine Tätigkeit nicht verbesserte. Im Gegenteil: Nach einer Weile begann er mich so zu behandeln, wie er in Kanzlerzeiten seine Mitarbeiter behandelt hatte. Als er dazu überging, mir seine Weisungen immer häufiger durch sein Berliner Büro mitteilen zu lassen, und es immer schwieriger wurde, gemeinsame Termine zu finden, dämmerte mir, dass ich unrealistischen Erwartungen aufsaß.

Auch und gerade nach dem Tod meiner Mutter suchte ich durch Erfüllung, ja Übererfüllung von Aufgaben, die mir eigentlich niemand ausdrücklich gestellt hatte, Liebe und Anerkennung zu erwerben. Mein sehnlichster Wunsch war es,

beliebt zu sein und akzeptiert zu werden. Dieses Streben hatte etwas Verbissenes, geradezu Obsessives. Gut gemeinte Warnrufe überhörte ich geflissentlich. Ich wurde zum Musterschüler meiner Mutter.
Wenn ich alles richtig mache, dann wird alles gut.
So mancher attestierte mir ein Helfersyndrom. Wohl nicht zu Unrecht. Ich rieb mich für die Bedürfnisse anderer auf und wunderte mich dann, dass ich keine Zeit und Kraft mehr hatte, mich um meine eigenen zu kümmern. Auch einer meiner Vorgesetzten trug dazu bei, dass ich schließlich aufwachte.
»Herr Kohl, was Sie mit der rechten Hand aufbauen, das zerstören Sie sogleich mit der linken.«
Diese Aussage besagte nichts anderes, als dass ich in der Kollegenschaft als unausgeglichen und sprunghaft wahrgenommen wurde. Wo ich mir doch zugutehielt, verlässlich und berechenbar zu sein! Wie unterschiedlich Selbst- und Fremdbild manchmal doch sein können ...
Im ersten Augenblick fand ich sein Urteil zu hart, dabei war es gar kein Urteil, sondern nur ein ehrliches Feedback. Und der Mann hatte recht: Ich war nicht ich selbst, ich war eine fremdgesteuerte Kümmer- und Funktionsmaschine, auf verzweifelter Suche nach Bestätigung und Anerkennung.
Langsam, aber sicher kam ich an den Punkt, wo ich wahrnahm, dass ich einen rast- und ruhelosen Kampf führte. Und so wurde ich auch von anderen wahrgenommen: als ein mit sich selbst kämpfender, im Grunde immer noch aggressiver Mensch. Der Unterschied zu früher war lediglich, dass sich meine Aggressivität jetzt mehr gegen mich selbst richtete. Anders als in meiner Sturm-und-Drang-Zeit reagierte ich die Energien von Zorn, Groll und der dahinter lauernden Angst nicht mehr nach außen ab, sondern nach innen. Nach außen

hin war dies als Übermotivation spürbar, mit der ich meine Lieblingsprojekte anging, als ein Zuviel an Ungeduld im Umgang mit Dingen, die nur mit innerer Ruhe zum Erfolg geführt werden können, als Kehrtwendung *ex abrupto*, wenn ich selbst meinte, nur spontan-kreativ zu sein. Da war noch so viel nicht gewandelte aggressive emotionale Energie in mir. Ich suchte mir zwar nicht mehr äußere Gegner, die ich für erlittene oder eingebildete Ungerechtigkeit, Verletzungen und Zurücksetzungen bestrafen wollte, aber mein inneres Maschinengewehr hatte ich noch immer geschultert.

Und nun?

Konnte es mit mir so weitergehen? Sollte dies mein Lebensweg bleiben? Wollte ich so sein? Die Antworten wurden immer deutlicher, immer ernüchternder, um es zurückhaltend auszudrücken. Nein, dieses Leben war nicht schön, es war verkorkst, und ich steckte tief in der Sackgasse. Ich spürte immer mehr, dass ich mich nun entscheiden musste.

Ich fühlte mich ausgepumpt, total leer. Ein sonderbares Detail bewies, in welchem Maße ich mich selbst negierte: Ich verlor meinen Geschmackssinn. Monatelang! Ich konnte tatsächlich nicht mehr schmecken, was ich aß. Essen degenerierte zur reinen Kalorienaufnahme. Ich hatte den Geschmack am Leben verloren, ich verlor mich selbst …

Meine Mutter hatte Selbstmord verübt, meine Ehe war gescheitert, beruflich fühlte ich mich fehl am Platz, mit einem Wort: Meine ganze Existenz schien sinnlos. Wohl ging ich allen Tätigkeiten, die von mir erwartet wurden, pflichtschuldigst nach, doch ich funktionierte wie auf Autopilot. Immer wieder ging sie mir durch den Kopf, diese Frage:

Papa, ist das Leben schön?

Ich fühlte mich wie in Packeis eingeschlossen, emotionale Eisbrocken schlossen mich immer dichter ein. Meine Gefühle und Gedanke waren erstarrt. Ich begann, über den Tod »nachzudenken«, wie ich es nannte: Im Grunde war es ein emotionales Sich-Hineinarbeiten in ein existenzielles Grenzland.

Gibt es eine Todessehnsucht? Irgendwann ja, spätestens wenn in einem der Wunsch entsteht, sich an den Tod heranzutasten, ihn vielleicht als letzten Ausweg anzunehmen. Und je länger ich mich dieser Beschäftigung hingab, desto angenehmer und attraktiver erschien mir der Tod, zunächst. Er wurde zu einem lächelnden, lockenden Begleiter.

Wenn ich mit dem Motorrad auf den schmalen Landstraßen des Hintertaunus und des Westerwaldes fuhr, dann suchte ich den Nervenkitzel des rasanten Ausfahrens der engen Kurven. Ich verspürte keine Hemmungen mehr, mein Leben und meine Gesundheit aufs Spiel zu setzen. Ich fuhr wie in Trance. Zwar achtete ich peinlich darauf, andere Verkehrsteilnehmer nicht zu gefährden, doch auf den zumeist schwach befahrenen Landstraßen konnte ich richtig Gas geben und die Gefahr in der Magengrube spüren. Deshalb fuhr ich hinaus, nur deshalb. Mehr als einmal ließ ich mich an den Rand der Kurve, an den Rand von allem tragen, und für einen Sekundenbruchteil blickte ich in den Abgrund in mir. Doch stets fing ich die Maschine knapp ab. Es war eine Form von Trance, eine Mischung aus Desinteresse und Euphorie, die sich meiner bemächtigt hatte. Ich beobachtete mich selbst, wie ein Zuschauer einen Film betrachtet. Doch selbst diese Erfahrung wurde mir schal, die Fahrten uninteressant, ich konnte mich damit immer weniger ablenken.

Ein Song der Rockband Cinderella drückte meine Gefühle aus. Er trug den Titel: »You don't know what you got until it's gone.« So vieles war zerbrochen, schien für immer verloren. Immer weniger mochte ich an mein Glück, an meine Zukunft glauben.

Ich war ein wandelnder Widerspruch. Sosehr ich im Kopf auch wusste, dass ich etwas tun musste, so regressiv war mein

Verhalten. An einem schönen Frühlingsabend saß ich vor dem Panoramafenster meines Wohnzimmers. Die frische Frühlingssonne schien herein, und ich überlegte wieder einmal, wie es denn nun weitergehen solle. Ich saß in meinem Lieblingssessel, blickte auf die lebenspralle Frühlingslandschaft. Welch ein Widerspruch. Um mich herum erblühte alles, und ich war nur noch ein Schatten meiner selbst.

Meine Bilanz war ernüchternd, freundlich ausgedrückt. Die Aufgaben aus dem Vermächtnis meiner Mutter hatte ich nach bestem Vermögen zu erfüllen versucht. In Oggersheim wurde ich nun wirklich nicht mehr gebraucht, mein Vater war »gut aufgestellt«, zumal die Seebers ihn weiterhin mit großer Herzenswärme und einem gesunden Pragmatismus umsorgten. Beruflich hatte ich einige Sprossen auf der Karriereleiter erklommen, allerdings mit wenig Perspektive und ohne Freude an meiner damaligen Tätigkeit. Wollte ich mich weiter einfach treiben lassen? Wenn ich nur lernen würde, im richtigen Moment zu schweigen, anstatt es besser machen zu wollen. Wie hatte ein bestimmter Kollege neulich zu mir gesagt:

»Herr Kohl, seien Sie doch einfach ruhiger. Warum interessiert Sie es eigentlich, alles immer besser machen zu wollen, es ist doch nicht Ihr Geld. Geben Sie einfach Ruhe, laufen Sie einfach mit. So können Sie in Ruhe hierbleiben, und in x Jahren, wenn ich in Rente gehe, kriegen Sie wahrscheinlich meinen Job.«

Daheim war es nicht besser. Nichts war in meinem Privatleben geklärt, jeder lief vor sich und dem anderen weg, das Ende der Ehe war fühlbar nahe. Früher oder später würden Entscheidungen gefällt werden müssen, ich wusste, dass kaum noch Hoffnung auf eine glückliche Gemeinsamkeit bestand.

Ich musste mir eingestehen, dass meine privaten Träume geplatzt waren.

Die warme Sonne schien durchs Fenster, und ich räkelte mich erstaunlich entspannt in meinem Sessel. Innerlich aber war ich sehr müde, fast schon desinteressiert an meinem eigenen Schicksal. Zu viele Krisen, zu viele Kämpfe. Ich betrachtete mich von außen, wie man als Unbeteiligter einen Unfall auf der Autobahn wahrnimmt. Ich erschien mir völlig entfremdet von mir selbst. Klar, ich konnte in Urlaub gehen, körperliche Kraft sammeln – und dann wieder zurück ins Hamsterrad. Aber wofür? Ich kam mir vor wie eine bloße Hülle ohne Inhalt, nicht wie ein Mensch aus Fleisch und Blut.

In dieser zutiefst destruktiven Stimmung entstand auf einmal dieser Gedanke.

Soll ich den Weg meiner Mutter gehen?

Je mehr ich es bedachte, desto mehr schien dafür zu sprechen. Zu verlieren hatte ich, wie mir schien, gar nicht viel, und eine große Lücke würde ich auch nicht hinterlassen. So dachte ich auf einmal. Langsam begann ich mir ein passendes Szenario auszumalen, zunächst mehr sporadisch, rein spielerisch, wie ich mir weismachen wollte, dann jedoch zunehmend systematisch, mit Ziel und Willen. Und irgendwann begann ich konkrete Vorbereitungen zu treffen.

Meine Widersprüchlichkeit kulminierte in dem Dialog zweier Stimmen in meinem Kopf. Die eine sprach: Eh alles egal, was soll das alles noch? Sieh doch endlich ein, du hast es vergeigt. Es ist kein Platz auf dieser Welt für Versager. Die andere: Das kann's doch nicht gewesen sein! Wofür denn dann die ganze Arbeit, die jahrelange Plackerei? War das alles umsonst? Hast du nichts gelernt oder erworben, das jetzt helfen würde? Jetzt, wo du eine Lösung brauchst, sitzt du nur rum und jammerst.

Je nach Tagesform neigte ich mal zur einen, mal zur anderen Seite. Ich schloss schließlich einen Kompromiss mit mir selbst:

Setz dir einen Termin. Wenn du bis Weihnachten nichts findest, was dich weiterbringt, dann mach es!

Dieser Kompromiss hatte in meinem defätistischen Zustand den subjektiven Vorteil, dass ich selbst nichts mehr zu entscheiden brauchte: Ich arbeitete einfach zwei verschiedenen Schicksalskräften zu. Das befreite. Der selbstgemachte Druck war plötzlich weg. Somit gab es auch einen objektiven Vorteil: Ich vermochte wieder den Kopf zu heben und nach vorn zu schauen. Ich konnte offen sein für etwas Neues. Es hieß, nach einer möglichen Zukunft zu suchen und gleichzeitig den eigenen Abgang vorzubereiten.

Mental hatte ich resigniert und war bereit, mich aufzugeben. Ich begann methodisch zu überlegen und zu planen. Wie muss man sterben, damit die Lebensversicherung ausgezahlt werden kann? Welche Art von Unfall ist die »richtige«? Wann und wie soll es stattfinden, damit es unverdächtig ist? Sollte meine Leiche gefunden werden oder nicht? Ja, sie musste gefunden werden, dafür entschied ich mich nach gründlicher Recherche. Meine Überlegungen liefen auf einen Tod im Wasser hinaus, denn das würde unverdächtig sein, schließlich war ich ein begeisterter und erfahrener Taucher. Ich hatte genaue Vorstellungen, wie dieser »Unfall« zu inszenieren sei, am besten in einem bestimmten strömungsreichen Bootstauchgang weit vor der Küste im Roten Meer. Ich kaufte sogar eine neue Ausrüstung mit nagelneuen, hochwertigen, technisch einwandfreien Lungenautomaten, mit Tauchcomputer und Tarierweste, damit keinerlei Zweifel aufkommen würde, dass es ein Unfall war. Meine Planungen wurden immer konkreter. Ich fixierte ein komplettes Szenario, das ich kurzfristig »auslösen« konnte, einen Plan, der nur auf seine Umsetzung wartete, so wie ich es als Controller und Reserveoffizier gelernt hatte.

Das war mein sogenannter Plan, doch mein Herz rebellierte. All diese theoretischen Überlegungen kamen mir vor wie die Ausgeburt einer schrecklichen Krankheit. Immer wenn ich mein Kind sah, stach es mir ins Herz. Wie konnte ich mich einfach so davonstehlen? Da gab es einen Menschen, der mir bedingungslos vertraute. Was würde aus ihm werden? Alles, was ich mit meiner Mutter erlebt hatte, würde ich nun auch ihm zumuten. Das war unerträglich. Ich konnte doch nicht einfach so sang- und klanglos abtreten! In mir stritten widersprüchliche Stimmen, doch die Lösung kam plötzlich wie von allein.

Zusammen sahen wir im August 2002 im Fernsehen einen Bericht über das katastrophale Elbehochwasser. Mein Sohn war über die Bilder der Zerstörung und des Leids der Menschen entsetzt und fragte mich, ob so etwas auch bei uns passieren könnte. Ich erklärte ihm, dass bei uns ein Hochwasser aufgrund der Lage unseres Hauses auf einem kleinen Hügel unmöglich sei. Doch die sachliche Erklärung schien ihm nicht zu genügen, denn er schaute mich weiter mit großen, fragenden Augen an. In diesem Moment übernahm mein Herz und ließ mich sagen:

»Du musst dir keine Sorgen machen, dein Papa ist immer für dich da.«

Er schenkte mir ein strahlendes Kinderlächeln voller Liebe und Vertrauen. In dieser Sekunde wusste ich, dass ich nicht gehen würde. Meine Verpflichtungen gegenüber anderen Menschen waren wertvoll, Vater zu sein schenkt Lebensinhalt und Sinn. Nun war klar, dass ich mein Leben Schritt für Schritt neu aufbauen müsste. Ich brauchte den Mut, um wieder Vertrauen und Liebe in mir zuzulassen, auch wenn dies ein jahrelanger Weg werden sollte.

Mut zu neuen Wegen

»Ich liebe dich!«

Sie sagte diese Worte ganz leise zu mir. Ich wandte den Kopf zur Seite.

»Ich liebe dich!«

Sie wiederholte es und nahm mein Gesicht fest in ihre Hände, zwang mich dazu, sie anzusehen. Ich wich ihrem Blick aus, fühlte mich völlig überfordert. Wir kannten uns schon eine lange Zeit, und ich mochte sie sehr. Ich war gern mit ihr zusammen, genoss ihre Freundschaft und fühlte mich in ihrer Nähe geborgen. Uns verband echte Freundschaft, doch Liebe?

Wie kann sie das zu mir sagen? Liebe, daran glaube ich nicht mehr, was für ein Blödsinn.

So schoss es mir durch den Kopf. Es rumorte in mir. Mit aller Kraft begehrte ich gegen drei Worte auf, die das Leben eines Menschen verändern können. Vor meinem inneren Auge spulte sich in Sekundenschnelle ein Film ab, der meine Gefühle gefangen setzte, der mein Leben bestimmte: meine tote Mutter, die Trennung von meiner ersten Frau, das Dasein als Wochenendvater, meine triste Arbeitssituation. Bitterkeit stieg in mir hoch.

Wie kann man einen Menschen wie mich lieben?

»Ich hoffe, du liebst nicht den Falschen«, hörte ich mich selbst sagen, trotzig und unzugänglich, und es tat mir sogleich zutiefst leid. Doch es war gesagt, ein Tropfen Gift verspritzt worden. Sie wich zurück, ihr Gesicht wurde blass.

»Es tut mir leid, so habe ich das nicht gemeint.«

Mein Versuch der Wiedergutmachung fiel halbherzig aus. Und hatte ich nicht allen Grund, so zu sein? Waren nicht die Liebe und die Familie die Quellen meines Schmerzes? War die Liebe nicht mehr Schmerz als Freude in meinem bisherigen Leben gewesen? War Liebe nicht eigentlich eine gefährliche Sache, eine versteckte Form des Kampfes, des Unglücks, mehr Kriegsschauplatz als ein Anlass für Glück und Fröhlichkeit?

In mir tobten widersprüchliche Gefühle. Doch sie ließ nicht locker, sie zwang mich erneut dazu, sie anzusehen. Halb lachend, halb weinend gelang mir ein Satz, der sie zumindest ein Stück weit in mein Inneres blicken ließ:

»Wie kannst du einen Menschen lieben, der sich selbst nicht leiden kann?«

Wir schwiegen. Es war kein spannungsvolles, kein problematisches, sondern einfach nur ein sehr trauriges Schweigen. Lange blickte ich in ihre Augen, lauschte dieser traurigen, aber sanften Stille nach.

Wir saßen auf einer Parkbank in der Frankfurter Innenstadt, um uns herum brodelte das Leben der Finanzmetropole zur Mittagszeit. Es war ein schöner, sonniger Frühsommertag, die Menschen eilten die Straßen entlang, gingen ihren Geschäften nach, verfolgten ihre Ziele. Überall pulsierendes Leben. Ich aber saß da wie ein Trauerkloß und konnte die Liebe eines Menschen nicht annehmen, den ich selbst liebte, ohne es mir eingestehen zu können.

Wie auf ein geheimes Zeichen hin lehnten wir uns beide gleichzeitig zurück, und ich schloss sie in die Arme.

Ich liebe dich.

Damals, im Frühsommer des Jahres 2003, war das ein Satz, der mich völlig überforderte, ja, mir bedrohlich erschien. Ich hatte mich ängstlich in mir selbst verkrochen, denn ich war überzeugt davon, dass ich mit der Liebe nur Pech haben würde. Meine Fähigkeit zu lieben schien erschöpft. Und warum sollte ich nochmals nach etwas streben, das anscheinend die Quelle so vieler Schmerzen war? Wollte ich nochmals in die gleiche Falle tappen? Hatte ich denn nichts aus meinen Erfahrungen gelernt, musste ich alle Fehler wiederholen? Hatte ich nicht verständlicherweise Angst, mich einer neuen Liebe zu öffnen?

Kyung-Sook lächelte mich scheu an. Ich hatte sie verletzt, das war offensichtlich, doch sie machte gute Miene zum bösen Spiel, weil sie ahnte, dass es keine Bosheit, sondern Überforderung war. Ihre Liebe für mich war echt und tief. Sie wollte sie mit mir teilen, doch ich verweigerte mich. Noch.

Still saßen wir für eine Weile so da. Meine Mittagspause ging zu Ende. Ich ergriff ihre Hand, und wir gingen zusammen die Straße entlang. Langsam näherten wir uns dem Hochhaus, in dem ich arbeitete. Was würden die Kollegen sagen, wenn sie uns so sähen? Schon wieder schossen mir die Bedenken durch den Kopf. Doch es war bereits etwas anders geworden.

Na und? Sollen sie doch denken, was sie wollen!

Ich nahm Kyung-Sook nochmals in den Arm, drückte sie fest und gab ihr zum Abschied einen Kuss. Noch konnte ich ihr nicht antworten, noch konnte ich nicht sagen:

»Auch ich liebe dich.«

Doch konnte ich spüren, dass sich eine Tür einen Spaltbreit aufgetan hatte, und dahinter, auch das fühlte ich, lag ein Weg, der in ein neues Leben führen könnte.

Würde ich den Mut haben, diesen Weg zu beschreiten, würde ich jemals wieder lieben können?

Nach meinem Auszug aus dem ehelichen Zuhause wollte ich zurück ins Leben, war endlich bereit, über meinen eigenen Schatten zu springen. Aber wie? Plötzlich erhielt ich Hilfe von unerwarteter Seite. Es gibt, im wahrsten Sinne des Wortes, Bücher, die neue Wege weisen können. Ein solches Buch entdeckte ich durch Zufall – oder Fügung? Ich hatte in einer Zeitschrift von einer Frau gelesen, die als politische Dissidentin in philippinischen Gefängnissen gelitten hatte. In dem Artikel wurde ein Buch von Viktor Frankl erwähnt. Den Namen kannte ich vage, das Buch aber nicht. Frankls Gedanken hatten dieser Frau viel Kraft und Inspiration gegeben, so las ich. Mehr aus Langeweile denn aus Interesse recherchierte ich im Internet über Viktor Frankl und war überrascht, welchen Schatz ich entdeckt hatte. Schon der Titel des Buches packte mich.

… *trotzdem Ja zum Leben sagen.*

Als Jude wurde Frankl aus seiner Heimatstadt Wien nach Auschwitz deportiert und überlebte die Gefangenschaft in mehreren Konzentrationslagern nur knapp. Nach jahrelanger Lagerhaft wurde er im April 1945 von US-Truppen befreit. In seinem schmalen, aber inhaltsschweren Buch berichtet er, wie er mit dem Horror der Vernichtungsmaschinerie umging. Ich möchte hier wiedergeben, was er unter der Überschrift »Was weh tut« schreibt:

»Der körperliche Schmerz, den Schläge verursachen, ist – bei uns erwachsenen Häftlingen ebenso wie bei gezüchtigten

Kindern! – nicht das Wesentliche; der seelische Schmerz, will heißen die Empörung über die Ungerechtigkeit beziehungsweise die Grundlosigkeit, ist dasjenige, was einem in diesem Moment eigentlich weh tut.«

Dieser einzige Satz, geschrieben von einem Mann, der Schmerz, Demütigung und Entpersönlichung in viel, viel intensiverer Form erlebt hatte als ich selbst, brachte auch meine Erfahrung auf den Punkt: Am schlimmsten ist jener Schmerz, der völlig grundlos zugefügt wird, der nicht einmal als Bestrafung für irgendwelche Verfehlungen gerechtfertigt werden kann. Die bohrende Frage nach dem Warum erhält niemals eine befriedigende Antwort. Jeder Kampf gegen das Unrecht läuft ins Leere, weil Unrecht keines Grundes oder Anlasses bedarf, um jemandem zugefügt zu werden. Es geht einzig und allein um *Macht* – Macht über Menschen, die aus Gründen, die nicht in ihnen selbst liegen, anders sind, als sie sein sollten.

Es war aber gerade die ungeheure Differenz in der Intensität einer im Kern gleichartigen Erfahrung, die mich an Frankls Schilderung beeindruckte – und beschämte. Ich beklagte mich darüber, dass mir ein selbstbestimmtes Leben versagt blieb, obwohl es mir so unendlich viel besser ging, als es ihm gegangen war – er dagegen klagte nicht. Vielmehr feierte er das Leben. Ja, er feierte es, inmitten tödlicher Gefahr und dumpfester Resignation. Das war ein Schock, der Ordnung in meine Gedanken und teilweise sogar in meine Gefühle brachte. Ich begriff, dass ich herausgefordert war, nochmals bei null anzufangen. Ich spürte, dass ich die Kraft aufbringen musste, um meine Einstellung zum Leben zu hinterfragen und alte Muster aufzulösen, allem voran meine Neigung, mich selbst zum Opfer zu stilisieren.

Hier saß ich in meinem schönen, warmen Wohnzimmer, lümmelte mich im bequemen Sessel und hatte einen traumhaften Blick auf eine friedliche Landschaft. Im Buch auf meinem Schoß wurde die Apokalypse beschrieben, wurde von Menschen berichtet, die alles verloren hatten und die es trotzdem schafften, ungebrochen zu bleiben. Welch ein Kontrast: Ich hatte reichlich Nahrung, ich hatte einen Beruf, Familie, alle materiellen Bedürfnisse waren gestillt. Und trotzdem dachte ich über Selbstmord nach! Dort aber waren gequälte Menschen, die wahrhaftig am Abgrund standen. Sie durchlebten unfassbare Leiden und Ängste. Frankl berichtet alles in einer ruhigen, fast entrückten Weise, die das Erzählte umso packender macht. Er jammert nicht, er findet einen Sinn im Erlebten.

Ich las das Buch ein zweites, ein drittes Mal, und ein großer Druck entstand in mir. Es war, als ob mich dieses Buch mit einer tiefen Nadel stach. Die Nadel trug einen Namen, sie stach zu mit einer Frage: Was ist *mein* Sinn?

Aber noch konnte ich diese Herausforderung nicht konkret fassen. Deshalb begann ich mich mit Frankl und seinem Werk näher zu beschäftigen. Ich entdeckte die von ihm entwickelte Logotherapie und las weitere seiner Schriften. Ich fand im Internet Informationen zu seinen Vorträgen, ich konnte sein Gesicht in Videos sehen, seine Stimme hören und somit ein lebendiges Bild von ihm entwickeln. Und so arbeitete ich mich in die Kernfrage seines Wirkens hinein, ich begann über die Sinnfrage zu lesen und nachzudenken.

Was ist mein Sinn?

Dies war die eigentliche Frage. Die Frage aller Fragen für mich. Die Version eines Erwachsenen von der Frage eines Kindes:

Papa, ist das Leben schön?

Einsicht in das, was für einen selbst richtig und gut ist, beginnt meist mit der Einsicht, dass etwas *nicht* richtig und gut für einen selbst ist. Nun, ich wusste jedenfalls bereits, dass es nicht richtig und nicht gut für mich wäre, weiter der Kümmerer, der Unterstützer, der Zuarbeiter und der Assistent zu sein. Wirkliche Verantwortung zu übernehmen, auch selbst zu führen – das wäre etwas anderes, im Hinblick auf meine Beziehung zu den Menschen. Aber dahinter stand wiederum noch etwas anderes, nämlich die Frage: Wie stehe ich eigentlich zu mir selbst? *Wofür* stehe ich? Aus welcher inneren Quelle speist sich mein Handeln? Aus der mir aufgepfropften Rolle eines »Sohns vom Kohl« oder aus dem gesunden Selbstbewusstsein Walters, der dazu steht, dass er seine eigentliche Rolle im Leben erst noch finden muss, weil er ja erst nach seinem vierzigsten Geburtstag begonnen hat, auf die Suche nach sich selbst zu gehen. Es ging darum, mein authentisches Selbstbild zu finden, ich musste klären: Was bin ich – und was bin ich nicht?

Irgendwann war ich dann in Gedanken so weit und wollte Taten folgen lassen. Als erster Schritt schien es mir ratsam, das Verhältnis zu meiner Mutter neu zu ordnen. Aus einer spontanen Eingebung heraus nahm ich das Original ihres Abschiedsbriefs und steckte auch eine Packung Streichhölzer ein. Am Grab angekommen, legte ich den Brief auf die Stelle, unter der ihr Sarg liegt, und zündete ihn an. Dabei sagte ich:

»Mama. *Ich gebe dir deinen Brief zurück. Ich habe meine Aufgabe erfüllt, so gut es ging. Nimm du deins, ich trage meins. Du bist deinen Weg gegangen, ich gehe nun meinen Weg. Ich wünsche dir alles Gute und bitte dich um deinen Segen und deine guten Wünsche.*«

Während ich diese Worte laut, fast wie ein Gebet, sprach, verbrannte langsam der Brief. Ich spürte sehr deutlich, dass eine große innere Last von mir abfiel, dass ich nun frei sein konnte, Neues zu lernen und ihren Tod in Frieden anzunehmen. Wohlgemerkt: um zu *lernen*. Ein Gefühl der Freiheit und der inneren Weite tat sich in mir auf. Der Zauber dieser neuen Freiheit wirkte nicht sogleich, aber schon nach kurzer Zeit spürte ich die neue Kraft in mir.

Kurz danach geriet ich mit meinem Vater wegen einer wichtigen familiären Angelegenheit in einen heftigen Streit. Spontan entschied ich nun, mich nicht mehr nach meinem bisherigen Schema der Anpassung zu verhalten. Ich war nicht länger bereit, die alten Kompromisse zu schließen und wider besseres Wissen um des lieben Friedens willen seiner Meinung zuzustimmen. Diesmal, so beschloss ich, würde ich konsequent zu meiner Ansicht stehen. Mein Vater vertraute auf seine üblichen Methoden in unseren Konflikten: erst Verniedlichung, dann Aussitzen und schließlich, wenn nichts anderes mehr half, rhetorische Härte und Abbügeln aller für ihn unangenehmen Argumente.

Jetzt hatte ich genug. Ich wusste, es war Zeit, ein Zeichen zu setzen. Ich äußerte mich nicht mehr zu der Angelegenheit und fuhr nach Hause. Dort packte ich alle Unterlagen, die ich für meine Assistententätigkeit in Oggersheim benötigte, sauber sortiert und mit To-do-Listen versehen in mehrere Umzugskisten, fuhr zurück nach Oggersheim und stellte alles in der Diele ab. Ich kündigte damit in derselben rabiaten Art und Weise, mit der Vater sich selbst so manches Problem vom

Hals zu schaffen pflegte. Damit zog ich eine rote Linie, die nicht mehr zu überschreiten war. Auch wenn ich dabei einen Hauch von schlechtem Gewissen verspürte, so überwog doch die Gewissheit, dass es so und nicht anders richtig war.

Und da war sie wieder, jene fast magische Kraft, dank derer sich auf einmal ganz neue Räume erschlossen. Nun hatte ich mich auch gegenüber meinem Vater neu positioniert, ich fühlte mich gegenüber meinen beiden Eltern ganz neu aufgestellt. Es war eine wirkliche Befreiung, und es blieb nicht dabei. Ich offenbarte auch Kyung-Sook meine Liebe, und bald darauf begannen wir, unser Leben gemeinsam zu gestalten. Heute sind wir verheiratet.

Endlich hatte ich eigene Standpunkte gefunden und auch durch Taten markiert und manifestiert. Natürlich hatte das zur Folge, dass unmittelbar nach meiner »Kündigung« verschiedene Freunde meines Vaters mich anriefen und belehren wollten, dass ich so nicht mit ihm umgehen könne, dass das respektlos und übertrieben sei. Es verunsicherte mich nur kurz. Denn es wurde mir klar, dass mich diese Leute nie würden verstehen können und dass sie mich auf meinem neuen Weg weder begleiten konnten noch wollten.

In diesen Gesprächen reagierte ich immer zurückhaltender. Ich argumentierte nicht mehr, ich bedeutete den Anrufern nur noch höflich: So ist es nun, und so wird es auch bleiben. Ich dankte ihnen für ihre Unterstützung meines Vaters und ließ die Gespräche im Sande verlaufen. Meine Gesprächspartner merkten wohl, dass ich nicht mehr wie erwartet reagierte und zogen sich ihrerseits zurück. Heute sind diese Gespräche tief in der Mottenkiste persönlicher Erinnerungen versunken, das gilt für diese Menschen wahrscheinlich ebenso wie für mich. Jeder geht seinen Weg. Für mich war es eine

Zeit der inneren Klärung. Manchmal kam ich mir vor wie beim Aufräumen eines alten, zugestaubten Dachbodens. So viele Dinge und Erinnerungen hatten viele Jahre lang nutzlos herumgelegen, nun galt es, jeden einzelnen Gegenstand anzufassen, ihn zu prüfen, ob er mich weiter begleiten würde oder ob ich ihn entsorgen sollte. Mit der Zeit wurde der innere Dachboden immer leerer, frische Luft strömte ein, kleine Häufchen bewahrenswerter Vergangenheit erwarteten ihre erneute gedankliche Sichtung. Ich blickte nun voraus in einen neuen Lebensraum, der freundlich wirkte und zur Neugestaltung einlud, der meine Kreativität und meinen Lebensmut forderte.

Opferland?!

Opferland – was ist das? Gibt es das Wort überhaupt? Etwas irritiert, mit kritischem Blick schaut mich mein Lektor an. Wir sitzen gemeinsam über meinem Entwurf dieses Kapitels, das für mich von zentraler Bedeutung ist und das ihm anscheinend so wenig sagt. Vielleicht sollten wir das weglassen, damit verwirren Sie den Leser, Herr Kohl – so sein erster Rat. Doch dem will ich jetzt ausnahmsweise einmal nicht folgen, zu wichtig ist das, was ich zu diesem Thema sagen möchte. Auch wenn es mir schwerfällt, es in gefällige Worte zu kleiden.

»Opferland« ist für mich ein innerer Zustand der Selbstaufgabe. Man gibt sich selbst auf, indem man sich in die Rolle eines Opfers begibt, sich darauf zurückzieht, wie die Schildkröte sich in ihren Panzer verkriecht. »Opferland« ist natürlich auf keiner einzigen Landkarte verzeichnet. Es hat keine Postleitzahl, man kann dort nicht hinfahren – muss man auch nicht, denn es kommt zu einem. »Opferland« kann überall sein. Es ist ein innerer Ort: ein Hort des Unfriedens und der Knechtschaft, der Abhängigkeit, der Ohnmacht und der Fron. Vor jedes dieser schlimmen Worte sollte man eigentlich immer ein »gefühlt« setzen. Denn Opferland befindet sich letztlich immer nur in unserem Innern, ausschließlich.

Deshalb hat Opferland auch offene Grenzen – völlig problemlos und formlos reist man ein, oft sogar, ohne es überhaupt zu bemerken. In Momenten der Verzweiflung, des Schmerzes und der Einsamkeit scheint Opferland das einzige Asyl zu sein, das bedingungslos offensteht. Doch das täuscht. Für alle, die drinnen sind, schließt Opferland seine Grenzen. Hinaus kommt man also längst nicht so leicht wie hinein. Und wer einmal drin ist, bekommt die Regeln des Opferdaseins zu spüren: die konsequente Abgabe der Kontrolle über das eigene Leben und das klare Bekenntnis zum Opferstatus.

Opferland ist ein *Way of Life*.

Auf eine gewisse Weise ist das Leben in Opferland sehr bequem. Man wird immer herumchauffiert. Das Steuer übernehmen hier entweder die Umstände oder andere Menschen. Oder beide zusammen. Allerdings hat die Bequemlichkeit ihren Preis, denn diese Chauffeure haben schlechte Ohren. Sie fahren eigentlich nie in die Richtung, die man gern eingeschlagen hätte. So wird man Schritt für Schritt zum Spielball der Umstände – oder anderer Menschen. Je tiefer man ins Opferland hineinfährt, umso willenloser wird man. Schließlich fügt man sich in sein Schicksal und macht es sich, so gut es eben geht, auf dem Beifahrersitz bequem.

Hat man sich einmal mit den Gegebenheiten arrangiert, wird man durchaus empfänglich für die Reize dieses Landes. Opferland überrascht beispielsweise mit einem angenehm ausgeglichenen Klima, ohne eine große Schwankungsbreite in der gefühlten Temperatur. Und man darf sich sicher vor unangenehmen Überraschungen fühlen, die das Leben immer nur wieder auf den Kopf stellen. Alles ist in sich stimmig, die Welt ist erklärbar, die Menschen berechenbar. Und wer sich gelegentlich seiner Gefangenschaft bewusst wird und darüber zu klagen beginnt, darf sich des Mitleids seiner Mitmenschen sicher sein. Dies ist nur an eine einzige Bedingung geknüpft:

Man darf andere Maßstäbe zulassen als die hier gültigen – am leichtesten schafft man das, indem man alles durch die Brille eines Opfers sieht. Das hat den nicht von der Hand zu weisenden Vorteil, dass man sich nicht um Auswege bemühen und keine Verantwortung übernehmen muss. Schließlich sind ja alle Schuldfragen geklärt: Immer sind es die anderen oder die Umstände, die für den eigenen Schmerz und die Misere verantwortlich zeichnen. Ja, in Opferland hat man's leicht, auch wenn man's schwer hat: Man sitzt einfach nur auf dem Beifahrersitz und lässt sich als Zuschauer des eigenen Lebens durch den Alltag chauffieren …

Lange Jahre war ich ein vorbildlicher Bewohner von Opferland. Ich suchte Gerechtigkeit dort, wo keine sein konnte, ich suchte Sinn dort, wo alles doch nur ein Spiel der Umstände war. Vor allem verstrickte ich mich immer wieder in der Frage nach dem Warum. Warum musste ich der »Sohn vom Kohl« sein? Warum konnte ich nicht unbehelligt mein Leben führen wie andere Menschen? Warum, warum, warum …?

Es kommt dann einmal der Punkt, an dem die Erfahrungen der Vergangenheit die Erfahrung der Gegenwart zu bestimmen beginnen. Das nenne ich die »Opferbrille«. Die Sicht auf das Leben wird selektiv und einseitig. Und das zementiert den Opferstatus immer wieder mit frischem Beton, denn jede neue Erfahrung bestätigt die einmal eingenommene Sicht. So wird das ganze Leben zu einer *Self-fulfilling prophecy*, zu einem einzigen Teufelskreis aus schlechten Erfahrungen der Vergangenheit und Antizipation schlechter Erfahrungen in der Zukunft, die dann auch eintreten, weil man den gegenwärtigen Moment in seinen Möglichkeiten und seiner Schönheit immer weniger wahrnimmt – ebenso wenig wie die Chancen, die er bietet.

So kam es, wie es kommen musste. Irgendwann verlor ich den Glauben an mich, an mein Glück, an meine Fähigkeiten, an den Sinn meiner Existenz. Irgendwann begann ich mich selbst zu demütigen und zu erniedrigen, indem ich mich mit sogenannten Siegern zu vergleichen begann, mit Menschen, die genauso alt waren wie ich, die aber offensichtlich so viel mehr in ihrem Leben erreicht hatten.

Ich perfektionierte mein Opferland. Außen in der Welt war ich nur noch der »Sohn vom Kohl«. Eine meiner Lieblingsredewendungen in diesen Jahren war, dass es völlig egal ist, was ich tue, ob es gut und erfolgreich ist oder nicht. Denn wenn es gut oder erfolgreich ist, dann habe ich es nur erreicht, weil ich der Sohn meines Vaters bin, und wenn es schlecht gelaufen ist, dann ist es ja eindeutig, dass der Sohn von Helmut Kohl genauso ein Loser sein muss wie sein Vater. Auch hier amüsierte ich mich teilweise über das Phänomen, dass die Hälfte der Leute meinen Vater teils begeistert wählten, während die andere Hälfte ihn dann ebenso entschieden ablehnte.

Um das Opferland verlassen zu können, ist es essenziell, sich dieser eigenen Bitterkeit offen und ehrlich zuzuwenden, sie zuzulassen, sie anzunehmen. Natürlich fühle ich dabei eine gewisse Scham und Peinlichkeit, aber ein ehrlicher Blick in den eigenen inneren Spiegel ist nun mal nicht ohne Preis. Deshalb schreibe ich diese Zeilen, die kein Ruhmesblatt meiner kleinen persönlichen Geschichte sind, die aber den Kern der Herausforderung »Leben oder gelebt werden« spiegeln. Bist du im Opferland, dann musst du es auch vor dir selbst zugeben können, denn nur dann kannst du irgendwann aus dem Opferland ausziehen.

Der Auszug aus dem Opferland beginnt mit dieser inneren Prüfung: Schafft man es, die alte Scham, die alten Muster zu überwinden und sich den alten Belastungen mit neuen Perspektiven und neuem Denken zu nähern? In meinem konkreten Fall: Kann ich mich an die Wurzel meines Walter-Opferlandes heranwagen, ohne in meine alten Rituale zu verfallen, ohne mich selbst zu bemitleiden? Kann ich meinen Eltern mit neuem Denken versöhnt begegnen?

Meine Eltern

Was Helmut (*1930) und Hannelore (*1933) von vornherein verband, waren die typischen biografischen Bruchlinien ihrer Generation, für sie beide markiert durch den Gegensatz zwischen einer behüteten Kindheit in bürgerlichen Familien und der traumatischen Erfahrung der Kriegsjahre sowie, als Jugendliche, der Mangelsituation im Nachkriegsdeutschland. Sie teilten viele ähnlich geartete Erfahrungen, allerdings zogen sie daraus gänzlich unterschiedliche Konsequenzen für ihr Leben.

Bis in ihr zehntes Lebensjahr lebte meine Mutter in Leipzig, als wohlbehütete Tochter aus gutem Hause. Dann kamen die Bombennächte. Für sie und ihre Eltern begann eine jahrelange Odyssee, mit der Flucht vor dem Krieg, dem Hunger, den Russen. Sie war noch keine zwölf Jahre alt, da leistete sie in Döbeln/Sachsen »Bahnhofsdienst«. Das heißt, sie war als Helferin für die Betreuung von Flüchtlings- und Verwundetenzügen aus dem Osten eingesetzt. Sie sah sterbende Menschen, zerschossene Leiber, Kinder, die sich an ihre toten Mütter klammerten. Einige Wochen nach Kriegsende hatte sich die Familie nach Mutterstadt bei Ludwigshafen, dem Heimatort des Vaters, durchgeschlagen.

Ihre Erinnerungen handelten vom Terror der Bombennächte, vom Elend des Krieges, von den Demütigungen der Flucht; Verletzungen, die nie vergessen wurden. Die seelischen Narben, die sie hinterließen, ließen meine Mutter empfindsam werden für kleinste Dissonanzen in dem Leben, das sie für sich, ihren Mann und ihre Kinder aufbaute.

Für immer blieb »der Krieg« ein ständiger Begleiter für sie, und das in einem sehr konkreten, sinnlich erfahrbaren Sinn. Bilder, Gerüche, Geräusche von damals waren im Unterbewusstsein unlöschbar abgespeichert und drängten sofort heraus, wenn nur die entsprechende Assoziationskette durch – teilweise ganz banale – äußere Eindrücke ausgelöst wurde. Als unser Haus in Oggersheim in den 1980er-Jahren, wie beschrieben, aus sicherheitstechnischen Gründen umgebaut werden musste, bat ich sie, im Zuge der baulichen Maßnahmen im Garten doch auch eine Grillecke einzurichten. Es war lediglich ein Versuch, die mir günstig erscheinende Gelegenheit zu nutzen, um einen einfachen Wunsch erfüllt zu bekommen. Für sie dagegen war es der Auslöser für einen *Flashback*, ein plötzliches Überwältigt-Werden von der Erinnerung an den Krieg. Sie flippte geradezu aus. Nie wieder käme ihr offenes Feuer ins Haus, schrie sie mich an, als ob durch meine naive Bitte ein Überdruckventil geöffnet worden sei. Es sprudelte nur so aus ihr heraus: ihre Erinnerungen an einstürzende Häuser, durch Phosphorbomben in Flammen gesetzten Asphalt, an den Geruch von verbranntem Menschenfleisch. Ich schwieg und hakte meinen Wunsch ab.

Doch dann überraschte sie mich. Der Umbau schritt voran, und zu meiner großen Überraschung war auf einmal eine kleine Grillecke installiert. Ich war baff, traute mich aber nicht, sie darauf anzusprechen. So war sie, unsere Mutter: Sie verfügte immer wieder über überraschende Reserven, wenn es darum ging, Selbstüberwindung zu beweisen und damit ihren Kindern ein Vorbild zu sein. Die Grillecke blieb bis heute unbenutzt, denn ich habe es nie übers Herz gebracht, offenes Feuer in ihr Haus zu bringen.

Natürlich hörten wir Kinder viel, sehr viel vom Krieg und von der Flucht. Mutter schilderte eindringlich die Angst und die Gefühle der Ohnmacht gegenüber all der Gewalt und dem Elend, die alle Menschen damals empfanden. Und sie wurde nicht müde, uns zur Dankbarkeit für den Frieden und Wohlstand, den wir genossen, zu erziehen. Immer wieder betonte sie, dass sich alles jederzeit und schlagartig wieder ändern könne. Ja, sie lebte in der festen Überzeugung, dass man von heute auf morgen wieder alles verlieren könne. In gewisser Weise blieb sie zeitlebens ein heimatloser Mensch. Immer wieder brach ihre Angst durch, dass sich der damalige Absturz aus gesicherten Verhältnissen noch einmal wiederholen könnte.

Im Frühjahr 1975, im Alter von zwölf Jahren, wollte ich meiner Mutter meine Angst vor einem terroristischen Anschlag auf unsere Familie offenbaren. Die ständige Anwesenheit bewaffneter Polizisten, der persönliche Personenschutz für mich auf dem Weg zur Schule bedrückten mich sehr, aber es wurde doch wenig darüber gesprochen. Nur abends, beim Zubettgehen, wenn meine Mutter mir Gute Nacht sagte, war dies ohne Störung möglich. Und einmal ergriff ich die Gelegenheit, ich »nagelte sie fest«. Den Mut dazu bezog ich aus dem Verlauf des vorangehenden Tages. Wir waren alle vier beim Ehepaar Lorenz in einem Hotel in der Südpfalz zu Besuch gewesen. Peter Lorenz, der Berliner CDU-Vorsitzende, und unser Vater fühlten sich freundschaftlich miteinander verbunden. Peter Lorenz war von Terroristen entführt worden und kurz zuvor aus seiner Geiselhaft freigekommen. Ich erlebte ihn als von seiner Qual gezeichneten Mann und hegte ein tiefes Mitgefühl für ihn. Aber die Begegnung machte mir zugleich auch große Angst.

So nahm ich all meinen Mut zusammen und fragte abends im Bett meine Mutter, ob wir auch Angst vor einer Entführung haben müssten und ob wir dann auch so leiden müssten wie Peter Lorenz und seine Familie. Ihre Antwort werde ich nie vergessen, durch sie lernte ich ihr Denken und Fühlen in aller Deutlichkeit kennen. Sie sagte sinngemäß:

Diese Entführung ist ganz schlimm und ein großes Unrecht. Aber der Krieg war noch viel schlimmer.

Ihre Absicht war, mir zu vermitteln, dass ich mir keine Sorgen machen müsste. Aber ihre eigene Prägung ließ sie Worte wählen, die mir vor allem eines deutlich machten: Ich hatte mit meinen Ängsten allein fertig zu werden.

Aushalten. Durchhalten. Maul halten.

Aus der Sicht eines zwölfjährigen Kindes war das eine emotionale Bankrotterklärung. Aus historischer, überpersönlicher Sicht war es verständlich. Immenses persönliches Leid zwischen ihrem zehnten und siebzehnten Lebensjahr hatte meine Mutter für immer geprägt. Was kann ein Mensch anderes an seine Kinder weitergeben als das, was ihn selbst ausmacht? Die Schmerzskala meiner Mutter war einfach und klar strukturiert. Ganz unten stand eine Jahreszahl: »1945«. Das bedeutete schlimmstes Leiden, ganz und gar unerträgliche Zustände. Alles, was nicht schlimmer war als »1945«, war »erträglich«. Es konnte und musste ertragen werden, auch wenn es eigentlich nicht erträglich zu sein schien: Für sie war das nur eine Frage der Disziplin. Und Disziplin bedeutete nichts weniger, als bereit zu sein, seine eigenen Interessen und Gefühle hintanzustellen und – wenn nötig – sich selbst aufzuopfern. Auch als sie schon lange in der Pfalz gelebt hatte, blieb sie im Herzen doch die waschechte Preußin, ganz im Sinne ihrer Mutter, einer bremischen Großbürgertochter wilhelminischer Prägung. Pünktlichkeit, Disziplin, Genauigkeit, Zuverlässigkeit, Opfermut: Die klassischen preußischen Tugenden eben, sie bestimmten ihren Anspruch an sich selbst und auch ihr pädagogisches Leitbild, das sie auf uns Kinder übertrug. Als Frau empfand sie sich als Dienerin ihres Mannes, als Managerin aller Familienangelegenheiten: Das war der Platz, an den das Leben sie gestellt hatte.

Immer gab es etwas zu tun, immer war sie in einem Zustand tätiger Unruhe, was so viele an ihr bewunderten. Ich möchte sagen, es lag auch noch etwas anderes in dieser permanenten Agilität: So blieb sie stets fluchtbereit. Sie rechnete innerlich immer noch mit der Möglichkeit, »dass die Russen kommen«. In Oggersheim verfügten wir über drei Kühlschränke und eine wohlgefüllte Speisekammer, plus einen eigenen Kellerraum für Obst, Wurst, Wein und Kartoffeln. Es war immer für alle Eventualitäten vorgesorgt, wir hätten jederzeit ohne weitere Vorbereitungen eine mehrwöchige Belagerung überstanden, zumindest lebensmitteltechnisch.

Man weiß nie, was passiert, und ob es morgen nicht doch wieder Krieg gibt.

Ich lese hier nicht die Gedanken meiner verstorbenen Mutter – dies ist ein Satz, den ich als Kind tatsächlich oft gehört habe. Insbesondere in den spannungsreichen Zeiten zwischen Ost und West, etwa während der Nachrüstungsdebatte und angesichts der beginnenden Solidarnosc-Streiks in Danzig.

Du kannst alles verlieren, dein Haus, die Heimat, dein Geld, alles. Aber was du gelernt hast, das kann dir niemand nehmen.

Das war ihr persönliches Credo und ein unerbittlich erteilter Auftrag an uns Kinder. Sie war hinter unseren schulischen

Leistungen her wie der Teufel hinter der armen Seele. Für sie war es selbstverständlich, dass wir mehrere Sprachen erlernten. Warum? Natürlich weil ein Flüchtling mehrere Sprachen benötigt, um sich durchzuschlagen. Das war ihre eigene Erfahrung gewesen. Hatten ihre Englischkenntnisse sie nicht gerettet, weil sie auf der Flucht vor den Russen kanisterweise Benzin von amerikanischen Soldaten erbetteln konnte? Es ging, wohlgemerkt, nicht um das Benzin als Benzin, sondern darum, dass man mit dieser Kostbarkeit auf dem Schwarzmarkt Lebensmittel besorgen konnte.

Für ihr oberstes Ziel, die gesicherte und kultivierte bürgerliche Existenz ihrer Familie, wurde sie zur Meisterin der Vielseitigkeit: Nach außen hin konnte sie kantig und kämpferisch sein, gerade wenn es um uns Kinder ging, im Binnenverhältnis polierte sie ständig seelische Oberflächen, ebnete Konflikte ein und ging schmerzenden Fragen aus dem Weg. Sie war der Champion der Nische, virtuos im ständigen Justieren des familiären Gleichgewichts. Systemwandel war undenkbar, das System war nicht einmal zu analysieren. Revolutionen konnte man mit ihr nicht machen, vielleicht hier und da eine Reform, dafür umso besser das eine oder andere Reförmchen. Sie kreierte sogar ein besonderes Wort für diese Philosophie: *Familienhygiene*.

Meine Mutter war eine große Macherin, aber sie schien immer ein wenig mit dem Rücken zur Wand zu stehen. Sie hatte den Mut einer Löwin und war doch in manchen Situationen ein ausgesprochener Angsthase. Diese Ambivalenz war ihrem Wesen eingeschrieben.

So genoss sie einerseits sichtbar ihre Rolle als First Lady, andererseits litt sie darunter, dass die politischen Verpflichtungen ihres Mannes weitgehend das unmöglich machten, was sie ein »vernünftiges Familienleben« nannte. Dabei hätte sie sich lieber auf die Zunge gebissen, als sich bei ihm darüber zu beklagen. An seiner Statt mussten wir, ihre Kinder, als Klagemauer herhalten. Sie war letzten Endes fürchterlich inkonsequent. Ich habe es nur äußerst selten erlebt, dass meine Mutter einen Konflikt mit meinem Vater bis zum Ende austrug. Instinktiv begab sie sich in die Rolle der Schwächeren.

Das kann ich mir nicht erlauben.

Diese gefühlte Schwäche war wie ein Mühlstein, den sie sich selbst um den Hals hängte. So schuf sie sich Fesseln, die sie immer wieder zurückhielten und zu faulen Kompromissen führten. Auch wenn sie sich lautstark über ihren Mann aufregen konnte, vermochte sie doch nicht zu handeln, wenn dies eine harte Auseinandersetzung mit ihm bedeutet hätte. Solange er nicht anwesend war, sprach sie harte Worte, doch in seiner Gegenwart wurde die Angelegenheit auf Sparflamme gesetzt. Sie konnte sich einfach nicht gegen ihn durchsetzen.

Wie oft habe ich mit ihr über dieses Thema diskutiert! Wenn ich ihr dann Vorhaltungen machte, wandte sie sich ab. Um sich mir zu erklären, erzählte sie häufig die Geschichte, wie sie zusammen mit ihrer Mutter völlig verarmt und halb verhungert aus Ostdeutschland nach Mutterstadt bei Ludwigshafen gekommen war. Die Ankömmlinge aus dem Osten waren bei der ansässigen Bevölkerung wenig willkommen, hatte man doch selbst kaum genug, um zu überleben. Es war schwer, das Wenige auch noch zu teilen. Als Flüchtlingskind wurde man gehänselt, es wurde auch ihr immer wieder zu spüren gegeben, dass sie eine Außenseiterin war, verwundbar und ungeliebt. Ihr Vater war beruflich bedingt zumeist abwesend, jeder musste auf sich selbst aufpassen.

An der Seite von Helmut Kohl, den sie als Sechzehnjährige kennenlernte, wurde alles anders. Stolz erzählte sie mir, jeder habe nun gewusst, es würde Ärger geben, wenn man das Mädchen vom Helmut belästigte. Ich habe die Geschichte Dutzende Male gehört und immer diesen Blick von Zuerst-Angst-und-dann-Dankbarkeit in ihren Augen gesehen. Ihr Helmut war für sie der Rettungsanker, der starke Baum, an den sie sich lehnen konnte und unter dessen Krone sie Schutz und Sicherheit fand. In ihrer tiefsten existenziellen Krise berührte er ihr Herz. Das hat sie ihm nie vergessen.

Meine Mutter war ein sehr loyaler Mensch. Respekt und Treue galten ihr als die unverbrüchlichen Grundlagen menschlichen Miteinanders. Egal, was geschehen mochte, sie folgte ihrem Mann, bis zu ihrem letzten Tag. Ob nicht auch manchmal Angst und Hilflosigkeit dahinter standen, kann ich nur dahingestellt sein lassen, es würde möglicherweise die tiefe Ambivalenz erklären, die ihr Denken, Fühlen und Handeln durchzog.

Da die Widersprüche im Leben meiner Mutter mit dem wachsenden politischen Erfolg meines Vaters immer mehr zunahmen, begann auch ihr innerer Schmerz intensiver zu werden. Da sie diesem Schmerz nicht aktiv begegnen konnte oder wollte, blieb ihr nur eiserne Selbstdisziplin, bis hin zur Selbstverleugnung, um ihr eigenes System aufrechtzuerhalten.

Funktionieren um jeden Preis, egal, was Sache ist.

Das wurde zu ihrem Credo. Ein weiterer oft gehörter Satz, als universale Empfehlung für sich selbst und uns Kinder gemeint, war:

Wenn ich alles richtig mache, dann wird alles gut.

Sie versuchte mit allen Mitteln, sich mit ihrem Leben als Ehefrau eines Spitzenpolitikers anzufreunden, und verlor sich dabei immer wieder in Kompromissen, die ihre persönlichen Bedürfnisse und die Realitäten des politischen Tagesgeschäftes ausblendeten.

Bis zum Schluss tat sie sich schwer, jene gnadenlos interessensgetriebene Grundhaltung, die sogenannten politischen Freundschaften innewohnt, zu erkennen. Nicht umsonst witzelt der Volksmund: Freund, Feind, Parteifreund. Mit erstaunlicher, bisweilen an Naivität grenzender Hartnäckigkeit glaubte sie daran, vertrauensvolle Beziehungen im Bonner Politmilieu aufbauen zu können. In den 1980er-Jahren schuf sie sich einen Kreis von Journalisten, auf die sie sich in Krisen verlassen zu können glaubte. In einer Reihe von Hintergrundgesprächen öffnete sie sich und hoffte im Gegenzug auf Fairness und Respekt. Meine diesbezügliche Skepsis nahm sie zur Kenntnis, aber leider nicht ernst.

Als mein Bruder im Herbst 1991 einen schweren Autounfall hatte und in Monza lebensgefährlich verletzt in der Klinik lag, wurde das Credo meiner Mutter erstmals einem echten Härtetest unterzogen. Wir drei eilten nach Monza, um Peter zur Seite zu stehen. Die deutsche Presse war schon vor Ort. Einige ihrer Vertreter schreckten nicht davor zurück, sich heimlich Zutritt zum Krankenzimmer verschaffen zu wollen, um dort Fotos zu machen. Krankenschwestern wurden dafür hohe Geldbeträge geboten. Ein todkranker Peter Kohl musste in der Intensivstation unter Polizeischutz gestellt werden.

Dies war ein Extremfall, aber auch sonst erwiesen sich die von meiner Mutter aufgebauten, sogenannten vertrauensvollen Beziehungen zu Journalisten als nicht belastbar. Im Gegenteil. Vertrauliche Informationen wurden gewinnbringend genutzt. Für meine Mutter war das eine große Enttäuschung.

Nach »Monza« zog sie sich aus den Bonner Kreisen zurück, und in Berlin baute sie gar kein Netzwerk mehr auf. Sie musste erkennen, dass es in der Spitzenpolitik und in den Topebenen der Medien in der Regel keine Freundschaften, sondern nur Interessen gibt.

Die weitere Entwicklung machte schließlich unmissverständlich klar, dass ein »Leben nach den Ämtern« nicht möglich war. Diese Hoffnung wurde unter der medialen Lawine der Spendenaffäre ein für alle Mal begraben. Alle Hoffnung, alle Zukunftsfreude, alle Erleichterung, die meine Mutter mir 1999 immer wieder bezeugte, waren nur wenige Monate später hinfällig. Wieder wurde sie von Menschen, denen sie geholfen hatte, verraten, jedenfalls nach ihrem Verständnis. Wieder regierten die Interessen über die Freundschaften. Wieder wurde sie in Mithaftung genommen für Dinge, an denen sie nicht beteiligt war, von denen sie nicht einmal etwas gewusst hatte, die auch nicht das Geringste mit ihr selbst zu tun hatten. Dass sie von den Medien dennoch gnadenlos in diesen Sturm mit hineingezogen wurde, empfand sie als öffentliche Demütigung ihrer selbst. Es war für sie, einen schon schwerkranken Menschen, einfach zu viel. Vielleicht kam schon hinzu, dass sie auch immer weniger an einen gemeinsamen Lebensabend mit ihrem Mann glaubte.

Mutter kannte, wie gesagt, nur ein einziges Rezept, mit Herausforderungen umzugehen: Selbstdisziplin. Sie folgte dem Motto: Ausgleichen, bis hin zur Selbstaufgabe. Das war ihr Weg. Durch ihre einseitige Disziplinorientierung bis hin zur Selbstverleugnung sperrte sie sich innerlich ein. Sie verbaute sich damit Wege zur eigenen Lebensgestaltung. Sie nahm sich nie die Freiheit, ihre eigenen Wege zu finden und zu gehen. Sie wurde gelebt, sie hat nur selten sich selbst gelebt.

Letztlich, so glaube ich, hat sie nie ihre eigene Identität gefunden und sich immer den gefühlten Zwängen ihrer jeweiligen Lebenssituation und ihrer Ehe unterworfen. Aufruhr und Revolution waren ihr zutiefst fremd, sie konnte und wollte nicht am System rütteln. Sie blieb lieber ein treuer Kamerad, mit dem man durch dick und dünn gehen konnte, auch wenn sie sich dabei manchmal schier »innerlich umbringen« musste. In dieser Haltung wurzelt meiner Meinung nach ein tiefer liegender Grund für ihren Selbstmord.

Ihre schwere Krankheit interpretiere ich heute differenzierter als damals. Ich sehe sie nicht nur als eine Folge medizinischer Komplikationen, sondern auch als eine körperliche Reaktion auf zunehmend unerträgliche seelische Widersprüche. Rückblickend glaube ich, bei aller Vorsicht der Beurteilung, sagen zu können, dass meine Mutter »das Licht scheute« – dies nicht im Sinne der Redensart, sondern im Sinne einer psychologischen Symbolik: Sie konnte und wollte ihr Leben nicht offen und ehrlich, eben bei Licht, betrachten. Sie war einerseits eine Frau, die sich in allerhöchsten Kreisen bewegte, der viele Menschen zu Füßen lagen, die nicht nur als Kanzlergattin eine hervorgehobene gesellschaftliche Stellung innehatte, sondern die sich die Achtung und Anerkennung weiter Bevölkerungskreise kraft eigener Persönlichkeit erarbeitet hatte. Auf der anderen Seite war da das Trauma des innerlich verletzten Kindes, das nie wirkliche Heilung erlebt, das sich selbst als wertlos, unselbstständig und unwichtig definiert hatte. In ihrem Innern kämpften widersprüchliche Persönlichkeitsanteile miteinander, und sie konnte deshalb keinen seelischen Frieden finden. Sie befand sich in einem Teufelskreis, denn jeder weitere öffentliche Erfolg war einerseits schön, doch er vergößerte auch die Fallhöhe bei einem

Absturz. Deshalb konnte sie nie ihre eigenen Erfolge wirklich anerkennen und sich nur sehr begrenzt an ihrem Leben erfreuen. Wenn Freude ein Treibstoff der Seele ist, dann wurde ihr Tank zu selten aufgefüllt.

Aufgeben ist das Letzte, was man sich erlauben darf.

Das sagte sie in ihrem letzten Interview. Aber an ihre eigene Devise geglaubt hat sie womöglich selbst nicht mehr – war es eher gedankliche Routine, die sie zu dieser Aussage veranlasste? Ihr Körper und ihre Seele konnten nicht mehr, ihr Allheilmittel Disziplin war an die Grenzen gestoßen, sie war in einem für sie unlösbaren Dilemma gefangen. Kurz darauf wählte sie den Tod.

Und mein Vater? Er war und ist ein Mensch, der sich mit sich selbst im Reinen befindet. Ambivalenz, Zwiespältigkeit, Hin-und-her-gerissen-Sein gar: Das sind innere Zustände, die er nicht zu kennen scheint. Er ist ein sehr klar strukturierter Mensch, bei dem der eigene Führungsanspruch und die Absicherung der Machtposition im Vordergrund stehen. Um diese Ansprüche langfristig umzusetzen, gehören Skepsis, Ausdauer, Härte und manchmal auch eine gehörige Portion Misstrauen dazu. Nicht umsonst heißt es: Vertrauen ist gut, Kontrolle ist besser.

Natürlich muss sich ein Politiker auch als cleverer Stratege erweisen, der seine Absichten so lange im Verborgenen lässt, wie er es für nötig hält. Auch darin war er ein Meister, etwa wenn es um Personalfragen in der Partei ging. Dieses Taktieren war für ihn aber immer nur Mittel zum Zweck, denn das ist nicht seine Natur. In dem Menschen Helmut Kohl kann man lesen wie in einem offenen Buch. Ich gehe so weit und wage die Behauptung, dass es keinen wirklich markanten Unterschied zwischen dem Politiker und dem Privatmenschen Helmut Kohl gibt. Für ein »geborenes Alphatier« wie ihn gestaltet sich die Sicht auf die Welt, sei es die Politik, sei es das eigene Privatleben, gleich. Seine Emotionalität kann situativ sehr volatil sein, seine Einstellung zu ein und demselben Thema mag überraschend wechseln. Indessen sortieren sich alle scheinbaren Widersprüche auf einen einzigen Punkt hin, gleichsam den gemeinsamen Fluchtpunkt, auf den die erstaunlich zahlreichen Perspektiven zulaufen, die er einzunehmen in der Lage ist: die einfache Frage, ob er sich als die unangefochtene Nummer eins fühlen darf. Helmut Kohl definiert sich selbst über seinen Führungsanspruch.

Wenn sich zwischen meinem Vater und mir eine positive Streitkultur entwickelt hätte, wäre zwischen uns vielleicht etwas Wundervolles entstanden. Unsere inhaltlichen Differenzen waren selten wirklich gravierend. Gewisse Ansichten meiner Mutter bereiteten mir weit größere Bauchschmerzen. Zwischen ihr und mir schien aber stets ein kommunikatives Schmiermittel zu wirken, das die Verständigung in Gang hielt oder wieder in Gang brachte, wenn sie einmal vorübergehend ausgesetzt hatte. Zwischen Vater und mir war es dagegen so, als ob wir ständig mit halb gezogener Handbremse kommunizieren müssten, um überhaupt im Gespräch zu bleiben. Wurde die Bremse gelöst, schienen zwei Züge unaufhaltsam aufeinander zuzurasen. Wurde sie noch weiter angezogen, kam alles zum Stillstand. Ein frühes Beispiel für dieses Problem war unsere »Diskussion« über die Gefahren des Terrorismus, nicht im politischen Sinne, sondern im direkten Bezug auf uns, die Familie Kohl. Zunächst wich er aus. Er musste plötzlich tele-

fonieren, oder es gab dringende Post zu erledigen. Da ich nicht lockerließ und ihn mit bohrenden Fragen verfolgte, stauchte er mich schließlich zusammen. Der Krieg sei doch viel schlimmer gewesen. Er selbst hätte in meinem Alter ganz andere Probleme gehabt. Mir ginge es doch gut – kein Grund, sich so anzustellen. Ich hätte ja ein sorgenfreies Leben und sollte mir keine Gedanken machen über Dinge, die ich nicht verstünde. Für mich würde bestens gesorgt, und alles andere sei doch zweitrangig. Ein berechenbarer Mensch mit einer klaren Ansage für sein Kind:
Sobald es für mich ungemütlich wird, hast du harte Worte und eine laute Stimme zu erwarten.
Es heißt, ein altes Indianersprichwort besage, man müsse erst tausend Schritte in den Schuhen eines anderen Menschen gehen, bevor man sich ein Urteil über ihn erlauben dürfe. Ich kenne weder Krieg noch Flucht und Vertreibung, weder Hunger noch materielles Elend. Das sind Erfahrungen, die meine Eltern prägten und sie ihr Leben lang verfolgten. Ich kann nur gedanklich versuchen, mich in die Schuhe dieser beiden Menschen zu stellen.
Ludwigshafen, die Heimatstadt meines Vaters, wurde bereits im September 1939 bombardiert, als eine der ersten deutschen Städte überhaupt, denn sie liegt keine sechzig Kilometer von der französischen Ostgrenze entfernt. Hier hatte die IG Farben einen bedeutenden Standort, es wurden strategisch wichtige Rohstoffe hergestellt, und hier verliefen wichtige Nachschubverbindungen. Deshalb war Ludwigshafen früher vom Bombenkrieg betroffen als die meisten anderen deutschen Großstädte.
Sehr oft, wenn wir auf dem Weg zum Familienbesuch in Vaters Elternhaus in der Hohenzollernstraße waren und an dem

noch bestehenden Schutzbunker für die Zivilbevölkerung, Ecke Sternstraße/Hohenzollernstraße, vorbeikamen, löste sich seine Zunge. Dort hatte er zusammen mit Mutter und Geschwistern ungezählte Bombennächte verbracht. Auch er erlebte als Kind den Schrecken der Phosphorbomben, die unlöschbare Brände verursachten. Bereits im Alter von dreizehn, vierzehn Jahren wurden er und seine Schulkameraden dazu herangezogen, Leichen aus den immer noch brennenden Häusern zu bergen.

Er erzählte auch, wie er das Kriegsende erlebte. 1944 wurde für seine Schulklasse die »Verschickung« angeordnet. Darunter sollte man sich nicht eine Verlegung ins sichere Hinterland vorstellen – nein, seine Schulklasse wurde nach Berchtesgaden verfrachtet und dort als »Flakhelfer« eingesetzt. Ihr wurde eine gefährliche Aufgabe im Zuge des letzten Kampfes um Hitlers Refugium auf dem Obersalzberg zugewiesen. Während der Luftangriffe wurden die Kinder direkt an den Zielpunkten der Bombenangriffe postiert, um die Verschlüsse sogenannter Nebelfässer aufzudrehen, deren austretende Gase den alliierten Piloten die Sicht nehmen sollten. Als die Amerikaner am 4. Mai 1945 Berchtesgaden eingenommen hatten, ein paar Tage vor Kriegsende, hatten er und einige seiner Kameraden eine verwegene Idee: sich auf eigene Faust nach Ludwigshafen durchzuschlagen. Quer durch das verwüstete Süddeutschland, mitten durch die Front der überall vorrückenden US-Verbände hindurchlaufend, erreichten sie schließlich tatsächlich ihre Heimatstadt. Mehrmals erzählte er mir von dieser bemerkenswerten Tat, mit sichtlichem Stolz.

Das habe ich geschafft, damals, in diesem Alter.

Als kleiner Junge war ich ergriffen und ebenfalls stolz darauf, dass er so etwas vollbracht hatte. Doch wenn ich ihn aus kindlicher Neugier heraus ganz direkt fragte, was er denn erlebt habe auf dieser abenteuerlichen Wanderung, wandte er nur den Kopf zur Seite und schwieg.

Es war immer derselbe Punkt, an dem sein Schweigen einsetzte: sobald es an seine Gefühle ging, um die Ängste, um die Fragen, die sich doch ein jeder gestellt haben muss, der dabei war. Kriegserlebnisse berichten – ja, das mochte er, aber immer nur das äußere Geschehen und die Fakten. Fast so, ob er über die Erlebnisse eines Dritten sprechen würde. Als Kind war ich fasziniert, denn er war ein glänzender Berichterstatter. Sobald ich älter und nachdenklicher wurde, interessierte ich mich aber auch dafür, was er, der ja an Leib und Seele ein Betroffener war, wohl selbst gefühlt und gedacht haben mochte. Da schaute er mich nur lange mit bedrückter Miene an. Sein Mund schwieg, aber seine Augen sagten:

Du weißt schon, wie ich das meine.

Über seine Gefühle in jener Zeit mit ihm zu sprechen, war tabu. Unmittelbar nach dem Scheiden von Mutter, als ich ihm eine Weile näher stand als sonst, schien sich da etwas zu ändern. Ich meinte, eine kleine innere Öffnung bei ihm zu verspüren, wir begannen über Gefühle zu sprechen, auch über meine eigenen, zum Beispiel im Zusammenhang mit meiner Scheidung. Doch das war nur vorübergehend. Langsam wurde die alte Zugbrücke wieder hochgezogen, und seit seiner zweiten Heirat sind die Mauern um seine Burg höher und fester denn je.

Nun muss ich wohl dem möglichen Eindruck entgegentreten, wir hätten uns überhaupt nichts zu sagen gehabt. Dem war nicht so, ganz im Gegenteil. Wir hatten sogar ein recht hohes Niveau darin entwickelt, Gespräche miteinander zu führen: sachliche Gespräche. Er schien ein pädagogisches Interesse daran zu haben, mich hierin zu schulen. Regelmäßig, wenn er zum Wochenende nach Hause kam, ließ er sich von mir über die vergangene Woche informieren. Ich hatte kurz und knapp zu formulieren, ich hatte »faktenorientiert« zu berichten. Er nahm meinen Rapport entgegen, und in der Regel erhielt ich dann Dispens, es sei denn, es war etwas Besonderes vorgefallen. Wenn ich selbst Lust auf ein Gespräch hatte, brachte ich das Thema auf die Politik. Ich wusste: Gelang es mir, mit einer Frage oder Bemerkung sein Interesse zu wecken, nahm er sich spontan Zeit für eine »sachliche Diskussion«.

Die Politik ist sein Lebenselixier, der Politik ordnete er alles unter. Ein Mensch musste politisch beschlagen sein, dann war er für ihn ein interessanter Gesprächspartner. Auch wir beide führten interessante, ja packende Gespräche, aber nur solange es um politische Themen ging. *Seine* Themen. Nicht selten bat er mich um eine Meinungsäußerung zu aktuellen politischen Fragen, die ihn beschäftigten. Dass meine Meinung von Gewicht für ihn war, bezweifle ich allerdings. Das Protokoll war flexibel, solange eines klar war: Er war der Chef, er nahm die Auswahl der Themen vor und die letztgültige Wertung. Jemand wie ich wurde gehört, wahrscheinlich ganz ähnlich, wie er auch seine Fachreferenten hörte. Oder war ich vielleicht nur eine von den vielen Stimmen des Volkes, die ein Spitzenpolitiker permanent wahrnehmen muss? Ob er *auf* jemanden hörte, bestimmte natürlich nur er selbst, und wenn er eine Meinung übernahm, befand er kühl darüber, ob er sie später vielleicht als seine eigene ausgeben würde. Hätte ich mich für eine Karriere in der CDU entschieden, wären wir möglicherweise die besten Freunde geworden. Doch ich suchte meinen eigenen Weg, einen Weg, der bei ihm Zweifel, Misstrauen und irgendwann sogar Missfallen erregte.

Gleich meine erste berufliche Entscheidung ging in seinen Augen schief. Dabei war ich so stolz darauf, mich bei einer der führenden Investmentbanken an Wall Street qualifiziert zu haben. Meine Kunden saßen in Oklahoma, in Texas, in Louisiana. An meinem Arbeitsplatz war deutsche Politik, war Helmut Kohl völlig irrelevant. Hier war ich einfach *Walter from Germany*, einer aus dem IPO-Team für Börseneinführungen. Ich hatte meine Leistung zu bringen und sonst nichts.

Im Sommer 1991 besuchten mich meine Eltern in New York. Es war ein Sonntag, das Büro verwaist, und ich ergriff die Gelegenheit, ihnen meinen Arbeitsplatz zu zeigen, einen Schreibtisch im großen Handelsraum der Bank. Hier hatten alle die gleichen Büromöbel, ob *Managing Director* oder kleiner Analyst. Dass es nur – wenn überhaupt – bewegliche Stellwände zwischen den Schreibtischen gab, lag in der Natur der Sache, denn in diesem Geschäft gilt es schnell und problemlos zu kommunizieren. In unserer Etage des Wolkenkratzers befanden sich mehrere hundert Arbeitsplätze, alle in diesem einzigen Raum. Hier war eines der Kraftzentren von Wall Street, und ich war sehr stolz, dass ich es bis dorthin geschafft hatte.

Meine Eltern traten ein und machten lange Gesichter. Mein Vater war geradezu geschockt. Er hatte damals keinen blassen Schimmer, was eine Investmentbank ausmachte. Er kannte nur deutsche Banken, mit Ehrfurcht gebietenden Eingangshallen, dicken Teppichen schon in den Vorzimmern der Direktoren. Er war es gewohnt, in repräsentativen Büros mit konservativem Mobiliar mit den Vorständen wichtige Gespräche zu führen. Das hemdsärmelige Ambiente meines Arbeitsplatzes, und sei es im Gral des internationalen Investmentbanking, sprengte sein Vorstellungsvermögen. Es muss ihm irrwitzig erschienen sein, seine Erwartungen wurden heftig enttäuscht. Sprachlos und konsterniert schaute er mir fragend ins Gesicht.

Auch Mutter stand wie angewurzelt da, schaute ungläubig und erwartete meine Erklärungen. Vater allerdings wollte keine Erklärungen. Er wollte nur meinen Arbeitsplatz sehen. Ich zeigte ihm meinen Tisch, der etwa die Größe unseres Küchentisches in Oggersheim hatte, direkt neben den Arbeitsplätzen der anderen Teammitglieder. Ich setzte an, um zu erzählen, an welchen Transaktionen wir gerade arbeiteten. Ich wollte ihm meinen beruflichen Alltag schildern. Er aber drehte sich brüsk um und sagte nur einen einzigen Satz, an dessen Wortlaut ich mich genau erinnere:

»Das kann es ja wohl nicht sein.«

Sprach's und war schon wieder auf dem Weg zum Ausgang. Mutter folgte ihm wortlos.

Ich brauchte ein paar Sekunden, um zu begreifen. Dann spurtete ich hinterher und stellte ihn zur Rede. Ob er denn gar nicht wissen wolle, was sein Sohn so tue? Er entgegnete trocken, das brauche er nicht zu wissen, er hätte alles gesehen, was er sehen müsse. Ich regte mich furchtbar auf und verlangte, dass er doch wenigstens eine Stunde Interesse für meine Welt zeigen könnte. Er jedoch blieb unerbittlich. Für ihn war die Sache klar, was gab es da noch zu reden? Ich verwickelte ihn in einen heftigen Wortwechsel, aber das nützte überhaupt nichts. Was nicht in seine Vorstellungen passte, das durfte so nicht sein.

Aus eigener Erfahrung darf ich wohl sagen, dass schon sehr viel passieren muss, bevor er seine Sicht der Dinge in irgendeiner Weise modifiziert. Diese starre Haltung brachte mich immer wieder zur Weißglut. Erst nachdem ich Machiavelli gelesen hatte, verstand ich sie besser. Macht und Misstrauen, so heißt es dort, sind die grundlegenden Eigenschaften des erfolgreichen Fürsten. Sie sind auch die konstitutiven Elemente im psychologischen Profil meines Vaters. Neues bedroht für ihn vor allem erst einmal bewährte alte Strukturen, insbesondere die zuvor von ihm selbst etablierten und sorgfältig ausbalancierten Machtmechanismen. Erst wenn das Neue sich als unschädlich für die eigene Machtstruktur erwiesen hat, kann einer Veränderung zugestimmt werden. Möglicherweise.

Für meinen Vater war und ist die Politik seine eigentliche Heimat. Seine wahre Familie heißt CDU, nicht Kohl. Er fühlte sich in einem archaischen Sinne als der Clanchef eines Stammes, der sich CDU nennt. Irgendwann verschmolzen in seiner inneren Wahrnehmung die Partei und er zu einem Ganzen. Die Partei hat ihn gemacht, aber er hat über einen langen Zeitraum hinweg auch die Partei gemacht. Alle seine politischen Ämter sind das Ergebnis seiner Tätigkeit in der Partei. Die Partei war zeit seines Lebens der wichtigste und dauerhafteste Kraftquell seines Tuns. Niemals hätte er, mit ganz wenigen Ausnahmen, etwa dem Unfall meines Bruders in Monza im Herbst 1991, einen Partei- oder Ämtertermin zugunsten einer familiären Verpflichtung fallengelassen.

Jahrzehntelang hat er sein Bestes in Partei- und Gremienarbeit investiert, hat er »Entscheidungen am Fließband getroffen«, wie er es nannte. Das war sein Sinnen und Trachten, es rangierte weit vor Familie und sonstigem Privatleben. Wir liefen auf seiner politischen Bühne mit, als Teil des Bühnenbildes, aber ohne tragende Rolle. Man kann auch sagen, dass man sich als Zuschauer seines Lebens gefühlt hat, denn wir sahen ihn ja fast jeden Tag im Fernsehen. Es war ein Teil des Jobs unserer Mutter, immer wieder die Hoffnung zu propagieren, es werde irgendwann einmal anders werden, aber auch da gab sie sich einer Täuschung hin.

Jeder Junge wünscht sich einen Vater, mit dem er gemeinsam die Welt erkunden kann, der mit ihm zelten geht oder Fußball spielen. Jeder Junge wünscht sich einen Vater, der auch für ihn da ist. Ich habe es nicht geschafft, meinen Vater zu erreichen. Nun sind mehr als 40 Jahre vergangen, aber die Grundaufstellung dieser Vater-Sohn-Beziehung ist unverändert geblieben. Früher habe ich darunter sehr gelitten, heute nehme ich meine Erfahrung zum Anlass, darüber ein Buch zu schreiben, nicht zuletzt auch deshalb, um mit mir selbst ins Reine zu kommen.

Von Konrad Adenauer stammt der Satz:

»Du musst die Menschen nehmen wie sie sind, es gibt keine anderen.«

So muss ich es wohl auch sehen.

Horst Seehofer hat einmal bekannt, dass Politik süchtig macht. Oskar Lafontaine gab zu, dass der politische Mensch vom Applaus der Galerie abhängig ist. Durch die Tätigkeit meines Vaters konnte ich zahlreiche Politiker kennenlernen, aus Deutschland, aus Europa, aus der ganzen Welt. Wenn ich an diese Menschen denke, dann meine ich so etwas wie eine politische DNA zu verspüren. Man hat sie – oder man hat sie nicht, egal, welche politische Richtung oder Partei man vertritt. Nur wenn man sie hat, ist man in der Lage, die enormen Belastungen einer politischen Karriere zu ertragen und sich im Kampf um Ämter und Wahlsiege nachhaltig durchzusetzen. Nur dann ist man auch in der Lage, sich über die Wünsche der Menschen, die einem am nächsten stehen, hinwegzusetzen, denn diesen Preis fordert der eigene Erfolg. Mein Vater hat diese politische DNA in hohem Maße.

Wie ein begnadeter Maler einfach malen muss, wie ein genialer Musiker einfach sein Instrument spielen muss, so muss ein Mensch mit starker politischer DNA einfach politisch tätig sein. So ist er, der *homo politicus,* er kann nicht anders. Dies ist keine Wertung, sondern eine schlichte Beobachtung. Jeder Mensch muss seiner Berufung folgen, wenn er denn eine hat.

Macht ist der universelle Rohstoff des politischen Lebens. Dass mein Vater in seiner Lebenseinstellung immer exklusiv auf die Macht hin orientiert war, ist offensichtlich. Ich kann auf die praktischen Folgen für unser Familienleben und für mich selbst verweisen, aber ich darf ihm nicht den Vorwurf machen, er sei nicht klar und eindeutig gewesen. Ja, man konnte immer in ihm lesen wie in einem offenen Buch, auch wenn ich lange brauchte, um zu verstehen, was ich las, und selbst wenn manches Kapitel nicht eben leicht zu verdauen war.

Der Wert der Versöhnung

Mein »Opferland« hatte für mich lange Zeit einen Namen: Kohl. Meine Herkunft war das Blei in meinen Schuhen. Durch die stete Wiederholung gewisser Erfahrungen glaubte ich fest, dass ich diesem Schicksal nicht entrinnen könnte, und trat lange Zeit auf der Stelle. Statt mich von meinem Dogma freizumachen, band ich mir noch selbst die Hände. Die meiste Kraft ging ins Innere, in die gefühlte Misere. Das ist so, als ob man einen mit Luft aufgepumpten Ball für immer unter Wasser halten wollte: Je länger man ihn nach unten drückt, desto müder wird man, und je tiefer man ihn nach unten drückt, umso höher springt er anschließend wieder heraus. Erst durch einen Prozess der Versöhnung vermochte ich mit jenem Teil meines Lebens meinen Frieden zu machen, den ein Mensch nicht ändern kann, weil er uns schicksalhaft gegeben ist. Und auch mit jenem Teil, den er *nicht mehr* ändern kann, da er Vergangenheit ist, also mit all den großen und kleinen persönlichen Katastrophen, die Verletzungen hinterlassen haben.

Für mich geht es bei der Versöhnung um die Heilung von Beziehungen im umfassenden Sinn: der Beziehung zu sich selbst, zu den Umständen des eigenen Lebens und zu anderen Menschen. Was mich selbst betrifft, so ging es dabei auch um meine Beziehung zu Gott. Versöhnung ist ein *Turnaround* der Sichten und Verhaltensweisen, zur gedeihlicheren Entwicklung des Einzelnen und der Gemeinschaft. Am deutlichsten wird das, wenn sie bewirkt, dass negative psychische Energien wie Hass, Zorn, Eifersucht und die sie begleitenden Zustände von Schmerz, Isolation und Verlassenheit durch ihre Kraft in Frieden und Harmonie, in Verstehen und Toleranz umgewandelt werden. Ja, vielleicht ist »psychischer Energiewandel« ein begrifflicher Nenner, auf den man das Werk der Versöhnung in einfachster Weise bringen kann.

Somit wäre Versöhnung – ganz zeitgemäß – eine Form des Energiemanagements. Das ist kein Psychotrick, sondern in der Welt der Gefühle und Gedanken, in deren Mitte ein jeder von uns auf seine Weise lebt, eine schlichte Normalität. Ich möchte das an einem einfachen Beispiel illustrieren, mit dem – in analoger Form – der »psychische Energiewandel« im Versöhnungsprozess beschrieben werden kann.

In der asiatischen Kampfkunst Aikido geht es, wie immer beim Kämpfen, um Sieg oder Niederlage. Nur besteht hier die Kunst nicht darin, hart zuzuschlagen, sondern angemessen auf eine Attacke zu reagieren. »Angemessen« bedeutet wiederum, die Energie des Angriffs so umzulenken, dass sie sich letztlich gegen den Angreifer selbst wendet. Es handelt sich also nicht darum, zwei Kräfte unkontrolliert aufeinander loszulassen, um die eine obsiegen zu lassen, sondern um eine Änderung des Charakters der Kraft selbst: Aus Angriffskraft wird Verteidigungskraft – ein Energiewandel, von geradezu entwaffnender Wirksamkeit. Versöhnung wäre demnach eine Art Seelen-Aikido.

Das klingt nach einer griffigen Formel, ist aber, wie ich zugeben muss, natürlich nur eine Analogie. Man sehe mir nach, wenn ich keine ausgefeilte »Theorie der Versöhnung« anzubieten habe, aber um weiter zum Kern des Themas vorzudringen, möchte ich an dieser Stelle eine Geschichte erzählen, die ich von meiner koreanischen Frau Kyung-Sook gehört habe.

Judy kam kurz nach dem Koreakrieg in den USA zur Welt. Das Mädchen war von Geburt an blind. Ihr Vater war als amerikanischer Soldat in Korea gefallen, die Mutter gab sie schon als Baby ins Waisenhaus, sie konnte sich nicht angemessen um ihr behindertes Kind kümmern. Schon bald wurde Judy von Adoptiveltern aufgenommen, die sehr lieb zu ihr waren. Bei ihnen lebte sie bis zu ihrer Volljährigkeit.

Die Mutter bereute mehr und mehr, dass sie seinerzeit ihre Tochter weggegeben hatte. Aber je mehr Zeit verging, umso schwieriger wurde es, die Tochter wiederzufinden. Über das Waisenhaus erfährt sie schließlich, dass ihr mittlerweile erwachsenes Kind eine Gesangsausbildung erhalten hatte. Eines Tages findet sie heraus, dass Judy ein Engagement in einem Nachtklub in Los Angeles angenommen hatte.

Endlich, nach so vielen Jahren, gelingt es der Mutter, Kontakt zu ihrer Tochter aufzunehmen. Doch diese ist voller Hass auf sie und verweigert ein Treffen. In ihrem Herzen tobt ein Kampf zwischen zwei Stimmen. Die eine spricht:

»Als ich meine Mutter brauchte, hat sie mich weggeworfen. Als blinde Tochter war ich für sie eine Belastung, eine Schande. Warum sollte ich ihr jetzt vergeben?«

Die andere entgegnet:

»Aber denk doch mal nach. Vielleicht hat deine Mutter ihre Gründe gehabt. Sie will dir etwas sagen. Wäre es nicht gut, wenn du ihr nur einmal diesen Wunsch erfülltest?«

Judy findet keine Ruhe. Schließlich wird ein kurzes Treffen vereinbart, und beide stehen sich gegenüber. Die blinde Judy fasst Mut und spricht in die Dunkelheit, die sie umgibt, hinein:

»Guten Tag, bist du meine Mutter?«

»Ja, ich bin es. Deine Stimme hat sich nicht verändert, sie ist wie früher.«

Judy hatte eigentlich ihre Gefühle bezähmen wollen, aber sie schafft es nicht. Wütend und enttäuscht gibt sie zurück:

»Warum hast du mich überhaupt gesucht? Hör auf, mich zu quälen!«

»Mein Kind, komm bitte her, ich will dich ganz nahe bei mir haben.«

Nur unter Widerwillen macht Judy einen einzigen Schritt nach vorn. Sie spürt den Atem ihrer Mutter auf ihrem eigenen Gesicht. Sie sind sich jetzt ganz nahe. Da streckt die Mutter langsam und behutsam ihre zitternden Hände aus, um Judys Schulter zu berühren. Ganz zärtlich bewegen sich die Hände zum Gesicht ihrer Tochter. Mit sanften Handbewegungen tastet die Mutter das ganze Gesicht ihrer Tochter zärtlich ab ...

Dann zieht sie ihre Hände zurück und sagt mit liebevoller Stimme:

»Oh, du bist aber groß geworden, und wie schön du bist.«

Judy durchfährt ein unsagbarer Schock. Ein Weinkrampf ergreift sie.

»Mama«, schluchzt sie, »du auch ... Mama, auch deine Augen ... Mama, auch du bist blind?«

»Ja, mein Kind, ich kann nicht sehen. Aber ich habe immer gewusst, dass ich meine Tochter erkennen kann, egal, wo auf der Welt ich sie treffe.«

Judy stöhnt auf, in zutiefst widersprüchliche Gefühle gestürzt.

»Ach, Mutter, wenn ich nur gewusst hätte, dass du auch blind bist ... Ich hätte nicht mit diesem Hass gelebt, mit diesem Gefühl, dass du mich weggeworfen hast.«

So konnte Judy endlich verstehen, dass ihre Mutter sie nicht weggegeben hatte, weil sie sich durch ein behindertes Kind belastet gefühlt hatte. Nein, die Mutter hatte sich dazu überwunden. Aus Liebe. Als Kriegswitwe und als behinderte Mutter hatte sie keine Chance gehabt, ein ebenfalls schwerbehindertes Kind so aufzuziehen, wie dieses es verdiente. Deshalb gab sie auf, was ihr selbst am liebsten war.

Ich mag diese Geschichte. Sie ist nicht intellektuell, sie ist nicht wissenschaftlich, sie ist einfach nur klug. Diese Geschichte, so einfach sie ist, erklärt den psychischen Energiewandel durch die Kraft der Versöhnung.

Das Mädchen Judy lebt in dem Bewusstsein, ein Opfer zu sein. Sie hadert mit ihrem Schicksal. Sie versteht nicht, warum sie weggegeben wurde und sich allein durchschlagen musste. In Unkenntnis über die wahren Gründe dafür, voller Schmerz, findet sie ihre ganz persönlichen Antworten auf die Fragen, die sie sich wegen ihres harten Schicksals naturgemäß stellt. Diese Antworten sind zunächst »richtig«, sie »passen«, aber nur so lange, wie Judy sich im Opferbewusstsein befindet. Dies ändert sich, als sie durch die unerwartete Begegnung mit ihrer Mutter die wahre Ursache von deren folgenreicher Entscheidung erfährt. Judy akzeptiert sie. Und durch diese Akzeptanz können der alte Schmerz, der alte Zorn und Groll in Verstehen, Respekt und inneren Frieden gewandelt werden. Der Hass, den Judy bis zu dieser Begegnung in sich trug, war eigentlich immer schon Ausdruck der Liebe zur Mutter gewesen, wenn auch ein verformter, negativer Ausdruck. Nun aber wird negative Gefühlsenergie in positive transformiert: Die Liebe des Kindes zur Mutter kann offen hervortreten, sie kann wieder frei fließen.

Nur oberflächlich betrachtet handelt diese Geschichte von körperlicher Blindheit. Auf einer tieferen Ebene ist sie ein Gleichnis für geistige Blindheit, für eine Verleugnung der Realität. Physische Blindheit und Nicht-sehen-Wollen, Nicht-wahrhaben-Wollen werden zu einem vielschichtigen Bild verwoben. Beide, Mutter und Tochter, sind körperlich blind, doch durch ein grundlegendes Missverstehen zwischen ihnen hat die Blindheit auch ihre Herzen ergriffen.

Die wechselseitige Blindheit von Mutter und Tochter umfasst gleich mehrere Lebensbereiche. Die Geschichte zeigt uns, welchen Schmerz das Nicht-sehen-Wollen bei dem betroffenen Menschen, aber auch in seinem Umfeld auslösen kann. Im Sinne physischer Blindheit kann die Tochter nicht sehen, im Sinne emotionaler Blindheit kann sie nicht annehmen. Bis zum Moment der Berührung durch die Mutter erschien es ihr als unverrückbare Wirklichkeit, dass ihre Mutter sie als kleines Kind deshalb aufgegeben hatte, weil sie blind geboren und deshalb nichts wert gewesen sei. Für Judy war ihre eigene Unzulänglichkeit der Grund für ihr schweres Schicksal. Ihre Mutter, so glaubte sie, wollte kein blindes Kind, kein zweitklassiges Mädchen, weil ein solches Kind nur Mühe und Enttäuschung bereiten würde. In ihrem überaus verständlichen Schmerz hat die Tochter niemals versucht, sich in die Rolle der Mutter zu versetzen, sie hat niemals die Frage gestellt, ob es vielleicht andere Motive für deren Entscheidung gab.

Zunächst mag man da gar keinen Zweifel hegen: Die Tochter ist das Opfer, sie fühlt sich zu Recht als benachteiligt. Schließlich wurde sie als Kind von ihrer Mutter trotz – nein, sogar wegen – einer Behinderung verlassen. Ein grausamer Verdacht, der zum Bild einer grausamen Mutter führt.

Die Blindheit der Tochter, ihre in jeder Beziehung unverdiente Behinderung, wird zum Schrittmacher ihres Lebens. Nicht genug, dass sie blind ist, nein, sie muss sich trotz ihrer schweren Behinderung auch noch allein durchschlagen, ohne den Schutz und die Fürsorge einer Mutter. Ihr Opferstatus ist unumstößlich – schließlich muss sie ihr Leben ganz allein meistern, zudem stark benachteiligt, ohne eigenes Verschulden. Ihr Schmerz ist so überwältigend, dass alle anderen Deutungsmöglichkeiten, alle Anknüpfungspunkte für die Herausbildung einer anderen Identität als der des Opfers darunter begraben werden. In der Folge richtet Judy ihre Gedankenwelt im Opferbewusstsein ein und verschließt vor sich selbst alle Türen, die aus der Identifizierung mit Schmerz und Ausweglosigkeit hinausführen könnten.

Doch diese, bis hierhin scheinbar völlig eindeutige, Geschichte bekommt eine unerwartete Wendung. Blinde Tochter trifft auf blinde Mutter! Und dies ist die eigentliche Botschaft der Geschichte: Wir alle sind mit Blindheit geschlagen. Doch indem sich die Herzen öffnen, können wir unser geistiges Nicht-Sehen überwinden. Indem die Gefühle gewandelt werden, beginnen wir zu sehen, zu akzeptieren, zu verstehen. So wird es möglich, dass Menschen sich gegenseitig so annehmen, wie sie sind. Sie finden zum Einverstandensein mit sich und der Welt.

So zeigt diese in Korea übrigens sehr bekannte Geschichte, wie Menschen in einem sehr gravierenden und schmerzhaften Konflikt durch eine neue Sichtweise ihren alten Schmerz überwinden und zu einem neuen Miteinander in Frieden und Harmonie finden können. Versöhnung tilgt jede alte Schuld, heilt jede alte Wunde. Beziehungen werden erneuert und geheilt. Denn Versöhnung richtet nicht, sie sucht keine Schuldigen, sie zeigt nicht mit dem erhobenen Zeigefinger auf vermeintliche Übeltäter. Sie klagt nicht moralisierend an. Das zentrale Anliegen der Versöhnung ist die Überwindung der alten Schuld- und Opfergefühle.

Entscheidend ist der gemeinsame Wille des »Opfers« und des »Schuldigen«, die Gegebenheiten anzunehmen und zusammen zu bearbeiten. Durch Kooperation in der Überwindung von Schuld und Schmerz wird Frieden geschaffen. Dieser innere Prozess der Wandlung hat etwas vom äußeren Wachstum in der Natur: Wie aus Verrottung und Verwesung düngender Humus entsteht, so können die Wandlungskräfte der Versöhnung aus Misstrauen und Hass Vertrauen und Liebe wachsen und aus erbitterten Gegner echte Freunde werden lassen.

Versöhnung muss bewusst erarbeitet werden, aber sie macht glücklich wie ein Geschenk. Das kommt daher, weil auch sie, wie jedes echte Geschenk, aus einem offenen Herzen kommt. Um dieses Geschenk zu erhalten, müssen alle Beteiligten sich überwinden, ihre bisherige Sichtweise umstellen und ihre Gefühle wandeln. Kontrahenten müssen gleichsam mit neuen Augen auf die Handlungen und Motive des jeweils anderen schauen. Sie müssen auch davon absehen, ihre eigenen Verletzungen hoch- und die der anderen herunterzuspielen. Nicht zuletzt muss jeder seinen Schmerz eingestehen.

Versöhnung ist ein echtes Stück Lebenskunst – vielleicht eines der herausforderndsten Kapitel in der Kunst des Lebens.

Wie in der Malerei, der Musik oder dem Tanz ist ihr Repertoire unerschöpflich. Es kann sich nicht verbrauchen, es ergänzt und erneuert sich mit jedem Akt der Versöhnung immer wieder. Die Fähigkeit zur Versöhnung ist unsere Fähigkeit, schmerzende, negative Energie in heilende, positive Energie zu transformieren, in Harmonie, Kreativität und Freude. Das ist die Kunst des friedlichen menschlichen Miteinanders.

Eines der Geheimnisse des psychischen Energiewandels ist, dass Glück und Unglück nicht nur nahe beieinanderliegen, wie der Volksmund sagt, sondern dass sie sich gegenseitig bedingen. Ohne Glück kein Unglück und umgekehrt. Deshalb kann auch die Energie des Glücks in die Energie des Unglücks gewandelt werden und umgekehrt.

Einmal beschwerte sich mein Sohn, damals in der dritten Klasse, bitterlich bei mir über eine aus seiner Sicht ungerechte Lehrerin. In schillernden Farben schilderte er mir ihre unangemessene Strenge, ihre harten Strafen und ihre unfaire Benotungspraxis. Eine Menge angestauten Frusts brach hervor. Als er geendet hatte, sagte ich nichts. Mit beredten Blicken forderte er mich zu einer Stellungnahme auf. Was denkst du? Verstehst du mich nicht? So stand es in seinen Augen geschrieben. Ich schwieg noch einen weiteren Moment, aber dann antwortete ich ihm, dass ich ihn verstünde. Gut sogar. Offenkundig war es wirklich nicht so ganz in Ordnung, wie diese Lehrerin sich verhielt. Dann schwieg ich erneut. Enttäuscht schaute er mich an, er hatte auf eine andere Antwort gehofft. Allerdings, fuhr ich fort, habe die Sache ja auch ihr Gutes. Da war er wieder, dieser fragende, ungläubige Blick in seinen Augen, gemischt mit steigendem Unwillen. Ich fragte ihn, wie es denn mit den anderen Lehrerinnen aussehe. Ach, die seien eigentlich ganz nett, antwortete er und lieferte eine detaillierte Schilderung, die ihn schon wieder in etwas bessere Stimmung versetzte.

»Siehst du, wenn es die böse Lehrerin nicht gäbe, dann wüsstest du gar nicht, wie nett die anderen eigentlich sind.«

Diese Logik war ihm sofort verständlich.

»Die böse Lehrerin zeigt mir, wie nett die anderen Lehrerinnen sind?«

»Genau, erst das Böse hilft uns, das Gute zu erkennen. Und nur wenn du das Schwere annimmst, kannst du das Schöne auch genießen.«

Der Satz war mir herausgerutscht wie ein Stück reiner Butter, das man nicht im Mund halten kann.

Da habe ich aber große Worte gesprochen! Wenn ich das nur schon selbst einlösen könnte.

Dieser Gedanke beschämte mich. Nur gut für mich, dass Kinder von einem Moment auf den anderen zur Tagesordnung übergehen, wenn sie ein Thema für erledigt halten. Es blieb mir erspart, weiter Stellung zu nehmen. Doch in Gedanken verweilte ich noch länger bei unserem Gespräch. Ich spürte sehr deutlich den Zwischenzustand, in dem ich mich befand: Gedanklich hatte ich innere Klarheit gefunden, in meinen Gefühlen und in meinem Handeln hingegen war ich noch nicht so weit, wie ich es mir vorgenommen hatte. Ich fühlte mich bereit, mein Schicksal anzunehmen, es zu akzeptieren, so wie es ist. Aber ich würde erst noch beweisen müssen, dass ich es auch wirklich vermochte. Wieder einmal hatte mein Sohn mich auf den Prüfstand gestellt.

Versöhnung heißt, das Verbindende so über das Trennende und das Heilende so über das Verletzende zu stellen, dass eine friedliche und lebenswerte Lösung für den Konflikt möglich wird. Versöhnung ist ein Mittel zur Entrümpelung unserer Gefühle, zur Heilung unserer Seele. Versöhnung ist ein ganz praktisches Mittel, um unser Herz wieder bewohnbarer, unser Leben angenehmer und uns alle glücklicher zu machen.

→←

Ein heißer Sommertag 1974. Urlaub der Familie Kohl in St. Gilgen am Wolfgangsee.

Die Bühne für ein kleines Drama unter zwei Brüdern (elf und neun Jahre) ist bereitet. Da ist dieses brandneue, knallrote Gummiboot, Typ »Forelle«. Die Sonne scheint, der See lockt. Nur: Wer von uns beiden kriegt »Forelle«? Exklusiv, versteht sich. Endlich einmal. Einige Tage lang schon hatten wir uns, unter den gestrengen Blicken unserer Mutter, dazu bequemt, gemeinsam in See zu stechen. »Forelle« trug lässig uns beide, und das Vertrauen unserer Mutter in unsere Sicherheit und Kooperationsbereitschaft war gewachsen. Zum ersten Mal waren wir nun nicht mehr unter ihrer Aufsicht.

»Forelle« war unser ganzer Stolz. Schnittig wie ein Kanu, folgsam wie ein gut zugerittener Mustang. Sehr einladend für einen Abstecher ins Unbekannte, in lockende Abenteuer entlang des Seeufers. Wie überaus nervig, dass wir den Auftrag hatten, uns stets in Rufweite unserer Mutter zu halten. Wo doch unsere Abenteuerfantasien nur so ins Kraut schossen – im Kopfkino zweier Knaben gaben sich tollkühne Piraten und Winnetous edle Apatschenkrieger ungezwungen ein Stelldichein für tolle Kämpfe.

»Forelle« war für Peter und Walter auf einmal mehr als ein Spielzeug. Es war ein Symbol. Ein Hebel, um in Gefilde vorzustoßen, von denen kleine Jungs eben gern träumen. Wo jeder für sich unumschränkt der Größte sein will. Ob Allmachtsfantasien Erwachsene heimsuchen oder Kinder, immer entfachen sie eine gewisse Neigung zur Bedenkenlosigkeit. Peter und ich, Blutsbrüder in jedem Sinne des Wortes, waren wie vom Hafer gestochen. Wir gerieten aneinander wie zwei geschworene Feinde.

Schon eine ganze Zeit hatten wir uns gegenseitig belauert, aus den Augenwinkeln heraus unablässig das Ufer musternd. Außer dem drückenden Gefühl, doch noch unter dem Schirm mütterlicher Aufmerksamkeit zu weilen, war da eigentlich nichts mehr, das uns vom ultimativen Kräftemessen abhielt. Die Tatsache, dass der Wolfgangsee an diesem Uferabschnitt recht steil abfällt und 30 Meter vom Ufer weg schon über fünf Meter tief ist, hatten wir dagegen bereits aus dem Bewusstsein verdrängt. »Forelle« schaukelte nervös. Was bei uns jene Reizempfindlichkeit, die einem guten Kampf vorausgeht, nur erhöhte. War es also Absicht oder ein Versehen? Oder eben einfach unvermeidlich? Einerlei: Wenn die Lunte schon gelegt ist, wer würde am Ende verlässlich sagen können, wer das Streichholz drangehalten hat? Ich weiß es wirklich nicht, ob mein Bruder über Bord ging, weil er sich nicht kräftig genug festgehalten hatte, oder ob ich – im Einvernehmen mit der schwankenden »Forelle« – durch gezielte Verlagerung des Schwerpunktes nachgeholfen hatte. Als er sich wutschnaubend wieder an Bord ziehen wollte, hatte ich bereits Gefallen an meiner übergeordneten Position gefunden und beförderte ihn relativ mühelos wieder zurück ins kühle Nass. Dieses Spielchen wiederholte sich mehrmals, was mir zwar wachsendes Vergnügen bereitete, meinem jüngeren Bruder jedoch verständlicherweise umso größeren Verdruss.

Es konnte natürlich nicht endlos so weitergehen, zumal unser Kräftemessen nicht gerade geräuschlos vonstatten ging. Es war nur eine Frage der Zeit, bis uns das finale Stoppzeichen vom Ufer ereilen würde. Als Älterer und Kräftigerer hatte ich beste Aussichten, die Oberhand zu behalten. Also ließ ich Peter scheinbar großmütig die Bordwand übersteigen, in der Hoffnung, er würde mich künftig als Souverän über »Forelle« anerkennen. Doch da hatte ich die Rechnung ohne den Wirt gemacht. Mein jüngerer Bruder tat etwas, das ich bis heute als eine seiner stärksten Qualitäten ansehe: Er wehrte sich. Und weil er sich einer überlegenen Gewalt gegenübersah, die ihm vermeintliches Unrecht zufügte, ließ er sich nicht lumpen. Er zog mir kurzerhand mit dem Holzpaddel eins über. Die Waffe ging dabei zu Bruch, das Opfer blieb im Prinzip unversehrt, bis auf einen dicken blauen Fleck und eine Schürfwunde auf dem Rücken.

In diesem Moment wurde unserem Gummibootkrieg durch die einzig verbliebene familiäre Supermacht ein Ende gesetzt. Mutter erschien am Bootssteg und übernahm das Kommando, und das mit jener Mischung aus Nachdruck und Diskretion, die für ihren Erziehungsstil charakteristisch war.

»Walter! Peter!«

Das waren die einzigen lauten Worte, die wir vernahmen. Gerade so laut wie erforderlich, um unsere Aufmerksamkeit zu erlangen und uns augenblicklich zu Salzsäulen erstarren zu lassen. Mit bloßen Händen – das Ruder war ja entzwei – paddelten wir zum Steg zurück. Währenddessen verlagerte sich unsere Auseinandersetzung auf die Ebene der Selbstlegitimation gegenüber der Ordnungsmacht. Mit anderen

Worten: Wir versuchten uns gegenseitig in die Pfanne zu hauen.

»Der Peter hat …«

»Der Walter hat aber …«

Ein einziger Blick brachte unser kleinliches Nachkarten zum Erliegen. Mit feuerroten Köpfen zogen wir »Forelle« an Land. Dies war, nebenbei gesagt, bereits wieder unsere erste gemeinsame Aktion seit der Eskalation des Streits und natürlich eine unmittelbare Folge der nunmehr fühlbaren Präsenz einer unbestechlichen Gerichtsbarkeit. Mit dürren Worten wurden wir ins Bootshaus befohlen und zu Ursachen und Hergang des Konflikts befragt. Hinter verschlossenen Türen aber verpuffte jeder noch so zarte Ansatz zu gutem Willen bei uns beiden schon wieder. Walter zeigte mit dem Finger auf Peter, und Peter zeigte mit dem Finger auf Walter, mit der ganzen Emphase zweier aufgepumpter kindlicher Egos. Wo die direkte Auseinandersetzung aufgrund des Eingreifens der Ordnungsmacht nicht mehr möglich ist, macht man sich gern gegenseitig das Leben ein bisschen schwer, in der vagen Hoffnung, dass es dadurch für einen selbst ein bisschen leichter wird. Da waren wir bei unserer Mutter allerdings an der falschen Adresse.

Wer selbst Kinder erzieht, weiß aus eigener Erfahrung, auch wenn er sich darüber nicht Rechenschaft ablegt, dass in einer Situation wie dieser nichts zieht, außer man erreicht die Gefühle des Kindes. Es scheint dann in den Augen vieler Erziehungsberechtigter das einfachste und mutmaßlich wirkungsvollste Mittel zu sein, eine Strafe auszusprechen. Wer straft, vertraut auf die heilsame Wirkung, die dem Schmerz auf die Einsichtsfähigkeit des Menschen unterstellt wird. »Es muss wehtun, sonst bringt's nichts«, ist die oberste Maxime des zugehörigen Erziehungsstils, ob dies nun offen ausgesprochen wird oder nicht. Natürlich ist Schmerz ein starkes Signal, auch ein notwendiges, was die Kommunikation zwischen Körper und Psyche angeht – aber Schmerz als pädagogische Botschaft? Ich möchte es hier bei dieser Frage belassen, da dies kein Anlass für Empfehlungen und Ratschläge ist, sondern eine Erzählung einer wahren Begebenheit, die für sich sprechen soll.

Mutter ließ uns gewähren, bis wir mit unseren gegenseitigen Anklagen von allein innehielten. Dies nicht etwa, weil wir etwas eingesehen hätten. Sondern allein schon deshalb, weil wir aus Erfahrung wussten, dass wir damit das Urteil des Hohen Gerichts doch niemals würden abwenden können. Und dann zeigte sie uns den Weg der Versöhnung.

»So, und nun vertragt euch wieder, macht jetzt Frieden!«

Das war alles. Ich weiß es noch genau, habe diesen Satz noch so im Ohr, als sei er erst gestern gesprochen. Mutter fragte nicht nach Schuld, sie forschte nicht nach, wer angefangen und wer weitergemacht hatte. Sie hatte nur kurz geprüft, dass wir beide nicht ernsthaft verletzt waren, und das genügte ihr. Blaue Flecken, Schürfwunden, kleine Schnitte wurden wieder einmal ignoriert, nicht aus Gleichgültigkeit, sondern aus einer Einstellung, ich möchte sagen: pragmatischen Verzeihens heraus. Ihre Antwort auf unseren Streit war nicht die Strafe. Sie suchte erst gar nicht nach »Gerechtigkeit«, es fand keine kleinliche Untersuchung der Vorkommnisse, keine Erbsenzählerei statt. Sie forderte uns schlicht zum Frieden auf. Sie nahm uns nicht einmal das Schlauchboot weg, was natürlich unsere größte Angst war. Wir wussten, wie streng sie sein konnte. Aber wenn sie uns ins Herz treffen wollte, war ihre stärkste Waffe, in unserem eigenen Interesse, eine andere.

Es war sonnenklar, auch ohne viele Worte, nach dem nächsten Streit würde das Schlauchboot weg sein, vielleicht sogar für die ganzen restlichen Ferien. Dieses Risiko erhöhte unsere Bereitschaft, den von oben herab verkündeten Waffenstillstand nicht zu brechen, erheblich. Die Drohkulisse half, Übergriffe für beide Seiten so wenig einladend wie möglich zu machen. Damit wurde Raum dafür geschaffen, die gemeinsame Erfahrung zu machen, dass es sehr wohl Möglichkeiten der Einigung und der friedlichen Kooperation gibt, wenn man nur seinen Schatten überspringen kann. Und siehe da: Wir machten die erwünschten Erfahrungen. Wir begriffen, dass jeder Streit um das Objekt unserer jeweiligen Begierde letztlich sinnlos war. Uns dämmerte, dass es ja viel besser war, gemeinsam auf Abenteuerreise zu gehen. Waren nicht zwei mutige Piraten besser als einer, um all die Abenteuer zu bestehen, die bei der Eroberung unseres Seewinkels vor uns lagen? Schließlich mussten wir jederzeit in der Lage sein, »Forelle« gegen Angriffe der Kinder aus dem Jägerhaus, deren Bootssteg nur etwa 100 Meter entfernt lag, verteidigen zu können. Peter und Walter wurden für den Rest der Ferien zu einer verschworenen Schlauchbootgemeinschaft. Heimlich ließen wir uns von »Forelle« sogar den verbotenen Bach hinauftragen. Wir erkundeten auch die umliegenden Grundstücke von der Seeseite her, was natürlich strengstens verboten war und deshalb umso schöner. Der Frieden, den wir geschlossen hatten, wurde zur Grundlage für wunderbare gemeinsame Ferienerlebnisse.

»So, und nun vertragt euch wieder, macht jetzt Frieden!«

Diesen Satz haben wir nicht nur dieses eine Mal gehört. Mutter konnte ihn freundlich, aber auch als eindeutigen Befehl aussprechen. Das eine oder andere Mal ordneten wir uns nur widerwillig unter, aber das Ergebnis war in jedem Falle gleich: friedliche Kooperation. Wir folgten, ohne groß nachzudenken, es war ein Ordnungsrahmen, der ebenso unmissverständlich wie praktisch und effektiv war. Wenn wir so erhitzt waren, dass wir darauf bestanden, unsere gegenseitigen Anklagen vorzubringen, ließ sie uns darin durchaus unseren Willen. Das Urteil stand aber immer schon vorher fest: Frieden. Auch wenn der Sachstand unverändert war, wenn die Legoburg kaputt war, wenn der blaue Fleck wehtat – die Welt war wieder in Ordnung gebracht. Es konnte weitergehen.

Einfach Frieden machen – welch ein Auftrag, welch ein Anspruch!

Also »machten« wir unseren Frieden. Einerseits waren wir froh, dass eine höhere Instanz in Person unserer Mutter die Sache in die Hand genommen und geklärt hatte, andererseits war dieser Frieden ein Vernunftkompromiss. Schließlich waren wir Brüder wieder versöhnt, wenn auch mithilfe äußerer Autorität und dank unserer Furcht vor weitergehenden Sanktionen.

Kinder sind gesegnet, weil sie leichter vergessen können. Sie leben noch viel stärker im Hier und Jetzt, sie akzeptieren leichter das Urteil einer geachteten Autorität. Kinder sind noch nicht so sehr die Gefangenen ihrer Egos wie wir Erwachsenen. Sie können sich leichter und tiefer versöhnen, und unter der Voraussetzung, dass die Lösung als gerecht empfunden wird, kehren sie vorbehaltlos wieder zu Freundschaft und Frieden zurück. Psychologisch ausgedrückt: Sie vermögen negative Gefühlsenergie viel effektiver in positive zu wandeln.

Aber Versöhnung unter Erwachsenen? Ist das nicht etwas völlig anderes?

Vielleicht wären wir Erwachsenen gut beraten, nicht vorschnell und überheblich über kindliche Verhaltensweisen zu urteilen. Von den Kindern können wir einiges darüber lernen, wie man Frieden schafft, wie man aus der Sackgasse von Zorn und verletztem Ego wieder herauskommt. Kindern fällt es viel leichter, über den eigenen Schatten zu springen. Sie gehen unbefangener mit ihren Gefühlen um, und ihre Unbeschwertheit hilft ihnen, sich dem Erlebten offen und ehrlich zu stellen. Dies ist die Voraussetzung, um den Schmerz in friedliche Energie zu wandeln. Frieden und Versöhnung sind niemals ohne diese Wandlung möglich, das gilt zwischen ganzen Völkern ebenso wie zwischen einzelnen Individuen. Echter Wandel in der Menschenwelt fängt immer im Innern des Einzelnen an. Nur wenn der Wandel das Innere des einzelnen Menschen ergreift, kann sich auch in der Welt etwas ändern. Notwendiger äußerer Wandel, über den sich Erwachsene gern die Köpfe heiß reden, ist ohne den Quantensprung des inneren Energiewandels, der Versöhnung, unmöglich.

Dabei gilt es die delikate Grenze zwischen Annäherungsbereitschaft und falschem Kompromiss nicht zu überschreiten. Wir Erwachsene sollten in solchen Situationen unserem Herzen folgen und nicht als Sklaven unseres Egos krampfhaft auf bestimmten Positionen bestehen. Echte Versöhnung überwindet die Fesseln von Macht, Status und Ego, sie findet den richtigen Weg.

An diesem Punkt können wir von unseren Kindern lernen – nein, wir müssen es!

Kinder sind nicht so viel anders als Erwachsene, doch ist ihre Fähigkeit, bewusst positive Gefühle zu aktivieren, noch viel besser intakt. Erwachsene machen sich viel leichter zu Opfern der Volatilität ihrer Gefühle, konzentrieren sich nur zu gern auf unpassende Vergleiche und Wettbewerbe. Sie sind nicht mehr so leicht in der Lage, nur ein wenig guten Willen zu mobilisieren, zu schnell blockiert sie ihr Ego. Damit will ich weder tadeln noch moralisieren, und schon gar nicht einer emotionalen »Verkindung« das Wort reden. Aber ein wenig bewusste Rückbesinnung auf die kindliche Fähigkeit der Versöhnung, des Frieden-Machens wäre doch gar nicht so unerwachsen, oder?

Lao-Tse sagt dazu:
Nach einem bitteren Streit bleibt immer ein bitterer Rest. Was kann man tun?
Der Weise behält zwar seinen Anteil vom Gewinn, aber er treibt nicht die Schuld von anderen ein.
Ein großzügiger Mensch trägt einfach seinen Teil zum Ganzen bei. Ein kleinlicher Mensch muss immer von anderen die Erfüllung ihrer Pflichten fordern.

Einer der größten Saboteure des Friedens kommt im Gewande einer Utopie daher. »Gerechtigkeit« gilt als eine Grundnorm menschlichen Zusammenlebens, keine Gesellschaft, keine einzige Beziehung unter Menschen kommt ohne eine Vorstellung von »Gerechtigkeit« aus. Dabei ist jedem im Grunde bewusst, dass es keine vollkommene Gerechtigkeit geben kann. Aus eigener Erfahrung weiß ich, dass zwischen der verstandesmäßigen Erkenntnis dieser einfachen Tatsache und ihrer gefühlsmäßigen Akzeptanz Welten liegen können. Ich war den größten Teil meines Lebens stolz darauf, dass meine Umwelt mir ein »ausgeprägtes Gerechtigkeitsgefühl« bescheinigte. Weniger gern hörte ich es, wenn man mir attestierte, ich sei manchmal unversöhnlich und starrsinnig. Heute würde ich sagen, dass ich zu sehr auf »Gerechtigkeit« als Lösung für meine Probleme hoffte. Meine innere Fixierung auf die Utopie von Gerechtigkeit, genauer gesagt: meine feste Überzeugung, ich sei einer schicksalhaften Ungerechtigkeit zum Opfer gefallen, war eines der größten Hindernisse auf dem Weg zu einem selbstbestimmten Leben und letztlich zu mir selbst. Die unfreiwillige Ironie lag darin, dass ich mich selbst auslieferte, indem ich mein Ausgeliefertsein beklagte, anstatt mich aufzumachen und einfach meinen Weg zu gehen.

Solange wir über erlittenes Unrecht klagen, sind wir unfähig, uns selbst gerecht zu werden. Der erste Schritt auf diesem Weg ist immer ein friedlicher Schritt auf das vermeintliche »Unrecht« zu – oder, vielleicht noch schwieriger, in Richtung des Menschen, durch den wir uns ungerecht behandelt fühlen.

Erst verletzt du mich, und dann soll ich auch noch auf dich zugehen? Das kann es doch wohl nicht sein!

Erscheint es nicht wie verkehrte Welt, dass sich das Opfer um den Täter bemühen soll, als sei er ein Freund? Liegt es nicht vielmehr in der Verantwortung des Täters, sich zu bewegen? Sich zu entschuldigen, Reue zu zeigen, Wiedergutmachung zu leisten?

Ich selbst war in dieser Haltung gefangen, und das Ergebnis war einerseits ein blindes Anrennen und ein ständiger Kampf, andererseits Schockstarre und Lethargie. Hinter jenem lag der Zorn, hinter diesem die Angst. Im Ergebnis war ich passiv. Ich *wurde* gelebt. Ich wartete und wartete, aber nichts änderte sich, denn ich hatte mir selbst schon ein Denkmal als Opfer gesetzt. Als Gipfel der Ungerechtigkeit empfand ich es, dass mein Vater, während enormer Druck auf unserer Familie lag, sich ungerührt mit sogenannten wichtigeren Geschäften entschuldigte, statt sich einer Diskussion zu stellen. Ich konnte und wollte es nicht akzeptieren, dass jemand, der ein ganzes Land zu führen beanspruchte, sich einer für mich wahrnehmbaren Verantwortung und Führung in den von ihm verursachten Momenten des Schmerzes entzog.

Es ist halt so.

Diese ebenso lapidare wie wachsweiche Apologetik meiner Mutter machte mich nur umso zorniger. Sprachlosigkeit wirkt wie schleichendes Gift, und dass sie in Überforderung gründet, muss man auch erst einmal durchschauen. Jahrzehntelang habe ich auf ein »klärendes Gespräch« mit meinem Vater gehofft. Heute weiß ich, dass wir dieses Gespräch nie führen werden. Alle meine Versuche scheiterten und endeten in einem Kreislauf aus Streit, Missverständnissen und neuem Schmerz. Mein Vater hielt mir oft vor, ich verstünde nicht, welche Vorteile ich aufgrund meiner Herkunft hätte. Ich aber wollte gar keine Vorteile – ich wollte einfach nur so sein dürfen wie andere Gleichaltrige. Er gab zu bedenken, dass ich alles von der negativen Seite her sähe und ihm gegenüber ungerecht sei. Meine Entgegnung war immer die gleiche, ob in zaghaften Andeutungen oder als zorniger Vorwurf: Ein Vater habe als Vater beurteilt zu werden und nicht als Bundeskanzler. Dies war die Stelle, an der unsere Diskussion regelmäßig zum rhetorischen Schlagabtausch verkam. Schließlich waren wir beide frustriert – ein jeder fühlte sich ungerecht behandelt und emotional erschöpft.

Aus meiner heutigen Sicht tappte ich in eine Art »Gerechtigkeitsfalle«. Ein leidenschaftliches Eintreten für Gerechtigkeit kann in die Sackgasse führen. Es polarisiert, statt auszugleichen. Erst seit ich aufgehört habe, die Verantwortung für unsere Probleme miteinander einseitig meinem Vater anzulasten, fühle ich mich freier. Ich muss einfach akzeptieren, dass mein Vater sich von mir genauso ungerecht behandelt fühlte – und wahrscheinlich noch fühlt. Aufgrund meiner negativen Fixierung auf die Rolle als »Sohn vom Kohl« hatte ich schlicht und einfach nicht den Blick für *seine* Befindlichkeit. Der Stress, den es bedeutet, sich jahrzehntelang in der politischen Welt zu bewegen und zu behaupten, schien mir unbeachtlich. Das hat mein Vater mit Sicherheit als Mangel an Wertschätzung meinerseits empfunden. Nicht zu Unrecht, aus seiner Sicht. Aus seiner Sicht sorgte er nach besten Kräften für seine Familie.

»Gerechtigkeit« ist immer subjektiv, die Gerechtigkeit des einen hat mit der Gerechtigkeit des anderen häufig nichts zu tun. Wenn es zur Krise kommt, besteht die Gefahr der gegenseitigen Blockade durch rivalisierende Auffassungen dessen, was Gerechtigkeit sei.

Life ain't fair!

Der Überlieferung nach stammt dieser Satz von John F. Kennedy. Der Mann war alles andere als resignativ – er war Realist! Es gibt keine absolute Gerechtigkeit, sondern immer nur eine »gefühlte« Gerechtigkeit. Und dies bedeutet: Was für den einen gerecht ist, dünkt dem anderen ungerecht. Damit stehen wir vor einem Dilemma: Zwar ist Gerechtigkeit eine Grundnorm menschlichen Miteinanders, doch da es keine verbindliche Definition gibt, wird Gerechtigkeit zur Utopie. Also benötigen wir eine Hilfskonstruktion, um Gerechtigkeit zu institutionalisieren, die wir Recht und Gesetz nennen. Hier öffnen wir uns eine Hintertür: »Gerechtigkeit« wird durch »Recht« und seine komplexen Ausführungsbestimmungen ersetzt. Wer die besten Anwälte verpflichten kann, der hat die besten Chancen, dass ihm »Gerechtigkeit widerfährt«. Es geht um das Gewinnen, und die Gerechtigkeit verkommt zur Taktik.

Ich habe mit unserer legalistischen Auffassung von Gerechtigkeit ein Problem, da die innere, die spirituelle Dimension dabei verloren geht. Gerechtigkeit kann es nur geben, wenn alle Parteien der Lösung auch innerlich zustimmen.

Es bleibt die Frage: Sollen wir uns also selbst zu unserem Recht verhelfen? Das ist eine verführerische Frage, Kleists Novelle *Michael Kohlhaas* hat in literarischer Form die damit verbundenen Probleme aufgezeigt. Als Jugendlicher hat mich die Geschichte des Pferdehändlers, der sich der Willkür der Obrigkeit widersetzt und sein »gutes Recht« in die eigenen Hände nimmt, fasziniert. Kohlhaas macht die Erfahrung, dass es etwas völlig anderes sein kann, im Recht zu sein, als Recht zu bekommen. Sein fürchterliches Ende aber legt nicht etwa von der Sinnlosigkeit Zeugnis ab, einer menschenverachtenden Obrigkeit zu widerstehen, sondern davon, dass es gegen die Ordnung des Lebens verstößt, halsstarrig auf der eigenen Definition von Gerechtigkeit zu bestehen, koste es, was es wolle. Als Erwachsener verstand ich, was mich an diesem Drama damals so gepackt hatte: Es zeigte mir mein eigenes Spiegelbild.

Innere Verletzungen sind nicht messbar. Sie sind in keinem Gesetzeskatalog verzeichnet. Das ist auch gar nicht möglich, denn wie soll man Enttäuschung, Vertrauensmissbrauch oder gar betrogene Liebe messen und katalogisieren? Dabei sind es gerade unsere verletzten Gefühle, die es uns so schwermachen, ein freudvolles und glückliches Leben zu führen. Es sind diese Erfahrungen, die uns innerlich einsperren, die uns leiden lassen und mit denen wir nach Abschluss des »amtlichen Teils« ganz allein dastehen. Was tun, wenn man nach ergangenem Urteil, von wem auch immer wir uns beurteilen lassen, mit seinem Schmerz alleingelassen dasteht?

Auch musste ich lernen, die Versöhnung so zu leben, dass sie von anderen Menschen nicht als Wehrlosigkeit missverstanden wurde. Gerade in der aufgeladenen Emotionalität eines Konfliktes kann Versöhnungsbereitschaft leicht als Ausdruck von Schwäche oder gar Kapitulation missgedeutet werden. Wenn Konflikte zu Prinzipienstreitereien, zu einer Art Poker oder gar zu Machtspielen degenerieren, bei denen derjenige, der sich zuerst bewegt, schon verloren hat, dann verlangt der Wille zur Versöhnung auch die Fähigkeit zum kontrollierten Streiten. Dies gilt besonders, wenn starke Egos im Spiel sind. Solchen Menschen fällt es naturgemäß schwerer, Versöhnungsbereitschaft nicht als Schuldeingeständnis oder gar eine Form der Schwäche zu verstehen, sondern als einen anderen, mutigen Weg zum Frieden.

Deshalb kann Versöhnung zeitweilig auch Auseinandersetzung bedeuten, allerdings immer mit dem Endziel eines einvernehmlichen Friedens. Auseinandersetzung und Versöhnung sind deshalb in meinen Augen kein Widerspruch an sich, sondern sie müssen in einem gesunden Verhältnis zueinander stehen. Auseinandersetzung ist dann nicht mehr als eines von mehreren Mitteln, das uns zum Ziel der Versöhnung führt. Auseinandersetzung darf sich nicht als Selbstzweck verselbstständigen. Die Ziele der Versöhnung müssen auch in der Hitze des Gefechtes immer die Oberhand behalten. Unsere Auseinandersetzung darf sich nicht den Energien des Zorns und der Rache unterwerfen.

Der Kreis schließt sich

Versöhnung als Lebenspraxis kennt keine Patentrezepte, es gibt dafür keine griffige Erfolgsformel. Wer hier einsteigen will, für den geht es darum, seinen ganz persönlichen Lösungsweg zu finden. Wenn es gelingt, eröffnen sich Gestaltungsmöglichkeiten im eigenen Leben, die man nicht für möglich gehalten hätte.

Von daher handelt es sich um einen anspruchsvollen Weg, mit zahlreichen Herausforderungen für den, der ihn beschreitet. Wie auf einem Kletterpfad im Gebirge sind große Sprünge nicht zu empfehlen, es gilt, bewusst einen Schritt nach dem anderen zu setzen. Es lohnt sich durchaus, nicht gleich die Geduld zu verlieren, wenn man phasenweise nur langsam vorankommt. Übung und Ausdauer machen den Weg sehr viel leichter – Mut und Selbstüberwindung gehören immer mit dazu, vom Start bis zum Ziel. Um bei Wind und Wetter nicht die Richtung zu verlieren, orientiert man sich am besten an markanten Orientierungspunkten, die man nicht so leicht aus dem Auge verliert. Da wir uns auf einem inneren Weg befinden, sind diese naturgemäß psychologischer Natur:

Aufbruch und innere Öffnung
Akzeptanz
Neue Ziele und Wege

Aufbruch und innere Öffnung beginnen in dem Moment, in dem man gewissen Fragen nicht länger ausweichen kann oder will.

Kann es so weitergehen? Halte ich das noch länger aus? Macht mich das glücklich? Ist dieses Leben denn schön? Hat es einen Sinn?

Dieser Aufschrei der Seele ist heilsam: Bis hierher und nicht weiter! Druck setzt Aufbruchsenergie frei, insbesondere wenn unfreiwilliges Leiden in freiwilliges gewandelt wird. Die Bereitschaft zu »freiwilligem Leiden« entsteht in dem Moment, da wir durch einen solchen inneren Aufschrei erschüttert werden. Eine innere Stimme alarmiert uns, und das ist gut so. Es beweist, dass wir noch nicht innerlich abgestorben sind. Dass wir uns noch nicht aufgegeben haben, dass es uns nicht egal ist, was mit uns geschieht. Wer so aufschreit, der hat noch nicht kapituliert. Meistens geschieht es in einer existenziellen Krise, aber eigentlich können wir uns stets neu dazu entscheiden, uns zu öffnen und für den inneren Wandel bereit zu sein.

Jetzt übernimmt der Schmerz eine nicht zu unterschätzende Lenkfunktion. Er hilft nicht nur, dass wir *uns selbst wieder fühlen*, sondern er weist uns auch den Weg, wo *unsere inneren Hürden* sind. Denn da, wo's wehtut, müssen wir jetzt wohl oder übel hingehen, um diese Themen müssen wir uns kümmern. Diesen Moment des Aufbruchs nenne ich den Beginn der Eigenverantwortung. Weil wir nicht mehr unfreiwillig leiden wollen, ergreifen wir die Initiative, nehmen unser Leben selbst in die Hand, fangen an zu gestalten und werden bereit, *alte innere Hürden zu überspringen*. Das kann am Anfang wehtun, brutal weh. Aber es ist ein Leiden, das sich lohnt, das reiche Frucht tragen wird.

Weil der Schmerz, den wir jetzt empfinden, so wertvoll sein kann, sollten wir ihn nicht mit dem einen oder anderen Mittel ersticken, sondern ihn mit ruhiger Gelassenheit zu fühlen versuchen. Dieser Schmerz ist real, man kann ihn verleugnen. Deshalb sollten wir ihn annehmen als das, was er ist: ein Teil von uns selbst, zumindest gegenwärtig. Die Kunst besteht darin, ihn zugleich als Teil der jetzigen (schwierigen) Situation und als Teil der zukünftigen (besseren) Lösung zu akzeptieren. So kann ein Tiefpunkt im Leben sich zugleich auch zu einem heilsamen Wendepunkt weiterentwickeln. Aber man muss sich entscheiden: Will man etwas tun, etwas ändern? Oder soll alles bleiben wie zuvor? Will man Verantwortung für sich selbst übernehmen oder nicht?

Ich lag am Boden und war damit auch auf dem Grund meiner Seele angekommen.

Als ich ernsthaft über die Möglichkeit eines Selbstmords nachdachte, geriet ich in einen sonderbaren Zustand: Alles war egal geworden – also konnte auch nichts mehr misslingen! Damit war ich in einen inneren Raum eingetreten, den ich in Ermangelung eines besseren Ausdrucks den *Grund meiner Seele* zu nennen begann. Ich war am absoluten Nullpunkt meiner Moral, meines Lebenswillens angelangt – und sonderbarerweise bezog ich daraus neue Kraft. Damit will ich keineswegs empfehlen, dass man so tief gehen sollte, um sich wieder nach oben zu tragen. Nein, ich empfehle es wirklich nicht! Ich halte es im Prinzip auch für sehr fragwürdig, so weit zu gehen. Bei mir selbst hat es sich halt so ergeben, und daran konnte ich nichts ändern. Welcher Punkt, welche persönliche Krise den Grund bildet, auf dem das Fundament eines neuen Lebens errichtet wird, ist nicht allgemein zu bestimmen. Es ist immer ein »gefühlter Punkt«, rein subjektiv empfunden, von Mensch zu Mensch verschieden. Aber für unsere psychische Ökonomie hat er sozusagen systemische Relevanz:

Danach *muss* es nach oben gehen. Das ist wie ein Gesetz – unter der Voraussetzung, dass innere Öffnung geschieht. Dann scheint das Leben, womöglich zum ersten Mal seit langer Zeit, plötzlich wieder leichter zu werden. Ganz von selbst. In dieser Erfahrung liegt das Geheimnis des Energiewandels: Wir selbst nehmen uns jetzt leichter, und dadurch wird auch unser Leben leichter, besser, lebenswerter. Der erste Schritt in das selbstbestimmte Leben ist getan.

Ein Wort noch zur Trauer. Sie ist kein an sich negatives Gefühl, ganz im Gegenteil, sie ist wichtig und kann sehr heilsam sein. Im Gegensatz zur Depression, die sich fundamental von der Trauer unterscheidet, bietet Trauer eine Möglichkeit, mit dem Schmerz umzugehen, die belastende Situation wirklich anzunehmen und unseren Gefühlen den notwendigen Raum zu geben. Depression dagegen ist, wenn man so will, »verselbstständigte Trauer«, ein Zustand negativer Selbstgenügsamkeit, eine seelische Verfassung, die unseren Lebensmut abwürgt. Aufrichtige Trauer dagegen lässt uns mit uns selbst in Berührung kommen, sie ist wie eine Treppe, die tief in unser Inneres führt, die uns sogar ein Stück Frieden schenken kann – aber nur, wenn sie nicht zum endlosen Abstieg wird und in der Depression endet. Dann kann sie sogar mithelfen, den *Turnaround* zu schaffen, der uns für Versöhnung empfänglich macht, und damit beginnt die eigentliche Heilung der Seele.

Ich kenne das Gefühl der Trauer selbst sehr gut. Meine Trauer um meine Mutter dauerte lange Zeit. Vielleicht zu lange? Ich haderte lang mit ihrem Tod. Mich damit auszusöhnen fiel unendlich schwer. Meine Gefühle drehten sich im Kreis. Nur langsam, sehr langsam schloss sich diese Wunde, und die Narbe schmerzte immer wieder sehr. Doch dann kam das Leben selbst mir zu Hilfe. Im Jahr 2008, also schon geraume Zeit nach ihrem Tod, erhielt ich einen Anruf von der ZNS – Hannelore Kohl Stiftung. Es handelt sich um eine Hilfsorganisation für Unfallverletzte mit Schäden des zentralen Nervensystems (ZNS), die meine Mutter selbst 1983 ins Leben gerufen hatte. Zur Feier des 25. Jahrestags der Stiftung in Ludwigshafen wurden mehrere hundert Gäste erwartet. Mein Vater konnte nicht an der Feierstunde teilnehmen. Es war aber der Wunsch der Stiftung, dass jemand aus der Familie Kohl ein Grußwort an die Gäste richtete. Daher erging die Anfrage an mich.

Es war eine schwierige Entscheidung. Nicht ohne Grund hatte ich mich von der Stiftung lange ferngehalten, denn ich vermochte mich mit einigen Vorgängen unmittelbar nach dem Tod meiner Mutter nicht zu identifizieren. Zudem wäre, wenn ich mich dort engagiert hätte, bei mir nur an alte Wunden gerührt worden.

Schon dass die Veranstaltung nur wenige Kilometer von ihrem Grab und meinem Elternhaus entfernt stattfinden sollte, bereitete mir Bauchschmerzen. Zudem würde ich viele alte Weggefährten meiner Mutter und meines Vaters wiedersehen. Und dann sollte ich auch noch eine Rede halten! Womöglich würde die Presse, wenn ich einen Fauxpas beginge, es genüsslich ausschlachten. Wollte ich mir das antun? Wäre es nicht ein Ausweg, einfach aus terminlichen Gründen abzulehnen? Doch damit konnte, damit wollte ich mich nicht mehr zufriedengeben. In mir kämpften zwei gegensätzliche Tendenzen.

Tu dir das bloß nicht an. Geh da nicht hin, da kannst du nur verlieren.

So sprach mein Verstand.

Warum willst du wieder einmal davor fliehen, dich mit dem Thema auseinanderzusetzen?
So sprach mein Gefühl.

Es war ein heftiger, aber kurzer Kampf. Ich traf meine Entscheidung aus dem Bauch heraus und sagte zu. Damit hatte ich mir selbst Druck erzeugt und setzte eine für mich neue Erfahrung in Gang. Jetzt war zugesagt, jetzt war ich gefordert. Einige Tage später war es dann schon so weit.

In der zweiten Hälfte der Veranstaltung bat mich der Moderator Dieter Thomas Heck auf die Bühne. Im Saal wurde es still, als ich hinters Rednerpult trat. Ich nestelte etwas nervös an meinem Manuskript, und als ich erstmals aufblickte, ins Publikum hinein – sah ich buchstäblich ins Nichts. Schräg von unten, unmittelbar vor mir, blendete mich ein starker Scheinwerfer. Und zwar so stark, dass für mich der ganze Saal mit allen darin befindlichen Menschen unsichtbar wurde. Ich war perplex. Aber dann blickte ich nach rechts. Dort sah ich auf ein überlebensgroßes, farbiges Porträtbild meiner Mutter, nur wenige Meter entfernt. Sie schien mich direkt anzublicken, mit ihrer so typischen Mischung aus Liebe und Strenge. In diesem Moment wurde mir ganz warm ums Herz. Ich vergaß, dass ich vor Hunderten von Menschen stand, die ich nicht sehen konnte, denn für mich gab es hier jetzt nur noch das Bild mit meiner Mutter.

Ich begrüßte die Gäste im Namen der Familie, dankte den Organisatoren und den Sponsoren des Abends. Doch dann tat ich etwas, das mich selbst überraschte. Ich legte mein sorgfältig ausgearbeitetes Redemanuskript zur Seite, blickte für einen langen Augenblick meiner Mutter in die Augen, holte tief Luft und fing an, frei zu sprechen. Ich sprach aus dem Gefühl des Augenblicks heraus: über meine Mutter, über ihr Lebenswerk, ihre Leistungen, ihre Stärken, aber auch über so manche ihrer Schwächen und Marotten. Dabei verflog meine ganze Nervosität, ich wurde ruhiger und ruhiger, fast vergaß ich, wo ich mich befand.

Immer wieder blickte ich in das Gesicht meiner Mutter, sah in ihre Augen. Es war, als ob ich in ihrer wirklichen Gegenwart spräche, in enger Verbundenheit und unmittelbarer Nähe. Die Worte kamen von tief innen, sie fanden ihren Weg, ohne dass ich einen einzigen Gedanken an mein Manuskript verlieren musste. Ich sprach ganz frei, es ging plötzlich wie von selbst. Meine Rede folgte ihren eigenen Pfaden, sie floss förmlich aus mir heraus. Ich sprach so, als ob meine Mutter neben mir stünde und mich mit ihrem pfiffigen und zugleich fordernden Lächeln betrachtete. Ich denke, ich vermied kein einziges Thema. Ich sprach über ihr Vermächtnis als Frau, als Mutter und als Stifterin, ich sparte auch kritische Themen wie ihren tragischen Tod nicht aus.

In mir entstand eine neue, bisher ungekannte Ruhe, ein hohes Maß an Frieden und Dankbarkeit. Ich spürte Wärme und Konzentration. Äußerlich stand ich auf der Bühne eines großen Saals, mitten in meiner Heimatstadt, mitten in der Welt, in der ich mit meiner Mutter als Kind und Schüler gelebt hatte. Innerlich spürte ich Leichtigkeit und einen warmen Balsam, der sich wohltuend in mir ausbreitete. Zum ersten Mal fühlte ich, wie der alte Schmerz wie auf einer Wolke aus meinem Herzen auszog. Mir wurde immer leichter, ich musste lächeln, ich begann mich zu freuen. Eine schwere Last rutschte langsam von mir ab, wie ein Schneebrett am Berg.

Am Ende meiner Rede tauchte ich wieder in den Saal ein. Ich spürte die aufmerksame Stille meiner Zuhörer. Ich spürte, wie sie meinen Worten folgten, ich spürte nun eine starke

Verbindung auch mit diesen Menschen. Ich endete und ging an meinen Platz zurück. Die Menschen erhoben sich von ihren Sitzen und spendeten mir heftigen Applaus. Ich hörte diesen Beifall, nahm ihn wahr, doch blickte ich zunächst immer wieder auf das Bild meiner Mutter. Jetzt fiel eine riesengroße Last von mir ab. Ich sah in ihr Gesicht und lachte befreit.

Mama, jetzt stehe ich an deiner Stelle, jetzt trage ich deinen Geist weiter.

Mit diesem Gedanken, in diesem Moment, begann der Schmerz über ihren Tod in mir zu verlöschen.

Eine rührselige Geschichte? Meinetwegen. Ich schäme mich dessen nicht, denn diese Geschichte beschreibt meine innere Öffnung und den Beginn eines neuen Umgangs mit einer der größten Herausforderungen in meinem Leben. So, wie ich es erlebt habe.

Warum spreche ich hier von Öffnung und nicht von Selbstüberwindung? Gewiss, ohne Selbstüberwindung hätte ich wohl abgesagt. Doch Selbstüberwindung ist nur das Sprungbrett, um *in die innere Öffnung zu gehen*. Ohne Selbstüberwindung hätte ich die Rede in Ludwigshafen abgelehnt. Aber erst die Rede selbst wurde für mich zum Akt der inneren Öffnung. Danach konnte ich nie mehr voll und ganz in meine alte Opferhaltung zurück. Die Qualität unserer Öffnung wird bestimmt durch das Maß unserer inneren Ehrlichkeit. Dies erlebte ich, als ich mein Redemanuskript beiseitelegte und mein Herz sprechen ließ. Es war für mich, ich kann es nicht anders nennen, auch ein Moment der Gnade, ein befreiendes Geschenk.

Unsere innere Öffnung für neue Sichtweisen, wenn sie wirklich ehrlich und nachhaltig sind, kann uns fast magische

Kräfte verleihen. Mit einem Mal fliegen einem Dinge zu, denen man früher vergeblich nachgelaufen ist. Der berühmte Knoten ist geplatzt! Ob dies Teil der Gnade ist, die man erfährt, oder, nüchtern betrachtet, eine Befreiung der eigenen Wahrnehmung aus den Fesseln des Schubladendenkens und des Vorurteils, sei dahingestellt. Vielleicht ist es so, dass man jetzt einfach Chancen wahrnimmt, die man zuvor geflissentlich übersehen hat. Vielleicht aber wirkt tatsächlich eine Kraft von innen nach außen, die Neues in unser Leben zieht: Seien es bisher unbekannte Menschen, die uns weiterbringen, seien es ungeahnte Chancen, die sich uns jetzt anbieten.

Eine französische Lebensweisheit besagt: *Accepter, c'est tolérer!* – Akzeptieren heißt zu tolerieren. Man könnte auch sagen: Etwas anzunehmen heißt, sich damit zu versöhnen. Wer das Unveränderliche annimmt, wer es zu akzeptieren vermag, der lebt leichter, weil er sich selbst von einer großen Last befreit hat. Ich will nicht zu sehr ins Allgemeine gehen, sondern bei mir selbst bleiben. Schließlich habe ich mich darauf eingelassen, meinen eigenen Weg zur Versöhnung zu beschreiben.

Nach meinem Ludwigshafener Auftritt war es fast selbstverständlich, dass ich mich nun in die Tätigkeit der Stiftung einbringen würde. Ich begann die Dinge so zu akzeptieren, wie sie nun einmal waren, ich spürte, dass nun wirklich auch in puncto Öffentlichkeit – für mich immer ein Reizthema – Normalität einkehren müsste. Ich fühle mich dem geistigen Erbe meiner Mutter verpflichtet. Warum sollte ich nicht endlich über meinen Schatten springen und daran mittun, ihr Lebenswerk fortzusetzen?

So ergab es sich, dass ich Vorsitzender des Kuratoriums der Hannelore-Kohl-Stiftung wurde. Gemeinsam mit Menschen, die noch mit ihr selbst arbeiteten, aber auch mit Menschen, die später zur Stiftung gestoßen sind, wirke ich seitdem daran mit, dass ihr Vermächtnis fortlebt und gemäß den Anforderungen der Zeit weiterentwickelt wird. Diese Tätigkeit wurde zu einem wichtigen Teil meines eigenen Weges, denn sie berührt meine inneren Wurzeln und meine Identität. Nicht zuletzt dadurch lernte ich mit meiner Trauer so umzugehen, wie ich es oben beschrieben habe, und die überlange »Trauerphase« endlich abzuschließen. Jetzt, da ich dies schreibe, ist es fast zehn Jahre her, dass meine Mutter starb. Dieses Ereignis ist ein Teil meines Lebens geworden, mit dem ich ruhig und gelassen umgehen kann. »Das hat aber lange gedauert«, mag mancher sagen. Ja, das hat es. Aber es ist, wie es ist, und es ist gut – so, wie es ist.

Versöhnung mit dem »Sohn vom Kohl«

Eines Tages im Mai 2008 fand ich ein Telegramm im Briefkasten. Ich war verblüfft. Ein Telegramm! Ich wusste gar nicht, dass es so etwas noch gab. Verwundert blickte ich auf den Umschlag und konnte mir zunächst keinen rechten Reim darauf machen. Doch dann sah ich den Absender: Helmut Kohl und Maike Kohl-Richter. Mir wurde sogleich klar, dass durch die Wahl dieses speziellen Kommunikationsmittels eine einmalige, abschließende Information gegeben wurde. Eine Tatsache war geschaffen worden. Sie war final und nicht mehr zu diskutieren. Eine Feinheit, die ich sehr wohl verstand – und offenbar auch als solche verstehen sollte. Der Inhalt der Botschaft war dann nur noch eine Formalität:

Heidelberg, 8. Mai 2008. Wir haben geheiratet. Wir sind sehr glücklich. Maike Kohl-Richter und Helmut Kohl.

Es war nur wenige Wochen nach Vaters schwerem Sturz zu Hause in Oggersheim. Selbstverständlich hatten mein Bruder, ich selbst und auch unsere Familien ihn regelmäßig und oft im Krankenhaus besucht. In der damaligen Krise wurde nie konkret von einer bevorstehenden Hochzeit gesprochen. Es ging vielmehr darum, wie ihm mit vereinten Kräften am besten geholfen werden konnte, möglichst schnell wieder auf die Beine zu kommen. Angesichts der schweren Verletzungen bestand für eine gewisse Zeit sogar ein Risiko für sein Leben.

Maike war de facto ins Krankenhaus gezogen und kümmerte sich rund um die Uhr. Sie ließ sich von ihrem bisherigen Job im Bundeswirtschaftsministerium freistellen und erschien uns nun endgültig als die neue Frau in seinem Leben. Auch wurden wir bei Entscheidungen nicht mehr gefragt. Der Eindruck, der sich uns aufdrängte: Sie wollte so wenig wie möglich mit der »alten« Familie, der Familie Hannelores, zu tun haben. Dies hatte sie mir schon mehrfach bedeutet, und nicht erst seit Kurzem. Einmal hatten wir eine heftige Auseinandersetzung, und ich fragte sie, warum es so schwierig sei, schon einfache Besuche zu organisieren. Sie gab mir ganz unverblümt zu verstehen, dass sie meinen Vater am liebsten für sich ganz allein haben wollte.

Das saß. Ab jetzt war klar, woher der Wind wehte. Es war auch spürbar, dass mein Vater seine Zukunft mit Maike sah, selbst wenn er dafür vielleicht sogar das Ende unserer Beziehung in Kauf nahm.

Lange Zeit hatte er mir immer wieder gesagt, dass er sich nicht vorstellen könne, wieder zu heiraten. Aber mit der Zeit wurde klar, dass mein Vater und Maike doch heiraten würden. Die Trauung war in aller Stille und ohne Beteiligung der Kinder und ihrer Familien nur mit ausgesuchten Vertrauten vollzogen worden. In aller Stille? Aus der Bild-Zeitung waren tags darauf die Details zu erfahren. Es schienen keinerlei Zweifel an der Authentizität der Berichterstattung angebracht, da der Chefredakteur praktischerweise als Trauzeuge fungiert hatte und jedes einzelne Wort und Foto mit Sicherheit abgesprochen und autorisiert worden war.

Ich gebe zu, das war ein Schlag für mich. Erst schwankte ich zwischen Lachen und Weinen. Einerseits fühlte ich mich verletzt, weil mein Vater mich so brüskierte und mir quasi über die Boulevardpresse mitteilen ließ, dass ich von nun an nicht mehr zu seiner privaten Welt gehörte. Mein Vater war nie besonders gut darin, wichtige Familiennachrichten zu überbringen. Dafür hatte er ja unsere Mutter gehabt. Insofern will ich mich jetzt nicht hinstellen und über fehlenden Stil und mangelndes Einfühlungsvermögen lamentieren. Aber ja, es traf mich, dass er sich nicht einmal imstande sah, es mir persönlich zu sagen.

Doch ich konnte mich nicht zurückziehen und in Ruhe mit dem Thema ins Reine kommen. Eine Reihe von Journalisten versuchte sofort, mich zu Interviews zu überreden. Sie witterten eine Sensation im Hause Kohl und unkten mit Fragen:

»Wie lange läuft denn diese Beziehung schon?«

»Was würde Ihre Mutter dazu sagen?«

»Warum wurden Sie nicht eingeladen?«

»Wie sieht es denn zwischen Ihnen und Ihrem Vater seit der Hochzeit aus?«

Zuallererst, ganz grundsätzlich, entschloss ich mich, dazu zunächst zu schweigen. Aber mir war doch klar, dass ich irgendwann noch anders reagieren musste.

Die Gelegenheit kam, als ich eine Anfrage zu einem gemeinsamen Interview mit Lars Brandt und Sven Adenauer erhielt. Es sollte im Sommer 2008 im alten Bonner Kanzleramt stattfinden, einem Ort von großer Bedeutung für unsere Familie. Noch nie in meinem Leben hatte ich einem der zahlreichen Interviewwünsche entsprochen, die über all die Jahre an mich herangetragen worden waren. Aber jetzt dachte ich anders darüber. Eine neue Zeit war für mich angebrochen.

Als ich ankam, war ich doch etwas überrascht. Früher war dies eine weitgehend menschenleere Hochsicherheitszone gewesen, doch jetzt standen überall Baustellenfahrzeuge, Kräne und Material herum, und der Sicherheitszaun hatte ein großes Loch. Auf einem Schild stand zu lesen, dass der alte Kanzlerbungalow, der offizielle Wohnsitz unserer Familie während der Kanzlerschaft meines Vaters, nun als Teil des Museums »Haus der Geschichte« umgestaltet werden sollte.

Die Tür stand weit offen, und ich betrat zum ersten Mal seit zehn Jahren wieder das Gebäude. Mein letzter Besuch hier war am Wahlabend des 27. September 1998 gewesen, der Abend, der das Ende der Kanzlerschaft Helmut Kohls markierte. Ein Mann stellte sich mir in den Weg.

»Was machen Sie hier?«

»Früher habe ich mal hier gewohnt, zumindestens offiziell und manchmal.«

Verdutzt ließ er mich passieren, und ich erreichte ungehindert den Salon mit den großen Panoramascheiben. Sie ermöglichen einen traumhaften Blick auf den weiten Park und den Rhein. All das kannte ich so gut. Dort in der Ecke hatte ich meine Rede auf meinen Vater zum Sechzigsten gehalten. Mit wenigen Schritten erreichte ich den privaten Bereich. Ich ging durch das alte Schlafzimmer meines Vaters und das ehemalige Schlafzimmer meiner Mutter. Der kleine Pool im Atrium war leer, ich setzte mich nochmals in die kleine Küche, die meine Mutter 1983 eingerichtet hatte. Mein Rundgang dauerte vielleicht 20 Minuten, viele Erinnerungen wurden wach. Doch dann war mir unmissverständlich klar:

Die Welt, die dir so viele Schmerzen bereitet hat, wird nun zu einem Museum. Es ist vorbei.

Das anschließende Interview war eine spannende Erfahrung. Zum ersten Mal trat ich aktiv auf die Bühne der Presse, die ich bisher immer so sorgfältig gemieden hatte. Ich spürte, dass ich sehr wohl über so manches reden konnte, das tief in mir begraben gelegen hatte, und dass dieses Sich-Öffnen mir guttat. Ja, ich verspürte erstmals das Bedürfnis, Themen anzusprechen, die ich mit mir herumgetragen hatte und die doch »tabu« gewesen waren. Das öffentliche Echo auf das Interview zeigte mir, dass diese Entscheidung von vielen Menschen verstanden wurde. Ich stand am Anfang eines neuen Weges, und ich fühlte, dass es der richtige war.

Ganz anders mein Vater, wie sich zeigen sollte. Seit der Hochzeit hatte ich keinen Kontakt mehr mit ihm gehabt, aber ich wollte noch einen Klärungsversuch unternehmen. Silvester 2008 besuchte ich ihn in Oggersheim, um mich mit ihm auszusprechen. Doch unser Gespräch geriet zu einem Fiasko. Er war sehr zornig über mein Interview. In seinen Augen war es wohl eine bodenlose Unverschämtheit, dass ich mich öffentlich äußerte.

Mein Vater verfügt über große politische Könnerschaft, aber er ist nicht frei von Unsicherheiten im persönlichen Umgang. Diese Mischung führt immer wieder zu ungewöhnlichen Verhaltensweisen und Umgangsformen, deren Bedeutung sich manchmal erst auf den zweiten Blick erschließt. Wenn er früher mit mir über die Frage diskutierte, was einen erfolgreichen Politiker ausmache, führte er gern den amerikanischen Präsidenten Harry S. Truman an. Ganz offen zog er dabei eine Parallele zu sich selbst. Er sagte sinngemäß:

»Harry S. Truman kam aus dem Nichts, niemand nahm ihn anfänglich ernst. Als er im Amt war, hat er vieles falsch gemacht, doch die wichtigen Dinge, die hat er gut gemacht. Deshalb gehört er für mich zu den größten US-Präsidenten überhaupt. Ich würde mich freuen, wenn ich später einmal so wie Harry S. Truman betrachtet würde.«

Dem habe ich, was sein politisches Wirken betrifft, nichts hinzuzufügen.

Meine Sicht auf den Privatmann Helmut Kohl ist eine ganz andere und – das liegt in der Natur der Sache – eine sehr spezielle. *Privatissime* prägt ihn eine tief greifende Unsicherheit. Um diese zu beherrschen, teilt mein Vater die Menschen in zwei Gruppen: die »Kohlianer« und die »Nicht-Kohlianer«, ein Begriff, der ganz offen am Küchentisch verwendet wird. Jeder wird nach einer ganz bestimmten Frage beurteilt, auch wenn diese so gut wie nie ausgesprochen wird:

Bist du für mich – oder bist du gegen mich?

Die Antwort gibt nur Helmut Kohl selbst. Je nachdem, wie sie ausfällt, wird der betreffenden Person eine Position in Nähe oder Distanz zu ihm zugeteilt.

Und was macht den Kohlianer in Helmut Kohls Privatleben aus? Nun, er muss im Prinzip genau die gleichen Merkmale haben wie ein Kohlianer im politischen Leben. Ein Kohlianer ist ein Mensch, der Helmut Kohls Führungsanspruch bedingungslos akzeptiert. Somit wird sichergestellt, dass auch dieser Mensch ihm nie gefährlich werden kann, privat wie politisch. Wie alle Kontrollmenschen treibt meinen Vater die Sorge um, dass Charaktere, die sich nicht von ihm beherrschen lassen, für ihn zu einem persönlichen Risiko werden könnten. Dem gilt es umfassend vorzubeugen, namentlich durch ein ausgefeiltes Frühwarn- und Informationssystem: das berühmte »System Kohl«.

Wer die Spezies des Kohlianer ausschließlich im ideologischen Lager eines *political animal*, wie es im Buche steht, verortet, der kennt meinen Vater schlecht. Ideologie war ihm stets suspekt. Das Credo, dem seine loyalen Knappen zu folgen haben, ist vollständige persönliche Identifikation. Das gilt aber nur für die Beziehungsebene, auf der Inhaltsebene ist mein Vater, so überraschend dies klingen mag, ein zutiefst liberaler, ja fast unideologischer Mensch. Er kann andere Meinungen, politischer oder privater Natur, nicht nur problemlos akzeptieren, er hat sogar seine Freude am spielerischen Umgang mit unterschiedlichen Standpunkten. Aber nur solange er keine Gefahr für sich selbst vermuten muss. Seine Freundschaften mit großen Persönlichkeiten der sozialistischen Bewegung wie François Mitterrand und Felipe González sind legendär, hier hatte die Ideologie keine Macht. Gleiches galt in seinen Beziehungen zu Gorbatschow und Jelzin. Entscheidend war immer, dass die persönliche Chemie stimmte, der Rest kam dann zumeist von allein.

Mein Vater kommt vom Rhein, der großen Achse Europas, er kommt gleichsam aus dem Schmelztiegel unserer Geschichte. In seinem Verständnis von Liberalismus, das hat er immer wieder betont, sieht er sich in der Tradition von Carl Zuckmayer. An jener Nahtstelle, wo historische Gegensätze sich zur Identität eines föderalen Gemeinwesens kristallisierten, ist seine Heimat. Im Amalgam unterschiedlichster Lebensgefühle und Orientierungen wurzelt seine eigene Identität, hier liegt auch der Schlüssel zu seinem geradezu verächtlichen Umgang mit jedweder Form von Ideologie und Dogma. Es entspricht dieser Prägung, dass er selten die Nähe zu Intellektuellen gesucht hat. Er ist und bleibt Pragmatiker, Menschen und Dinge haben ihm zweckdienlich zu sein. Alles ist beeinflussbar, solange es im Fluss ist. Sein persönlicher Schatten ist die unnachgiebige, emotional fixierte Kontrolle von Menschen und Organisationen.

Immer wieder gelang es ihm, Brücken zu schlagen, die niemand sonst zu errichten gewagt hätte. Ob auf dem Weltwirtschaftsgipfel oder am Abendbrottisch zu Hause: Mein Vater ist absolut authentisch in der Art, wie er seine Beziehungen einrichtet. Wenn er will, erreicht er mit einer ans Spielerische grenzenden Leichtigkeit den innersten Kern seiner Gesprächspartner, egal, wer sie sind und wo sie politisch oder menschlich stehen. So ist er in der Lage, Türen zu öffnen, die den allermeisten Menschen verschlossen bleiben. Diese Fähigkeit ist ein zentrales Geheimnis seiner Gestaltungskraft im politischen, aber auch im persönlichen Bereich. Durch seine Authentizität als oberster Kohlianer, quasi als Stammeschef, ist er für seine Mitstreiter, solange sie sich ihm verschreiben, berechenbar und verlässlich.

Ich habe dies oft bei offiziellen Anlässen beobachten können. Mein Vater ist ausschließlich auf Personen und seine Beziehungen zu Menschen ausgerichtet. Dies aber immer unter der gleichen Voraussetzung: Er muss diese Menschen als loyal zu seiner eigenen Person empfinden, die Person muss seinen Führungsanspruch total anerkennen. So gut wie kein politischer oder sachlicher Dissens kann diese Loyalität zerstören, das Persönliche steht über der Sache. Deshalb, und da bin ich mir hundertprozentig sicher, wird er auch das Geheimnis der anonymen Spender mit ins Grab nehmen. So mancher andere jedoch, und sei es ein langjähriger Parteifreund oder ein Verwandter ersten Grades, lernte ihn von einer ganz anderen Seite her kennen, wenn er nicht die wesentlichste Eigenschaft des Kohlianers mitzubringen schien: die Unterwerfung unter den Führungsanspruch des Helmut Kohl.

Mein Vater trennt nicht nach Beruf und Familie, für ihn sind diese Lebensfelder eine Einheit. Seine eigentliche Familie ist ohnehin die CDU, sie ist im archaischen Sinne der Stamm, der Clan, dem er als Häuptling diente und vorstand. Für ihn gibt es keine Trennung zwischen seinem eigenen Schicksal und dem Schicksal der Partei. In seinem Denken verkörpert er die Partei. Die CDU war immer der Mittelpunkt seines Lebens. Sein Rückhalt in der Partei war für ihn das Alpha und das Omega seiner politischen Tätigkeit. Umso tiefer war die Wunde, die ihm Partei«freunde« im Zuge der sogenannten Spendenaffäre schlugen – oder schlagen ließen, um selbst ihre Hände in Unschuld zu waschen.

Und Oggersheim? Die Welt der Familie? Es war die Welt seiner Frau, unserer Mutter, die er an Wochenenden und im Urlaub besuchte. Seine eigene Familie war ihm nie Heimat und Sinn in dem Maße, wie es die CDU war und ist.

Der Kohlianer war für meinen Vater die lebenserhaltende Spezies für seinen eigenen Kosmos – da machte er keinen Unterschied zwischen Privatsphäre, Politik und öffentlichem Leben. Sein Misstrauen und seine Angst, dass sich Dinge außerhalb seiner Kontrolle entwickeln könnten, trieben ihn permanent an, durch sein Revier zu streifen, nach dem Rechten zu sehen und Hinweise der Bestätigung seiner Souveränität zu finden. In dieser Mentalität gleicht mein Vater mittelalterlichen Kaisern, die mit ihrem Hof ruhelos durch die Lande zogen, um tendenziell allgegenwärtig zu sein und durch persönliche Präsenz ihre Führungsposition immer wieder neu zu bestätigen. Das auf die eigene Persönlichkeit zugeschnittene Beziehungsnetz bildet das Epizentrum der eigenen Macht, seine Ausdehnung und Festigkeit definiert die Grenzen der Kontrollzone, in der sich diese Macht entfalten kann. Nur durch diese gesicherte äußere Basis kann das persönliche innere Wohl gedeihen, kann das lebenswichtige Gefühl der eigenen Sicherheit sich entwickeln.

In seinem Verlangen nach Sicherheit spielen auch Frauen eine große Rolle im Leben meines Vaters. Eine »väterliche Weisheit«, die er mir als Heranwachsendem immer wieder deutlich machte, war, dass man Frauen mehr vertrauen könne als Männern. Denn, so sagte er mir dann, wenn sich eine Frau einmal für eine Person oder eine Sache innerlich entschieden habe, sei es ihr auch ein echtes Herzensanliegen. Dann würde sie viel besser kämpfen und mehr leiden können als ein Mann.

Offizielle Biografien beschreiben meine Mutter als die »Frau in seinem Schatten«, als »die Frau hinter dem Mann«. Diese Darstellung ist meiner Meinung nach nur teilweise richtig, weil unvollständig. Sie unterschätzt den Einfluss meiner Mutter auf ihren Mann. Sie war für ihn ein Kraftwerk, das ihm Energie zur Verfügung stellte. Sie war der Hort einer wie verzweifelt verlangten und in der Ehe auch tief gefühlten Sicherheit. Diese Ehe lebte vor allem auch davon, dass Hannelore in seinen Augen der erste Kohlianer war. Sie unterwarf sich vollständig seinen Zielen und diente seinem Aufstieg ihr Leben lang. Die politische Karriere meines Vaters wäre ohne meine Mutter nicht denkbar gewesen. Mutter war nicht nur seine Ehefrau und Familienmanagerin. Sie fungierte als Mitorganisatorin von Wahlkämpfen, sie sorgte dafür, dass er alle notwendigen Requisiten an jedem Ort stets zur Verfügung hatte, wie für einen Schauspieler vor dem Gang auf die Bühne. Als Vertraute, Ratgeberin und Sympathieträgerin leistete sie ihm unschätzbare Dienste. Er selbst sorgte stets dafür, dass Bewerber für wichtige Positionen in diskreter Weise zuallererst von ihr geprüft wurden. Ihre Stilsicherheit, Weltläufigkeit und Trittfestigkeit auf diplomatischem Parkett bildeten mehr als einen willkommenen Gegenpol zu seiner eigenen Bärbeißigkeit. Legendär ist die Sottise anonymer Herkunft, das Beste an diesem Kanzler sei seine Frau.

Während ihrer Krankheit hat er sehr mitgelitten. Die dadurch entstehende Situation verunsicherte ihn tief. Er konnte überhaupt nicht damit umgehen, dass seine größte Stütze wankte und schließlich gänzlich ausfiel. Dazu muss man wissen, welches Verhältnis Helmut Kohl zu den praktischen Dingen des täglichen Lebens hat. Ob er dafür vollkommen unbegabt war oder sich zeitlebens nur nicht darum kümmern wollte, möchte ich dahingestellt sein lassen. Jedenfalls überließ er alle Aufgaben im Bereich alltäglicher und langfristiger Daseinsfürsorge unserer Mutter. Nicht selten klagte diese darüber, aber kurz darauf half sie ihm schon wieder aus. Er schien seine Hilflosigkeit, wenn er gute Laune hatte, manchmal nicht ungern zu zelebrieren. Dann stellte er sich auf charmante Weise derart ungeschickt an, dass man gar nicht anders konnte, als ihm aus der Patsche zu helfen.

Das konnte mitunter sogar ganz unterhaltsam sein. Ich erinnere mich einer Autofahrt mit ihm allein, während meiner Schulzeit, zum Bahnhof in Ludwigshafen. Es war wohl eines der wenigen Male überhaupt, dass ich ihn hinter dem Steuer gesehen habe. Obwohl es nur ein paar Kilometer waren, benötigten wir doch sehr viel Glück, dass unser Ausflug ohne Schaden endete. Ich glaube, dass mein Vater in den letzten 30 Jahren keine zehn Kilometer selbst am Steuer eines Wagens saß, wohl aber Hunderttausende von Kilometern im Auto mit Chauffeur zurücklegte.

Als ich nach Mutters Tod vorübergehend die Rolle des Assistenten übernommen hatte, überschritt ich einmal eine

Grenze. Ich hatte mir in den Kopf gesetzt, ihn an die Benutzung eines Faxgerätes gewöhnen zu wollen. Es ist mir schlecht bekommen. Am Ende mussten andere den »Apparat« bedienen, auch wenn dies erhebliche Umstände verursachte.

Als in der zweiten Hälfte der 1990er-Jahre die Leistungsfähigkeit der zentralen Kümmerinstanz Hannelore krankheitshalber nachließ und schließlich ganz versiegte, musste das entstandene Vakuum gefüllt werden. Am Ende wäre dem einst mächtigsten Mann des Landes sonst womöglich noch die Kontrolle über seine eigene persönliche Zukunft entglitten. Hinzu kam, dass dem Rückzug aus der Politik nicht wie geplant im Unruhestand die Ausübung renommierter Tätigkeiten folgte. Nach der Spendenaffäre trat etwas ein, was vorher wohl niemand für möglich gehalten hätte, am allerwenigsten der Betroffene selbst: Helmut Kohl war einfach nicht mehr gefragt. Selbst aus dem verschworenen Kreis der treuesten Kohlianer verabschiedete sich der eine oder andere heimlich, still und leise. So wurde eine Frage für meinen Vater immer drängender: Wie konnte sein Leben weiter praktisch funktionieren?

Was folgte, war absehbar: Eine neue Frau sollte sein Leben organisieren. Maike war dafür genau die Richtige, und so schenkt sie ihm seit einiger Zeit so gut wie hundert Prozent ihrer Zeit und Aufmerksamkeit. Durch diese Bemutterung wurde mir erst richtig klar, wie wichtig für ihn die Lebensleistung unserer Mutter auf dem spröden und unspektakulären Terrain der tausend alltäglichen Kleinigkeiten gewesen war, wie hilflos und – für ihn völlig unerträglich – machtlos er ohne eine solche Frau an seiner Seite gewesen wäre.

Die Neubesetzung der Stelle des *Personal Managers* mit Maike Richter war rückblickend beinahe zwangsläufig. Ich wäre nicht überrascht, wenn sie Helmut Kohl schon als Studentin verehrt hätte. Jedenfalls machte sie sich im Lauf der Jahre in seinem Umfeld unentbehrlich. Als Mitarbeiterin des Kanzleramtes nahm sie an Reisen teil, man lernte sich irgendwann besser kennen. Nun war der Platz an seiner Seite frei geworden, und knapp drei Jahre nach der Verwitwung hielten beide es für angemessen, offiziell als Paar aufzutreten. Wir Söhne hatten bis zu unserem förmlichen Kennenlernen im Herbst 2004 noch nie von Maike gehört.

Die für uns so neue Beziehung entwickelte eine schnelle Dynamik. Schon bald teilte mein Vater mir mit, dass Maike beim möglichen Eintreten eines medizinischen Notfalls die Person seines Vertrauens sei. Sie hatten bereits eine Patientenverfügung unterschrieben. Somit war klar, dass ich mich nicht länger als Verantwortlicher fühlen sollte und nur noch als Besucher ins Krankenhaus kommen würde. Maike traf jetzt alle wesentlichen Entscheidungen, der Kontakt wurde immer spärlicher. Meine Dienste als Assistent wurden nicht länger gebraucht. So kam es zu meinem Entschluss, dass ich eines Tages seine Akten ins Auto lud und sie ihm in die Diele stellte.

Mein Vater besitzt die Gabe, andere Menschen für sich einzunehmen, und wenn er sich entschieden hat, dann ist er auch bereit, diese Menschen innerlich anzunehmen. Aber er kann sich auch wieder von ihnen trennen, und er bevorzugt dabei den klaren, glatten Schnitt. Das galt für politische Weggefährten, wie es für persönliche Beziehungen galt und gilt. Kohlianer zu sein ist ein Zustand auf Zeit, ein Status, der nur von Helmut Kohl selbst verliehen, bestätigt oder entzogen wird. Natürlich wusste ich um diese Funktionseigenschaft des »Systems Kohl«, dennoch verstörte es mich tief, an meiner eigenen Person zu erfahren, dass sie sich auch auf den innersten privaten Bereich erstreckte.

Im Grunde habe ich nie in sein Denken gepasst. Und erst im Nachhinein erkannte ich, dass es fast vollständig das Verdienst unserer Mutter war, wenn unsere Familie trotz allem weiter existierte. Sie war ein Regulativ erster Ordnung für das »familiäre System Kohl«, und sie wusste es. Im Abschiedsbrief an ihren Mann, so teilte Helmut Kohl der Öffentlichkeit mit, forderte sie ihn indirekt dazu auf, sich nach ihrem Abtreten eine neue Partnerin zu wählen. Nach mehr als 40 Ehejahren wusste sie besser als jeder andere Mensch, wessen es bedurfte, um danach das Gleichgewicht wiederherzustellen. Oder ahnte sie vielleicht, dass es schon konkrete Beziehungen gab? Und so nahmen denn die Dinge ihren Lauf, wie beschrieben.

Wie also würde ich mit den familiären Entwicklungen umgehen? Diese Frage stand jetzt im Raum, und es ging für mich um nichts weniger, als sich dabei an den eigenen Ansprüchen messen zu lassen: sich öffnen, akzeptieren, Klarheit gewinnen, neue Wege beschreiten.

Mein Vater hat sich inzwischen vollständig von mir losgesagt. Auf meine direkte Frage: »Willst du die Trennung?«, antwortete er mir knapp mit »Ja!« – damit waren für mich alle weiteren Interpretationsmöglichkeiten ausgeschlossen. Die Tatsache, dass ich erstmals eigenständig Interviews gab, tat für ihn ein Übriges. Das erschien ihm unerhört, deshalb machte er mir die heftigsten Vorwürfe. Für ihn stellte und stellt es sich wohl so dar, dass ich ihn verraten habe, indem ich öffentlich sprach. Wenn es noch eines weiteren Anlasses bedurft hätte, dann war er jetzt gegeben: Ich durfte kein Kohlianer mehr sein. Die Würfel waren gefallen.

Und nun? Was sollte werden? Wie würde ich mit dieser Entwicklung umgehen? Wieder einmal bewies sich für mich, dass Versöhnung helfen kann, auch wenn der Weg dorthin verschlungen erscheint. Ich beschloss, ein Buch zu schreiben und meine eigene Klarheit zu finden. Dass ich dann zwangsläufig öffentlich zu unserer Situation Stellung nehmen würde, wurde zur logischen Konsequenz meiner Öffnung, denn sie hatte auf der gleichen Bühne stattzufinden wie die zuvor erfahrenen Verletzungen. Durch das Schreiben zwang ich mich zur Ehrlichkeit mir selbst gegenüber, und ich öffnete mich gegenüber meinem alten Zorn.

Durch das Schreiben begann ich, meinen langjährigen Irrtum zu akzeptieren, dass ich Ansprüche an meinen Vater anzumelden hätte. Heute glaube ich, dass es keinen anhaltenden Anspruch auf einen Vater gibt. Ein Kind kann sich einen Vater wünschen, doch es kann keine Ansprüche emotionaler Art einklagen. Hier ist das Leben grausam. Nach meines Vaters eigenem Verständnis hat er sich um uns Kinder ausreichend gekümmert. Er glaubt, dass er seine väterliche Pflicht erfüllt hat. Er hat ein Haus mitgebaut und unsere Ausbildung finanziert. Er hat seiner Frau, unserer Mutter, freie Hand in den allermeisten Familiendingen gegeben. Sie war Herz und Seele unserer Familie, nach ihrem Tod hielt diese Klammer nicht mehr. Unter Beachtung der öffentlichen Schamfrist verabschiedete sich dann mein Vater in sein neues Leben.

Als erwachsener Mensch bin ich für mein eigenes Glück verantwortlich. Ob mit oder ohne Vater, das ist letztlich egal. Denn es geht nicht um meinen Vater, es geht um mich. Wenn er seinen Weg ohne mich gehen will, so muss ich einen für mich stimmigen Weg ohne ihn finden. Ich bin gut beraten, seine Entscheidung zu akzeptieren und nicht weiter darunter zu leiden. Jedes Leiden verschlimmert nur meine Lage, denn er wird seine Haltung nicht ändern, und ich leide unnötig weiter.

Gelingt es mir, glücklich zu werden, obwohl meine Mutter tot ist und mein Vater sich in dieser besonderen Weise von mir verabschiedet hat? Gelingt es mir, gleichzeitig der Souverän über mein eigenes Leben und der »Sohn vom Kohl« zu sein, der ich für die Öffentlichkeit immer bleiben werde?

Die erste Frage muss ich mir jeden Tag in meinem eigenen Leben erneut stellen. Ich glaube, die Antwort lautet Ja.

Die zweite Frage versuche ich auf einer grundsätzlichen Ebene in Form dieses Buches anzugehen. Ich will ehrlich sein, aber nicht verletzend. Ich will die Karten auf den Tisch legen, aber nicht nachkarten. Wenn, wie in diesem Fall, die Versöhnungsarbeit nur einseitig geleistet werden kann, so soll sie trotzdem ernsthaft und überzeugend sein. Dadurch wird dieses Buch und seine Auseinandersetzung mit dem »Sohn vom Kohl« mein Rüstzeug für diesen Versöhnungsweg.

Heute gehe ich weit entspannter mit dem Thema »Sohn vom Kohl« in der Öffentlichkeit um als jemals zuvor in meinem Leben, und das bedeutet einen großen Gewinn an Lebensfreude und Freiheit. Heute kann ich meinen Vater so akzeptieren, wie er ist. Auf diesem Fundament innerer Akzeptanz habe ich meinen Frieden mit ihm gemacht. Er war nie ein Vater wie andere Väter, er war immer ein Sonderfall. Aber alles Vergleichen, sämtliche daraus von mir abgeleiteten Ansprüche waren unsinnig. Meine alten Sichten führten mich nur ins Opferland, und wie schwierig es für mich war, dort wieder herauszukommen, dürfte deutlich geworden sein.

Ja, es war ein schwerer Weg für mich, einen so ungewöhnlichen Menschen wie ihn als Vater zu akzeptieren. Jeder Mensch kommt mit einem Rucksack auf die Welt, mit einer

Bürde, an der er vielleicht sogar lebenslang zu tragen hat. Meine Bürde ist meine Herkunft, ist mein Name. Viel zu lange habe ich versucht, mein Leben in Richtung meines inneren Ideals hinzubiegen, mich in etwas hineinzuträumen, was doch nicht in meiner Macht stand, was nie realistisch war. Dabei habe ich Enttäuschungen erlebt und Menschen verletzt, nicht zuletzt auch meinen Vater. Aber er ist mein Vater, und ich werde nie einen anderen Vater haben können oder wollen. Als sein Sohn bleibe ich ihm, trotz Trennung, immer verbunden.

Ich bin überzeugt, dass er sich manchmal einen anderen Sohn gewünscht hätte, einen Sohn, mit dem er leichter hätte leben können. Heute kann ich das besser nachvollziehen, denn ich versuche mich aktiv in seine Lage zu versetzen. Sicher habe ich ihn manches Mal enttäuscht. Mein eigener Querkopf, auch darin sind wir einander verwandt, war nicht immer mein bester Ratgeber. Für die Verletzungen, die ich ihm zugefügt habe, übernehme ich heute die Verantwortung, diese Fehler tun mir leid.

Deshalb habe ich heute ein neues Verhältnis zu ihm. Er bleibt mein Vater, aber er ist weit weg. Unser jeweiliger Alltag ist ganz anders, ist vollständig voneinander getrennt, jeder geht seinen eigenen Weg, hoffentlich in Freude und Glück. Heute habe ich losgelassen, und das fühlt sich gut an.

Sein politischer und historischer Schatten allerdings lebt weiter in der Welt, in der ich lebe. Auch diesen Schatten nehme ich heute an. Für die allermeisten Menschen bin ich beim ersten Kennenlernen zunächst der »Sohn vom Kohl«. Das ist kein Problem mehr, denn nun kann ich sagen: Ich gestalte mein Leben als Walter Kohl, ich bin der »Sohn vom Kohl«. Dieses Leben nehme ich an, diesen Weg gehe ich.

Danksagung

Dieses Buch konnte ich nur durch die Unterstützung vieler Menschen schreiben, denen ich zu Dank verpflichtet bin, besonders Gerald, Gerhard, Monica, Peter, Thomas und Rudi. Meine Frau Kyung-Sook hat mich immer wieder ermutigt, das Buch zu schreiben und stand mir mit Ideen zur Seite.

Meinem Verleger Eckhard Graf und seinem Team bei Integral gilt mein großer Dank für ihre engagierte und professionelle Betreuung.

Walter Kohl
Weihnachten 2010